キーワードコレクション

カウンセリング心理学

平木典子＋藤田博康＝編

市村彰英＋井上嘉孝＋
大堀彰子＋大町知久＋小澤康司＋
小林正幸＋沢崎達夫＋白井幸子＋
隅谷理子＋玉瀬耕治＋野末武義＋
広瀬　隆＋細越寛樹＋松下由美子＋
平木典子＋藤田博康＝著

新曜社

まえがき

　平成最後の年は，我が国において初めて，国民の心の健康の保持増進および心理支援を担う国家資格である公認心理師が誕生した記念すべき年でもある．その専門業務は，要心理支援者の心理状態の観察・分析，相談・助言・指導等，関係者との相談・助言・指導等，および国民全体に対する心の健康に関する知識の普及・教育・情報提供とされている．

　言いかえれば，相談・助言・指導・教育等といったまさにカウンセリングの手法により，心理的疾病や心理的苦悩の治癒・回復の支援のみならず，比較的心理的健康度の高い者に対する予防的措置・問題解決や成長への支援や，さらには関係者や生態システムへの介入をも視野に入れた包括的，統合的な専門性が期待されている．

　その方向性は，はからずも米国やカナダ，英国などの主要国のカウンセリングや心理療法界の動向と一なるものであり，本書にも，そのような包括的，統合的な専門性こそが，我が国のカウンセリング界においても目指されるべきものであるという編者らの想いが込められている．

　加えて，重要なキーワード50項目を4ページの解説で掲載するという本シリーズの基本枠組みを踏まえて，読みやすさ，分かりやすさ，そして，項目間の関連や系統性をも意識し，カウンセリング心理学やカウンセリング実践に関心を有する人のために，コンパクトかつできるだけ役立つ内容を提供したいという目的で編まれたものである．

　具体的な構成としては，「イントロダクション」において，前提となるカウンセリングの定義が述べられたうえで，以下，代表的・実用的な「カウンセリング理論」の解説，カウンセリング実践に切り離せない「アセスメント／教育・訓練／スーパーヴィジョン」の実際，さまざまな「カウンセリングの諸領域」における活動を踏まえた内容，最後に，心理学的研究の際のガイドとして「カウンセリングのリサーチ」と続いている．

　執筆者に関しては，原則，心理支援の実践に何らかのかたちで携わってきた者とし，それぞれの専門性や活動領域における実践知を十分踏まえての執筆をお願いした．また，カウンセリング心理学と臨床心理学の統合的発展ということを期して，それぞれの立ち位置の執筆者を，どちらかにあまり偏ることなくバランス

よく選ぶことにも努めたつもりである．

　その意味で，単なる机上の知識にとどまらない実践に役立つものをという要請や，（狭義の）カウンセリングと心理臨床の垣根を超えるようなものをという要望など，各執筆者には難しい注文をお願いすることもあったが，それぞれのプロフェショナルな立場から，快い協力を賜り，カウンセリング（心理支援）の理論と実践のありようを概観できる本になったと思う．

　対象読者としては，初めてカウンセリングを学ぶ者から，心理支援に携わろうとしている者，あるいは，すでに相応の経験や知識を有している者にとっても，総括的な本，ハンドブックとして利用していただけるのではないかと思う．また，公認心理師はもちろん臨床心理士，認定カウンセラー，その他心理関連の公務員試験などの参考書としても活用することができるだろう．

　公認心理師しかり臨床心理士しかり，わが国の心理援助の専門家に求められているのは，支援を必要とし求める方々や家族など関係者のニーズや選好にしっかりと耳を傾け，共有し，その期待に応えていくための理論やスキルと人間性を柔軟に身につけていくことであろう．

　我が国において，「専門家」の権威的な「ものの見方」や「語り」にばかりとどまらないユーザーフレンドリーな心理支援が広まっていくことに，そして，春の訪れを告げる梅の花のように，私たち一人ひとりがそれぞれの花を咲かせることができることに，もし本書が少しでも貢献できるとすれば，編者らのこの上ない喜びである．

　最後に，各著者との細かなやりとりや面倒な編集作業を辛抱強く行ってくださった新曜社の森光佑有氏に心より感謝申し上げます．

　　平成から令和に移りゆく　2019年4月

　　　　　　　　　　　　　　　　　　　　　　　　　　　　　　藤田博康

目 次
Contents

まえがき　i

I　イントロダクション
1. カウンセリングとは　2
2. カウンセリングと心理療法　6

II　カウンセリング理論
3. 来談者中心療法　12
4. 認知行動カウンセリング　16
5. 精神分析的カウンセリング　20
6. 実存主義的カウンセリング　24
7. ユングの分析心理学　28
8. アドラーの個人心理学　32
9. ゲシュタルトカウンセリング　36

10. 交流分析　40

11. 遊戯療法　44

12. 箱庭療法　48

13. 描画療法　52

14. キャリアカウンセリング　56

15. マイクロカウンセリング　60

16. 家族カウンセリング　64

17. ブリーフカウンセリング　68

18. ナラティヴアプローチ　72

19. ポジティブ心理学　76

20. マインドフルネス　80

21. アサーショントレーニング　84

22. グループカウンセリング　88

23. 統合的カウンセリング　92

24. 教育カウンセリング　96

III　アセスメント／教育・訓練／スーパーヴィジョン

25. インテーク面接　102

26. 心理アセスメント　106

27. 心理検査　110

28. 心理統計　114

29. 精神医学アセスメント　118

30. 発達障害のアセスメント　122

31. 危機介入　126

32. 個人カウンセリング（演習①）　130

33. エンカウンターグループ（演習②）　134

34. スーパーヴィジョン　138

35. カウンセリング心理学と倫理　142

Ⅳ　カウンセリングの諸領域

36. 保育カウンセリング　148

37. 学校カウンセリング　152

38. 学生カウンセリング　156

39. 生涯発達カウンセリング　160

40. 産業カウンセリング　164

41. 多文化間カウンセリング　168

42. 非行・犯罪・矯正カウンセリング　172

43. 医療・看護カウンセリング　176

44. 保健・福祉カウンセリング　180

45. カップルカウンセリング　184

46. コミュニティカウンセリング　188

Ⅴ　カウンセリングのリサーチ

47. 量的研究　194

48. 質的研究　198

49. 事例研究　202

50. メタ分析　206

人名索引　211

事項索引　216

執筆者紹介　229

I イントロダクション

I-1 カウンセリングとは

カウンセリング[1]の語源は,「ともに考慮すること」を意味するラテン語のconsiliumに由来し,英訳すると,**相談する・協議する**（take counsel）と,**意見を述べる・助言する**（give counsel）の二つの意味をもつ.B.C.5世紀頃に書かれた旧約聖書（箴言）では,賢者の「勧め」をcounsel,「助言者」をcounselorと記されている.カウンセリングは人類の歴史が始まって以来,人々との生活の中で知恵者が行っていた一味違った「相談」とか「助言」を意味していたと考えられる.以来,現在では定義も機能も多義的になっている.

1909年,ボストン職業局のフランク・パーソンズ（Parsons, F. 1854-1908）は,それまでの活動をまとめた遺著[2]『職業[3]を選ぶこと』において,カウンセリングを心理的支援の意味で使った.彼は,国の将来を担う青年に対する賢明な職業選択の支援の必要性を認め,そのプロセスを①**個人の特性・特徴の発見**,②**職業に必要な能力の分析**,③**個人と仕事の適合**の三要素として提示し,特に③の要素を「カウンセリング」と呼んだ.各要素の科学的分析による「タレントマッチング・アプローチ」の考え方は,その後の進路・職業指導の基礎となり,パーソンズは「職業指導の父」と呼ばれている.また,その考え方と方法論は,1910年代に北米で始まった心理測定研究・教育測定運動に支えられて,特性因子理論によるカウンセリングを中心とした一連の**職業指導**に体系化され,カウンセリングの原型となった.

カウンセリングが特に応用心理学の専門分野として研究・実践されるようになったのは,1938年,パターソン（Patterson, O. G.）,シュナイドラー（Schneidler, G. G.）,ウ

---

[1] 米国綴りでは counseling, 英国綴りでは counselling.

[2] Parsons, F. (1909) *Choosing a vocation*. Houghton Mifflin.

[3] 職業と邦訳される vocationは,「天職,神から与えられた使命」という意味の職業である.

イリアムソン（Williamson, E. G.）による共著『学生ガイダンスの技法』[4]の出版以後である．翌年，ウイリアムソンは著書[5]で，カウンセリング／カウンセラーという用語を使って，特性因子理論に基づく学生支援論を展開した．カウンセリングとは，学生の適応，環境の変化，適切な環境の選択，必要なスキルの学習，態度の変容を支援することであり，臨床的カウンセリング技法とは，分析，総合，診断，予後，カウンセリング，フォローアップの6段階を踏んだ個別対応であるとした．さらに，特性因子理論に基づく心理支援とは，人間の成長に必要な三つの次元からの支援とされ，必要に応じて支援の強調点が異なるとした．

つまりカウンセリングの目的は，人々がvocation（天賦の職務）を生きるための**自己実現**の支援であり，その大きな傘の下で，①職業に就き，社会に貢献するための**キャリア開発**，②社会で人々と共に生きていくための各自の**心理的能力**[6]**の開発**，③心理障害や心理的外傷体験の**治癒・回復の支援**（心理療法）をカヴァーし，つなぐことと考えられていた．

一方，現在カウンセリングと並んで活用されている**心理療法**（psychotherapy）は，1900年，ウイーンの精神科医フロイト（Freud, S. 1856-1939）の著書『夢判断』によって始まったとされている．医学の分野で開発された心理支援であり，催眠・自由連想による深層心理の分析（精神分析）から，心理内界の内省による心理的健康の回復が図られた．この流れをくむ心理支援は医療の領域では**サイコセラピー**[7]と呼ばれて発展し，現在に至っている．

期せずして20世紀の初めに医療と教育の分野で生まれた心理療法とカウンセリングは，以来，相互に刺激し合いながら発展し，心理的苦悩（illness）からの回復と日常生活の中の心理的問題の解決，自己の生き方（wellness）の探索までをカヴァーする専門的な支援法として展開され，現在，両者は明確に区別されることなく互換的に用いられるようになってきた．

そのきっかけは，ロジャーズ（Rogers, C. R. 1900-1987）がその著書『カウンセリングと心理療法』（*Counseling and*

4) Paterson, D. G., Schneidler, G. G., & Williamson, E. G. (1938) *Student guidance techniques: A handbook for counselors in high schools and colleges.* McGraw-Hill.

5) Williamson, E. G. (1939) *How to counsel students : A manual of techniques for clinical counselors.* McGraw-Hill.

6) 心理的能力の開発には，知的能力，情緒的能力，性格や適性，対人関係能力などの開発があり，特性因子理論では，誰もがすべての能力をバランス良く開発しているとは限らないと考えられている．

7) psychotherapyの邦訳は，医学領域では精神療法，心理学領域では心理療法である．

psychotherapy, 1942）で，二つの心理支援は，個人との持続的・直接的な接触によってその個人の行動・態度の建設的な変容をもたらす面接という意味で，基本的に同じ方法を活用していると述べたことに始まる．以来，両語を区別する立場とほぼ同じとみなす立場の間では，議論が続くこととなった．広く知られた議論には，カウンセリングは人間の**成長モデル**，心理療法は**医療モデル**に基づいた支援だというものがある．また，カウンセリングの世界では，教育的支援と治療的支援を区別して，**開発的カウンセリング**と**治療的カウンセリング**と呼ぶこともある．しかし，この支援はそれぞれの働きを区別して定義しているとはいえ，誰が何をするのかを区別しているわけではない[8]．

20世紀（近代），特に産業革命と第二次世界大戦の影響を受けて発展した心理支援は，科学の発展，情報化社会の出現，グローバル化によって，21世紀（ポストモダン）の新たな展開期に入り，パラダイムの変換が始まっている．その動きは，カウンセリング発祥の地・北米とその影響を大きく受けているカナダ，英国の学会の動きにみられる．

2010年，アメリカ・カウンセリング学会[9]は新たなカウンセリングの定義を採択し，「カウンセリングとは，メンタルヘルス，ウェルネス，教育，そしてキャリア目標を達成するために多様な個人，家族，グループをエンパワーする専門的な関係」としている．また，1965年に設立されたカナダ・カウンセリング学会は，2009年にカナダ・カウンセリングおよび心理療法学会[10]に名称を変えて会員に心理療法家を包含し，2011年に公認された定義と実践領域を発表した．曰く「カウンセリングとは，人間の変化を促進するために特定の専門的能力を倫理的に活用することを基盤とした関係のプロセスである．カウンセリングは，ウェルネス，関係，個人の成長，キャリア発達，メンタルヘルス，そして心理的疾病または苦悩（psychological illness or distress）に対応する」としている．さらに，1970年に設立されたイギリス・カウンセリング学会は，2000年にカウンセリングと心理療法の共通性に関心をもつ専門家を統合し，英国カウンセリ

8) I-2「カウンセリングと心理療法」も参照．

9) 1952年に設立されたアメリカ・カウンセリング学会（American Counseling Association: ACA）は，その前身であるアメリカ・キャリアカウンセリング学会（1913年設立）の歴史を含めて100年を超える歴史をもち，2013年には設立100周年を迎えている．

10) Canadian Counselling and Psychotherapy Association：CCPA

ングおよび心理療法学会[11]として再出発したが，その目標を「Talking Therapy（語りによる治療）という大きな傘の下で，訓練された専門家によって行われる効果的な変化や健康な生活の増進をもたらす短期，または長期の支援」としている．

[11] British Association for Counselling and Psychotherapy：BACP

ちなみに，1967年に設立された日本カウンセリング学会は，1997年にカウンセリングの定義を発表したが，その定義の主たるところを引用すると，「カウンセリングとは，クライエントが尊重される人間関係を基盤として，クライエントが自己資源を活用して人間的に成長し，自立した人間として充実した社会生活を営み，生涯において遭遇する諸問題の予防と解決のための専門的援助活動」であり，「カウンセリングは，サイコセラピー（心理療法）とは識別された援助的人間関係を中心とする活動で……疾患の治療ではなく①健常者の問題解決，②問題発生の予防，③人間の成長への援助……」となっており，欧米の3学会の現在の定義とは異なっている．なお，日本心理臨床学会は，学会として心理臨床業務については明示しているが，定義は公表していない．

21世紀の社会的・文化的多様性の促進を背景に欧米の学会では，カウンセリングと心理療法は，**イルネス**（illness）を含めて**ウェルネス**（wellness）の増進とエンパワーメントを目指す支援関係とされ，カウンセラーの人間観・アイデンティティ（専門職の責任と倫理的実践）が問われている．本邦でも，心理支援の現場における個々の実践家の働きは北米，カナダ，英国に近くなりつつあると考えられる．2015年の「公認心理師」の国家資格化を受け，日本の専門職集団は，時代の要求と変化に即した熟慮された理念・定義を明示する役割を求められている．

〔平木典子〕

【参考文献】
Gerard, E.（2019）*The skilled helper：A problem-management and opportunity-development approach to helping*, 10th ed. Cengage Learning.

I-2 カウンセリングと心理療法

わが国では，カウンセリングと心理療法（心理臨床）[1]という概念がほとんど互換的に使われることが多い．それぞれの基盤となる理論体系であるカウンセリング心理学と臨床心理学についても同様である．

ただし，それぞれは異なった起源をもち，違ったニュアンスで使われる場合もある．カウンセリングは，その源を**職業指導**にたどることができ，当初，個人に対する職業選択の支援から始まり，後に，進路指導や学校生活への適応など，教育現場における心理的援助に対してよく用いられるようになった．また，さらに，**成長モデル**としての人間観も，カウンセリング概念の確立を後押しした．これは，人間は生来的に自己実現に向かって生きる力を備えており，自分で目標を定め，それに向かって行動することができる存在であるという観点であり，人間に対する信頼や人間性尊重の姿勢が基盤となっている．

この人間観は，特にマズロー（Maslow, A. H.）やロジャーズ（Rogers, C. R.）などに代表される**人間性心理学**派の影響が強い．マズローは，「人間は生まれながらにして，より成長しよう，自分のもてるものを最高に発揮しようという動機づけをもつ存在である」という立場から人間の自己実現能力を重視した[2]．ロジャーズは「クライエントは本来，自分の問題が何かを知っており，それをどう解決し，どのように生きていこうかということを真剣に考え，自分の中に育んでいる」という立場から，クライエントの潜在的な自己成長の力を信頼し来談者中心の考え方を推し進め，現代カウンセリングの基礎を築いた[3]．

---

[1]「心理療法」と「心理臨床」もニュアンスの違いがないことはないが，「臨床」＝「病床に臨む患者に接して診察治療を行う」という原義があることから，本稿ではこの二つの概念をまとめてカウンセリングに対比させている．
I-1「カウンセリングとは」も参照．

[2] マズロー，A. H.／小口忠彦（監訳）(1971)『人間性の心理学』産業能率大学出版部

[3] 佐治守夫・飯長喜

この成長モデルは，人間の（主に幼少期の）欠陥や不十分な点などの異常性に着目して，精神的不調や心理的問題を診断，治療しようとする，いわば**医学・臨床心理学モデル**に対立するものでもある．

このような人間の潜在的成長力や健全性を信頼し，開発してゆくといったカウンセリングの概念は，人間の**ウェルビーイング**を増進させるという方向性をもっている．そのため，医療領域などよりもむしろ，教育[4]，産業，福祉などをはじめとする対人関係援助に関わる広い分野でなじみが深いものである．また，狭義のカウンセリングの他，**ガイダンス**，**コンサルテーション**，**コーディネーション**，**心理教育**，プログラム開発ほか**予防的活動**，**啓蒙的活動**などを積極的に取り入れる立場でもある．

一方，心理療法（心理臨床）概念の源は臨床心理学や精神医学にあり，患者の問題や症状を心理的，精神的障害とみなし，専門家がそれを治療するという視点が色濃いものである．したがって，そもそも弱い存在である患者の心の障害や不調を治す専門的活動というニュアンスが含まれており，人間のノーマルではない部分や問題点に着目しそれを治療するという活動や，その意味での「専門性」を強調しようとする立場からは，心理療法（心理臨床）という言葉が好まれる傾向があるといえる．

もちろん，それぞれのニュアンスには一長一短がある．たとえば，「カウンセリング」が，対人関係支援に関わるさまざまな職種の者が安易に行う相談活動として受け取られた場合，高度な養成訓練や専門性がそれほど必要のないものという誤解を生む可能性があるだろう．また，精通した専門家の関与を必要とする深刻な心理的障害を軽視してしまうことにもつながりかねない．他方，「心理療法」という言葉が独り歩きすると，人間の健全性や自己実現の可能性が悲観的にとらえられ，日常的な心理的躓きやその拗れが，いたずらに深刻な異常とみなされてしまうことも起こり得る．さらには，クライエントや家族の意向が軽視されて，治療期間が必要以上に長期化してしまったり，専門性の名の下に，利用者にな

一郎（編）（1983）『ロジャーズ：クライエント中心療法』有斐閣新書

[4] たとえば，アメリカのスクールカウンセラーは，心理臨床家というよりもむしろ教育の専門家という側面が強い．

じまない診断や治療法が選択される危険性もあるだろう.

　実際,わが国の現行の臨床心理士は,狭義の心理療法のみならず教育や産業の場をはじめとするさまざまな対人関係領域で,予防的,開発的,教育的な支援も多くこなしているというのが実情であり,あえていうならばカウンセラーに近いともいえる.そのため,特定の心理療法理論をモデルとした臨床心理士の養成訓練は中途半端であるという見解[5]や,「カウンセリング」の本来の意義や「カウンセラー」のアイデンティティが軽んじられているといった批判もある[6].他方,現行の臨床心理士という名称は,高度専門職業人としての心理援助者の社会的認知や社会的地位の向上におおいに貢献してきていることも事実である.

　以上のように,カウンセリングおよび心理臨床(心理療法)の名称やその活動内容に関しては少なからずの議論があるが,現実には心理臨床家は,精神的不調や心理的障害の治療よりもはるかに広い活動を行っており,カウンセラーも狭義の心理療法を行っているという実情がある.また,カウンセリング心理学,臨床心理学のどちらも心理的な問題や悩み,症状などを解決するための援助理論であると同時に,心の健康を維持し増進するための知恵や方法を提供するものでもある.大切なのはいずれの言葉を使おうと,それぞれのカウンセラーや心理臨床家がカウンセリングや心理療法の中で,どのような人間観をもってどんな働きをしようとするかといった中身の問題[7]であるとともに,それが利用者に対して明らかにされているということであろう.

　くしくも,世界的な動向もカウンセリングと心理療法を区別しない方向への歩みを示している.セリグマン(Seligman, M.)は,APA[8]の会長の立場から,20世紀後半の心理学は,主に人間の精神的な障がいや問題をどのように治療し,改善するのかという点に多大な努力と労力を費やしてきたあまりに,人々の人生をより充実した実りのあるものにするという,その本来のルーツからあまりにも離れてしまっているとして,人間の強さや潜在的可能性,美徳やすばらしさなどの健全な側面に焦点を当てる心理学の必要性を主張した.その

5) たとえば,下山晴彦(2010)『これからの臨床心理学(臨床心理学を学ぶ1)』東京大学出版会

6) たとえば,國分康孝(監修)(2001)『現代カウンセリング事典』金子書房

7) 平木典子(1997)『カウンセリングとは何か』朝日出版社

8) American Psychological Association アメリカ心理学会

活動は**ポジティブ心理学**という大きな流れを生み出している．また，**マインドフルネス**を中核とした一連の心理療法アプローチは，私たちの苦悩を「病理」というよりも，人間の「性(さが)」とみなし，たとえさまざまな困難を抱えていたとしても，「今この瞬間」を大切に生きることこそが，豊かな人生に直結するという明確な方向性を打ち出している．そこでは，クライエントの潜在的成長力への信頼，日常生活や日々の営みの重視，西洋と東洋の智慧やスピリチュアルな要素の統合，キャリア・生きがい・価値の選択や責任などがおおいに重視されている．どちらも，実証研究や脳科学などの生物的知見を踏まえた**エビデンスベースド**の科学（心理学）を意識しているとともに，医療領域をはるかに超えて，教育領域や産業領域ほか広範囲に活用されているものである．他方，**ナラティブセラピー**を代表とする**社会構成主義**傘下のアプローチは，そもそも心の病理というものの存在を前提とせず，人間の潜在的可能性や回復力を発揮できる関係性コンテクストを協働で織りなし，相手が豊かな可能性に開かれてゆくことが援助であるという基本的な考え方をもっている．対称的とも言える以上の世界的な潮流は共通して援助対象者それぞれのウェルビーイングの向上の延長線上に，コミュニティや世界全体のウェルビーイングの増大を見据えている．

　わが国でも，国家資格としての「公認心理師」制度が成立した．クライエントや家族ら利用者らのニーズに即応したユーザーフレンドリーな専門的心理援助が行える者としての活躍が期待されている．

〔藤田博康〕

【参考文献】
M・クーパー，J・マクレオッド／末武康弘・清水幹夫（監訳）(2015)『心理臨床への多元的アプローチ：効果的なセラピーの目標・課題・方法』岩崎学術出版社
平木典子 (1997)『カウンセリングとは何か』朝日出版社

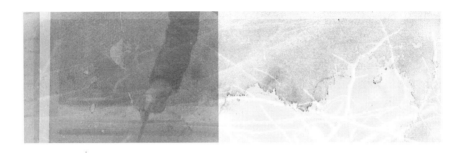

II｜カウンセリング理論

II-3 来談者中心療法

client centered therapy

　来談者中心療法（**クライエント中心療法**あるいは**来談者中心カウンセリング**ともいう）の創始者はロジャーズ（Rogers, C. R.）である．カウンセリングといえばロジャーズの来談者中心療法のことを指すと思われている時期が長く，現在でもそのような傾向は残っている．その意味で，カウンセリングの基本的な考え方や方法論の多くは来談者中心療法にあり，その技法の基礎をなしていると言っても過言ではない．

　彼の言う「来談者中心」とは，以下のことを意味している．クライエントが自分自身の問題を適切に解決する潜在的な力をもっていることを前提とし，カウンセラーはこの基本的な潜在力を最大限に尊重する．この潜在力はクライエント自身の中に内在する**実現傾向**といわれるものである．そして，この潜在力は適切な条件が満たされれば，自ら変化・成長する力として発揮される．それゆえ，カウンセリングにおいて面接を主導するのはクライエントであり，面接の進む方向や速度はクライエントが決めていくのであり，カウンセラーはそれに寄り添いながら，ともにその道を歩む者である．

　こうした考え方に至ったきっかけとして，ロジャーズ自身がある少年の母親面接を行っていたときのエピソードが知られている．この母親面接において，彼は従来のような情報収集，解釈，説明，指示などによる方法[1]を用いていたが，それがうまくいかず，面接の中断を申し入れたところ，母親から自分自身に対する面接の申し入れがあった．そこで，彼は今度は母親自身の抱える問題について，ただ傾聴するのみの面接を行っていたところ，母子双方にとって良い結果に終

[1] 当時のカウンセリングの主流は，クライエントの発言に基づいてカウンセラーが問題を発見し，診断し，助言をするという形で，

わったという．これを機会に彼の面接は大きく変わっていき，来談者中心療法へと発展していったのである．

ロジャーズの考え方はその生涯を通して，大きく三つの時期に分けられる．先の母親面接の後，彼の面接の第一期は**非指示的**（non-directive）**療法**（カウンセリング）の時期（主に1940年代）である[2]．この時期には，文字通りカウンセラーが指示や助言などを行わず，クライエントの感情に焦点を当て，ひたすらその話を**傾聴**することが推奨された．それまでの指示的療法や精神分析療法へのアンチテーゼであり，受容，リード，感情の反射などの傾聴技法が生み出された．

第二期は来談者中心療法の時期（1950～1960年代）である[3]．先の非指示的療法の時代はどちらかというと「非指示」という技法に焦点が当てられていたが，この時期は前述した「来談者中心」という考え方や態度を前面に打ち出した時期である．これは彼の本来の考え方を改めて強調したものとも言え，技法から態度への大きな転換であった．この時期の特徴として，**自己理論**（後述）の展開と，新たに治療的変化が生み出されるための必要十分条件が発表されたことが大きい．1957年に発表された「パーソナリティ変化の必要にして十分な条件」[4]という論文をもとにその考え方を紹介してみよう．

この論文でロジャーズは六つの条件を挙げている．その第一は二人の心理的接触の必要性である．これは援助の前提である．

第二では，クライエントは**不一致**の状態にあり，傷つきやすいあるいは不安の状態にある人のことだとしている．この不一致の考え方はロジャーズの自己理論に深く関わる．不一致の状態とは，**有機体**[5]（クライエント）の現実の体験とその体験を表現するものとしての個人の自己像との間に矛盾があることとされている．このことは，クライエントの現実の体験あるいは**経験**（実際に感じていること＝本音）と**自己概念**（自己構造＝自分はこうだと思っている自己のあり方）との間に不一致があり，それに気づかないとき，不合理な感情として不安や緊張が体験されるということを示している．健

カウンセラーが面接の主導権を握るという指示的療法であった．

2) 1942年の著書『カウンセリングと心理療法』（Counseling and psychotherapy: New concepts in practice）によって，非指示的療法として広く知られることになった．また，クライエント（来談者）という言葉が広まったのもこの本である．

3) 1951年の著書『クライエント中心療法』（Client-centered therapy: Its current practice, implications, and therapy）がその最初である．

4) 「The necessary and sufficient conditions of therapeutic personality change」という論文が出版され，これが彼の諸論文の中でも特に重要な論文として知られることとなった．

5) 有機体（organism）という言葉は，人間を心と体の一体化したものとしてとらえる言葉である．カウンセリングは心を取り扱っているように思われやすいが，心と体は不可分も

康な人間とは，この「経験」と「自己概念」の一致の程度が大きな人のことである．

　第三はカウンセラーがこの関係の中で一致（congruent）しており，統合されていることである．一般的には**自己一致**（self-congruence）と呼ばれたり，**純粋性**（genuineness），真実（real）であることなどと呼ばれることもある．カウンセラー自身が面接場面において，第二の条件で示した経験と自己概念が一致していることを指している．すなわち，カウンセラーが自己の本当のあり方（その場で体験していること）に気づいており，それに正直に行動できていることである．オープンであることともいえる．また，それがネガティブな体験であっても，それを否定しないで自らのものとして受け入れられることでもある．

　第四はカウンセラーがクライエントに対して**無条件の肯定的配慮**（unconditional positive regard）を経験していることである．肯定的配慮は積極的尊重や積極的関心などと訳されることもあるが，一般的には**受容**といわれることが多い．クライエントの一致している部分も一致していない部分も合わせて，全体としてのクライエントに対して，一人の人間として尊重すること，敬意を払うことでもある．ここでは「無条件」ということに大きな意味があり，受容にあたって「もし～であったら」という条件がつかないことが重要である．

　第五はいわゆる**共感的理解**[6]（empathic understanding）である．クライエントの感情的世界をあたかも自分自身のものであるかのように受け取り，しかもその「あたかも～のように（as if）」という性格を失わないことであるとされる．相手と一体化したり，巻き込まれたりすることなく，距離を保って理解しようとすることの重要さを示している．共感は同意したり，同情したりすることと混同されやすいが，区別されるものである．そして，理解したことをクライエントに伝えようと努めていることが必要とされる．

　第六は「受容」や「共感的理解」をクライエントに伝達することが最低限達成されることの必要性が述べられる．この六つの条件が存在し，ある程度持続することでそこに建設的

のであり，後の体験過程という概念とも深く関連する．

[6] 感情移入的理解と訳されることもある．

な変化が生じるものとされる．

　第三期は**パーソンセンタードアプローチ**（person centered approach：**PCA**）の時期（1970年代以降）である．来談者中心療法の考え方が発展し，円熟していく中で，個人の自己一致がより一層重要視されるようになり，クライエントの**体験過程**（はっきり言葉にはできないが，クライエントが漠然と気づいている心身未分化な感じ〔の流れ〕）に注目し，そのプロセスを促進するような体験過程療法が発展し，ジェンドリン（Gendlin, E. T.）の**フォーカシング**につながっていった．一方，ロジャーズ自身は個人のカウンセリングにとどまらず，**エンカウンターグループ**[7]のような集団によるアプローチへ傾斜していった．そしてその活動は当時のアメリカの社会状況を反映し，さまざまな社会的問題への取り組みを行っていくこととなった．

　ロジャーズの自己理論，パーソナリティ理論は現象学的な考え方に基づいており，個人の体験を基盤として対象を把握し，理解するという立場をとっている．こうした点ではいわゆる自然科学的な方法論とは相容れないものであるかのような印象をもたれやすいが，彼はカウンセリングや心理療法の科学的研究の発展に貢献したという面ももっている．特に面接を録音し，その逐語記録からクライエントの変化を明らかにしようとする試みは彼が始めたものである．そのことによって治療効果の客観的測定，あるいはそのプロセスを把握しようとする研究への貢献は大きい．

　ロジャーズの来談者中心療法への批判として，カウンセラーの態度重視のゆえ，技法のなさ，適用される問題や対象の限界などが指摘されることもあるが，あらゆるカウンセリングや心理療法の基礎をなす基本的な態度および方法論として，まず最初に学ぶべきものであるといえるであろう．

〔沢崎達夫〕

7) エンカウンターとは「出会い」という意味であり，参加者がより深いレベルで出会い，対人関係と個人の豊かな成長に焦点を当てたグループである．一種の社会運動として行われたり，カウンセラーのトレーニングとしても行われてきた．III-33「エンカウンターグループ（演習②）」参照．

【参考文献】
佐治守夫・飯長喜一郎（編）（2011）『新版　ロジャーズ：クライエント中心療法』有斐閣
諸富祥彦（1997）『カール・ロジャーズ入門：自分が自分になるということ』コスモス・ライブラリー（星雲社）

II-4 認知行動カウンセリング

cognitive behavioral counseling

　認知行動カウンセリングとは，認知や行動のあり方によって問題や症状が変化するという**認知行動モデル**に基づいたカウンセリングである．認知や行動の変容を介入の手段とするカウンセリングともいえよう．パニック障害や強迫性障害，うつ病や睡眠障害，パーソナリティ障害など，さまざまな問題に対して適用が可能とされる．

　認知行動療法の基本的な発想を具体例から示す．たとえば，通学途中の交差点で通りの向こうを歩く友人を見つけて，名前を呼んで手を振ったが友人がそのまま通り過ぎていった場合，手を振った人にはどのような反応が生じるであろうか．たとえば，その瞬間は少し落ち込んだ「気持ち」になったが，声が届かなかったのかなと「考え」，そのまま歩き続けるという「行動」をとるうちに，初めの落ち込んだ「気持ち」はなくなっていくかもしれない．あるいは，少しイライラした「気持ち」になった後，わざと無視したのかもと「考え」，とても「気持ち」が落ち込み，心臓がドキドキしてくるという「身体」反応も生じるかもしれない．さらに，何か友人の気に障ることをしたのではと「考え」込み，さらに「気持ち」が滅入って，教室に入ってからみんなに挨拶もせずに黙って席に着く「行動」をとるかもしれない．そしてついには，友人たちとの関わりを少しずつ避けるようになり，不登校にまで発展するかもしれない．

　このように，出来事に対する人間の反応を「認知（考え）」「行動」「感情（気持ち）」「身体」の4側面に分けてとらえるのが認知行動療法の特徴である．これは認知行動モデルと呼ばれ，後者の例は図4-1のように表現できる．このモデルで

は，4側面の反応が相互に影響しあうことも重要なポイントである．先の例のような**悪循環**が生じて，それが長期にわたり維持されたり，むしろ悪化していくときに問題や症状が形成される．ただし，4側面のどこかに少しでも変化があれば，全体の循環も変わる可能性がある．そこで，人が自分の意志で変えることもできる認知と行動に着目し，そこを介入のポイントとして循環を変化させ，さまざまな症状や問題の改善をめざす[1]．

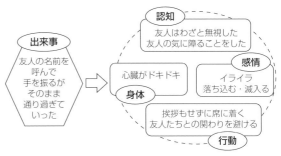

図4-1 認知行動モデルの例

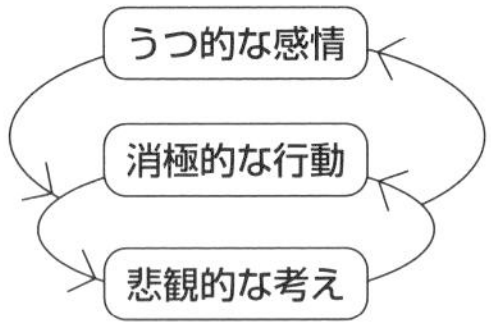

図4-2 うつの負のスパイラル

次に，具体的な介入法を紹介する．最初に行われるのは**心理教育**と**セルフモニタリング**[2]である．認知行動モデルを学び，それに基づいてクライエントが自分の問題を自分自身で把握できるようになることが治療の第一歩となる．**ホームワーク**も活用して，問題が生じた場面を何度も認知行動モデルで整理していき，その積み重ねからクライエントの特徴的な悪循環のパターンがわかってくる．

クライエントの問題や悪循環がカウンセラーとクライエントとで共有されると，次に認知や行動に対する介入が行われていく．先述の例のようなうつ症状の場合，認知が悲観的になり，行動は消極的になっていく．それがうつ感情をさらに強め，悲観的な認知や消極的な行動もさらに悪化する．これは，**うつの負のスパイラル**と呼ばれる典型的なパターンである（図4-2）．自分や世の中や将来について悲観的に考え，無力感や絶望感といったうつ感情が生じ，それまで楽しめていた活動や他者との関わり合いも減っていく[3]．このような悪循環をうつ状態ととらえて介入を試みる．

行動面に注目すると，他者との関わりや趣味などの楽しめる活動をしなくなり，反対に部屋や布団の中に引きこもるという行動ばかりをすることが，うつを維持・悪化させている

1) 日々の生活の中で，誰しもがストレス場面に多かれ少なかれ遭遇する．そこで認知行動カウンセリングでは，ストレス自体をなくそうとすることではなく，生じたストレスへの対処法を身につけることが重要と考える．

2) 出来事や状況に対する自分自身の反応を，認知行動モデルに従って4側面に分けて把握（モニター）すること．

3) 図4-2には含めていないが，不眠や食欲不振などの身体症状もこの悪循環の中で生じてくることが多い．

と考えられる．また，気持ちがのらなくても何か活動をする中で気分転換の機会が得られることもあるが，何もせずにいると気分転換の機会自体が非常に得られづらくなる[4]．そこで，**行動活性化**という介入によって健康的な行動を増やし，逆にうつを維持させる行動を減らすように試みる．もちろん，いきなり友人と旅行に行くなどの大きな行動を目標にするのではなく，まずは「3分間だけ一人で散歩をする」，「友人に一言だけのメールをする」などのように本人が確実に実行できる範囲の活動をホームワークとして設定する[5]．そして，その活動によって生じた反応をセルフモニタリングしてもらい，その記録を次の面接でカウンセラーと振り返っていく．このように実践を通じてクライエントにとって効果的な活動をともに検証していく姿勢は**実験的態度・協力的実証主義**と呼ばれ，認知行動カウンセリングにおいて非常に重視される．

認知面では，「友人はわざと無視した」や「友人の気に障ることをした」という考えがクライエントの頭に浮かんでいる．このようにある状況で瞬間的かつ自動的に生じる考えは**自動思考**と呼ばれる．その自動思考が現実よりも極端にネガティブであれば，不要な不快感情が生じてしまう．このようなネガティブな自動思考をより現実的かつ適応的にするための介入の一つが**認知再構成**である．先の例では，図4-3のように根拠と反証を書き出す方法が可能である．これは，不快感情を生み出すネガティブな自動思考を取り上げ，その自動思考が本当であると思える根拠と，本当ではないと思える反証をそれぞれ書き出し，その両方を眺めながら客観的かつ現実的な考えを検討していくものである．

この他にも，カラム法やメリット・デメリット分析，リラクセーション法やバイオフィードバック法，曝露法などさまざまな介入技法がある．こ

[4] たとえば，台所に山積みになった食器を見てうんざりした気持ちになったときに，そのまま食器を眺めていても，洗う意欲がわいて気持ちが改善することはまずないだろう．しかし，嫌でも洗いはじめると食器が片付いていき，そこで気持ちがすっきりしてくるかもしれない．

[5] 変化が大きくてもできる可能性が低いホームワークにするより，変化が小さくても確実にできるホームワークにすることが重要である．目的は活動それ自体ではなく，悪循環を変化させるきっかけ作りである．

| 自動思考：友人はわざと無視した　　友人の気に障ることをした | 気持ち：落ち込み　イライラ |

根拠「本当である」	反証「本当ではない」
・最近はメールの返信が遅い ・話しかけても笑顔が少ない	・遅くてもメールの返信はある ・昨日は趣味の話で盛り上がった ・週末に遊ぶ約束がある

全体を眺めてみると：
交差点は車通りも多かったので声が聞こえなかったのかもしれない テスト前で寝不足だったから，ボーっとしていたのかもしれない

図4-3 根拠と反証による認知再構成の一例

れらの技法の多くは，スキナー（Skinner, B. F.）やパブロフ（Pavlov, I. P.）らによる学習理論に基づいた**行動療法**や，ベック（Beck, A. T.）やエリス（Ellis, A.）らによる**認知療法**や**論理情動行動療法**[6]から取り入れたものである．

　他の方法と比べると，認知行動カウンセリングには以下のような特徴もある．まず，毎回の面接時間の使い方が非常に構造化されている．一般的なカウンセリングではその時々のクライエントの話にあわせて時間を自由に使うこともあるが，認知行動カウンセリングでは毎回の面接の冒頭でクライエントとセラピストが話し合い，その日に扱う話題を決める．これは**アジェンダ設定**と呼ばれる．ホームワークが毎回あることも特徴である．ホームワークの成果は次の面接で必ず振り返って活用する．1週間は168時間あるが，面接時間を除いた残り約167時間を有効活用する．また，現実場面で実践経験を積むことは，行動や認知の変容をクライエントに定着させる一助になる．なお，認知行動カウンセリングはプログラム全体もよく構造化されている．一定の手順や流れに従って8〜20回で構成されるプログラムが多く，他のカウンセリングと比べて短期的といえよう．

　認知行動療法は多くの**無作為化比較試験**[7]（randomized controlled trial：**RCT**）によってその効果が実証されていて，日本でも2010年からうつ病，2016年から不安症の治療の一選択肢として健康保険が適用されるようになった．認知行動カウンセリングは実施形態も多様化していて，一般的なカウンセリングと同様に1対1の対面形式だけでなく，グループを構成して行われる集団形式や，電話を用いて実施するもの，インターネットや携帯アプリを用いたものなども開発されている．

〔細越寛樹〕

6）　さまざまな出来事（Activating event）を，どのように受けとるかによって（Belief），どんな気持ちになったりどんな行動をするかという結果（Consequence）が異なるという**ABC理論**が提唱された．

7）　心理療法などの介入の効果を検証するために最も望ましいとされる方法．
　詳細はV-47「量的研究」参照．

【参考文献】
伊藤絵美（2005）『認知療法・認知行動療法カウンセリング　初級カウンセリング』星和書店
堀越勝・野村俊明（2012）『精神療法の基本：支持から認知行動療法まで』医学書院

II-5 精神分析的カウンセリング

psychoanalytic counseling

精神分析的心理療法あるいは精神力動的心理療法は，ともにフロイト（Freud, S.）によって創始された**精神分析**（psychoanalysis）の系譜をひくという点で大勢の一致をみるであろう．しかし，フロイトの系譜としてどこまでを含めるのか，あるいは分析的と力動的という用語の意味は何なのかとなると，統一的な見解を示すことは難しい．そこで，本項ではフロイトの系譜の中で中心的に用いられた概念をまず解説し，さいごに，その力動的な人間観を足がかりとする**精神分析的カウンセリング**を概観する．

フロイトの偉大な功績のひとつは，人間の心的世界の多くは**無意識**（unconscious）という場所に占められており，人間の意識し統制できる範囲は限られ，常に無意識の影響を受けているという人間観の確立である．そして，心を意識，前意識，無意識という場所としてとらえる見解は**局所論**（topograhphic theory）と名づけられた．『日常生活の精神病理』や『夢判断』といった大著では，意識されないまま抑圧されている無意識的内容が，言い間違えや思い違い，夢，あるいは神経症的症状や行動化，身体化といった表現をとるという観点が示されている．無意識という心の場所を仮定することによって，人間の認知や行動に及ぼす影響を解明しようとしたのである．現代では，フロイトのいう無意識論がそのまま継承されているわけではないが，人間は無意識の影響を受けるという深層心理学観点は，現代の力動的心理療法や神経科学との照合を検討する**ニューロサイコアナリシス**[1]（neuropsychoanalysis）でも形を変えつつも継承されている．

フロイトは自らの臨床経験の中で，その理論を推敲発展

1) フロイトにはじまる精神分析をとらえ直し，神経科学的方法により心と脳の関係を明らかにしようとする21世紀に始まった学際的ムーブメントのことで，**神経精神分析**と訳されることもある．ニューロサイコアナリシスは学派ではなく，精神分析が主観的素材をもとに推論するのに対して，ニューロサイコアナリシスはCT, PET, SPECT, fMRI等の神経科学的技術を用いて心の生物学的機能を精神分析の知見と照合する新たな視点を提供する．
岸本寛史（編著）(2015)『ニューロサイコアナリシスへの招待』誠信書房

させた．最終的に，自我・超自我・エスという三つのエージェントによる**構造論**（structural theory）が構築された．人間が適応するには，現実原則や外界認知を司る主体としての自我が，内在化された良心としての超自我，快感原則[2]に基づくエス，そして外界と力動的関係を調整する必要があるとされた．この力関係による葛藤がうまく解決されないときに不適応や神経症的葛藤が生じると考えられた．その後，米国を中心に，自我の役割が強調され**自我心理学**（ego psychology）[3]が展開した．

フロイトが問題とした両親と幼児との三角関係による**エディプスコンプレックス**（oedipus complex）[4]の概念は，現代ではそのまま個人の問題を解明する雛形とは考えられていない．しかし，それを足場として発達論や関係論が展開したといえる．まず，フロイトが描いた**欲動論に基づく心理性的発達理論**[5]は，早期母子関係を問題とする足がかりとなった．クライン（Klein, M.）をはじめとする**対象関係論**（object relations theory）はその重要なひとつである．また，エリクソン（Erikson, E. H.）はフロイトの欲動論的な発達論を関係論的に読みかえた先駆けといえよう．彼は，生涯にわたる段階説として，**心理社会的発達理論**[6]を提案した．スピッツ（Spitz, R. A.）やマーラー（Mahler, M. S.）らの乳幼児観察を取り入れた発達論の展開もその系譜である．ボウルビー（Bowlby, J.）はロンドンで精神分析と袂を分かったが，近年ではその**愛着理論**（attachment thery）は**内的作業モデル**（inner working model）[7]をキーワードとして精神分析との距離を縮めている．さらに，米国で独自の**対人関係的精神分析**（interpersonal psychoanalysis）[8]を展開したサリヴァン（Sullivan, H. S.）の系譜も対象関係論との対話を進めている．

次に臨床実践における精神分析的観点について述べる．まず言及すべきは**転移**（transference）と**逆転移**（countertransference）についてであろう．転移についての古典的なモデルによれば，治療者は中立的で白紙のスクリーンのようなものであり，そこに患者の過去の対象関係が映し出される．技法としては適切な時機をみてそれに解釈を与え

2) 心的機能を支配する原則の一つで，不快を避け，快を得ることを目的とする原則である．現実原則に対する語である．

3) 精神分析の系譜の一つであり，無意識やイドの働きよりも，自我機能や自我の自律性，防衛機制の重要性を強調する立場である．クリス，ハルトマン，エリクソンらによって代表される．

4) 3～6歳頃の男根期において，男子が母親に対して愛情を感じ，一方で父親に対して嫉妬する無意識的葛藤を意味し，通常は抑圧により意識されないとフロイトは考えた．運命の仕業で自分の父を殺害し，母と結婚することになってしまったギリシャ神話のエディプス王の悲劇をモチーフに作られた用語である．

5) フロイトは，心的エネルギーであるリビドーが身体のどこに備給され，敏感になり，交流の場所となるかに注目して心理性的発達理論を描き出した．口唇期，肛門期，男根期，潜伏期を経て性器期へと至る五つの段階が仮定されている．

6) フロイトの心理性的発達理論を，重要な

るというものである．しかし，現代の関係論的精神分析は，より対人関係的・発達論的な見解を取り入れている[9]．たとえば，患者が著しい**退行**（regression）を示した場合，欲動論的に幼児の願望を満たそうとしていると単純に考えるのではなく，欠損した自己修復の機会として治療者との現在の関係を扱うであろう．たとえば，養育者との安定した**アタッチメント**（attachment）が築き上げられなかった場合，その修復のためのニュー・オブジェクトを希求していると考える観点である．ここには，サリヴァンやコフート（Kohut, H.）らの対人関係モデルや，ボウルビーの再評価に伴う内的作業モデルの考え方がうかがわれる．また，転移についての構成主義モデルでは，治療者の実際の態度や行動が患者の経験に大きく影響することを強調している．逆転移についていえば，古典的には治療者が歪んだ患者像をもたないよう**教育分析**（educational analysis）によって**徹底操作**（working through）[10]することが期待された．しかし，現代では，逆転移に伴う治療者側の情動反応を障害物とみるのではなく，患者理解のための情報をもたらすものとも考えるようになっている．

さらに現代では，治療者個人の特性やあらゆる力動的作用が臨床場面に影響を与え得ることが前提とされる．精神分析は，もともとは無意識的内容への抵抗や防衛を解釈によって明確にして洞察をもたらし，態度や行動にも変化を与えようという試みであった．治療者が転移を言語によって解釈し，その洞察によって患者が治癒されるというあり方である．「エスのあるところに自我をあらしめよ」というフロイトの言葉はこのことを端的に表している．しかし現代では，治療者と患者との関係そのものが治療作用をもち，共同作業によって自己省察がもたらされ，共に変容への道を探るという意味合いが強くなっている．さらに，認識はするが変えがたい態度や行動にどう取り組むのかという問題も重視されてきている．

フロイトが最終的に辿りついた**自由連想法**（free association）は，患者が包み隠さず治療者に話し，治療者は

他者との関係の観点から読み直し，各発達段階において特徴的な心理社会的発達課題があることを前提として展開されたエリクソンによる発達論を指す．各発達段階において対をなす課題をあげ，全部で八つの段階を想定した．

7）乳児と母親との関係が内在化され，それをもとにして他者との関係を構築するための礎となる心的なモデルのことをいう．ボウルビーによって提唱されたが，しばらく精神分析との接点を失った時期があった．近年，この内的作業モデルが強調されることで，理論的には対象関係論との接近が可能となったと思われる．

8）サリヴァン，フロムらによってニューヨークのウィリアム・アランソン・ホワイト研究所を中心に展開された精神分析の学派であり，心理的困難を人間関係の脈絡の中でとらえることを主眼とする．

9）関係論への展開については，以下が詳しい．
J・R・グリーンバーグ，S・A・ミッチェル／横井公一（監訳）（2001）『精神分析理論の展開：欲動から関係へ』ミネルヴァ書房

解釈のための素材を得ることが意図されていた．これは患者の語りを批判することなく受け入れる治療者の態度を前提としており，こうした治療者の**共感的な態度**こそがまず治療的ではないかという観点が多くの心理療法およびカウンセリングで共有されている．フロイトがその重要性を十分に言葉にしなかったにせよ，共感がすべての心理療法およびカウンセリングの基本であるという認識は，ここに通底している．

　精神分析の設定は，古典的には週5回の毎日分析であり，治療者がカウチの脇の患者の目に入らない場所に位置したが，日本の精神分析的カウンセリングでは，週1回程度の設定が一般的であり，カウチを用いず対面法で行われている．素材としても無意識的内容を引き出すよりは日常生活での体験や対人関係的な問題が俎上に挙げられることが多い．そういった変遷を経つつも，なお力動的な観点は生かされ，かつ対人関係的な力動性もまた重要な視点と考えられている．また，フロイトの娘アンナ・フロイト（Freud, A.）によって始められた**遊戯療法**[11]は，家族関係や環境調整の視点も取り入れており，日本で広く行われている**親子並行カウンセリング**の基本的観点を提供するものであった[12]．

　以上のようにフロイトに始まる精神分析は，カウンセリング的な援助の礎を担い今後の発展の礎石となり続けることは間違いない．さらに，今後は力動的観点が健康な人々のさらなる自己実現のためにも応用されることが期待される．

〔広瀬隆〕

10）精神分析の過程で，妥当な解釈を通して，幼児期に由来する特徴的な対人態度を基盤とする抵抗や防衛機制，転移を繰り返し取り上げて，洞察的・体験的に理解し，修正していく作業のことをいう．

11）II-11「遊戯療法」参照．

12）関係論の日本での発展については，以下が詳しい．
　岡野憲一郎・他(2011)『関係精神分析入門：治療体験のリアリティを求めて』岩崎学術出版社

【参考文献】
小此木啓吾（2002）『フロイト思想のキーワード』講談社
ギャバード，G. O. ／狩野力八郎・池田暁史（訳）（2012）『精神力動的精神療法』岩崎学術出版社

II-6
実存主義的カウンセリング

existential counseling

　心理療法の理論は，特定の時代の脈絡の中で生み出されてきたと考えることができる．たとえば，フロイトの精神分析は，ヴィクトリア時代の抑圧の終焉を迎えた時代に性の解放と共に生まれてきたものであり，認知療法は，知的，感覚的情報を処理する必要に迫られる情報化社会の幕開けと共に生じたものとも考えられる．**実存的心理療法**（existential psychotherapy）の礎石となる実存哲学は，19世紀後半にキリスト教のドグマに対する挑戦として生じ，さらに，20世紀の二度にわたる大戦の破壊がもたらした破滅的体験の中で，人間が生きることにどう意味を見出すかという課題の中で生まれた．それはまさに，ニーチェやキルケゴール，ハイデガーらの影響が強い時代であった．

　実存的心理療法の筆頭に挙げられるべきは，ビンスワンガー（Binswanger, L.）であり，『現象学的人間学』[1]を著して心理療法を実存哲学と結びつけた．彼は，当初精神分析理論に傾倒していたが，ハイデガーの『存在と時間』に触れたことを契機に，実存的かつ現象学的に患者を理解しようとした．自殺の危機に直面したエレン・ウェストの症例に典型的に見られるように，すべての理論を脇に置き，患者の経験を直接的に理解しようとした．しかし，自殺もまた個人の自由な選択的意志によるという彼の考えは，現代では必ずしも受け入れられないであろう．

　次に挙げるべきは，ビンスワンガーと同じくスイスのブロイラーのもとで仕事をしたボス（Boss, M.）である．彼もまたハイデガーから多くの影響を受け，ハイデガーとフロイトの考えを統合しようと試み，『精神分析と現存在分

1) みすず書房から1967年に刊行．原著は，*Zur phänomenologischen Anthropologie*（1947）．

析論』[2]を著した．スイスのチューリッヒ大学は**現存在分析**（Daseinsanalysis）[3]のメッカとなったが，そこでは必ずしもその理論を体系化し継承することには関心を払われなかった．直面する対象をそのまま経験するという現象学的な態度は，体系化された理論にそぐわなかったのであろう．

同時代を生きたフランクル（Frankl, V.）は自らの技法を**ロゴセラピー**（Longtherapy：**実存分析**）と呼んだ．主著書のひとつである『夜と霧』[4]に描かれているように，第二次世界大戦時の強制収容所での体験は，フランクルの思想を決定づけるものとなった．また，著書『生きる意味を求めて』[5]の中で，一貫して重要視されているのは，「苦しみはその意味を見出されたときにはもはや苦しみではなくなる」という言葉に示されるように，まさしく生きることの意味である．それは，自らの創造性を通して作り上げられるべきものであり，その対極にあるのが実存に対する大きな問題となる**無意味であること**（meaninglessness）である．そして，人間の自由とは条件からの自由ではなく，直面する条件に対して態度を明確にする自由であると主張したのである．

同じ頃，米国ではメイ（May, R.）が『不安の人間学』[6]を著した．メイもまた，肺結核による2年間の入院生活の中で死と向き合わざるをえない経験をし，その経験も通して**実存療法**を生み出した．その考えの基盤は，苦しみや悲しみは必ずしも避けられ治療されるべきものではなく経験されることによって心理的成長が可能となる，というものである．

その後，米国では，実存主義的立場を明確にしようとした心理学者たちがいる．その代表として，ブーゲンタール（Bugental, J. F. T.），ヤーロム（Yalom, I.），キーン（Keen, E.）らの見解に共通する観点について述べる．

まず，実存主義者たちによるパーソナリティのとらえ方として，固定的で独立した人格というものを想定しないことが挙げられる．彼らにとって実存とは**移ろいゆく存在**（Dasein〔独〕，being〔英〕）であり，常に生成途上にあるものである．また，実存は**世界内存在**（being-in-the-world）という表現によってうまく表され，けっして環境と切り離して抽出される

2) みすず書房から1962年に刊行．原著は，*Psychoanalyse und Daseinsanalytik* (1957).

3) ビンスワンガーによって提唱された学派であり，精神病者と世界との関係，あるいは世界の中での患者のありようを存在論的に解釈し，了解することを目指した．フッサールやハイデガーの哲学に依拠しており，名称はハイデガーの「現存在分析論」に由来する．この系譜に連なる精神病理学者としてメダルト・ボスがいる．日本では，木村敏がこの流れを継承し，西田哲学や禅との関連で展開させた．

4) みすず書房から1956年に刊行．原著は，*Ein Psycholog erlebt das Konzentrationslager* (1946).

5) 春秋社から1999年に刊行．原著は，*The unheard cry for meaning* (1978).

6) 誠信書房から1963年に刊行．原著は，*The meaning of anxiety* (1950).

べきものではない．そこに四つのレベルが考えられている．一つはドイツ語でEigenweltといわれる個人的な意味や独自性に関わるレベル，二つ目はMitweltであり，これは他者との関係を示す言葉である．三つ目のUmweltは取りまく世界を指し，いかに人が身体的・物理的な自然の世界と関わり生きているかを問題にするレベルである．四つ目のÜberweltは，個人的な利益や企図を超え他者へと貢献できるレベルを指す．カウンセリング場面においても，実存主義者たちは，この四つのレベルに注意を払いクライエントに働きかけるのである．また，大切にされる言葉に，**本当であること**（authenticity）が挙げられる．虚偽の私や他者指向的な私，あるいは世界に対して閉ざされた私などはいずれも真実の私の状態ではない．四つのレベルにおけるあり方が統合されることにより，本当であることが実現されるのである．

　また，われわれは常にいつ死ぬとも知れぬ不安と隣り合わせにあり，**実存不安**（existential anxiety）という非存在への恐怖にさらされながら生きている．死を自覚した意識的存在となるとき，生きるために行動することも必要である．しかし，行動には常に保証はなく選択を迫られる．決定は常に不確実であり，不安に苛まれることもあるが，人は決定の責任をとりつつ存在し続ける．言い換えれば，死すべき運命や行動しなければ生き延びられないという**実存的所与**（existential givens）の中で，有限性を自覚しつつ選択と行動を通して存在し続ける態度が期待されるのである．これに反する態度は**偽ること**（lying）である．限界ある人間として，時に実存不安に直面するかあるいは偽ることによって逃避するか，という二者択一の状況にさらされるのである．

　実存主義的立場にあるセラピストたちは，これまで述べてきた技法や方法についていずれも体系化を望まず明確な学派の形成を目指さなかった．体系化そのものが本当の関係を阻害すると考えたのである．しかし，彼らが共通にもつ言葉や態度そのものが一つの主義を構成していると考えられる．次にその重要な要素について記してみよう．

　実存的な立場をカウンセリングに取り入れるとすると[7]，

---

[7] 近年の紹介が和書

まずはカウンセラーとクライエントが本当の関係に入ること，そしてそれを意識化することが強調される．ビンスワンガーやボス，メイら古典的実存主義者はその多くを精神分析的な技法論から学んでいる．クライエントはカウンセリングの中で，自由に表現することが許される．しかし，時に過去に固執したり，未来への不安にとらわれたりして，今ここにある世界内存在としての真正な私に気づけないかもしれない．しかし，まずはそうしたあり方も許容され，カウンセラーとの本当の関係の中で自分に気づき，正直な経験に開かれるかもしれない．カウンセラーは，その時その場でのクライエントの体験をクライエントの意味づけに沿って理解しようと努める．可能な限りカウンセラー自身の世界の見方にとらわれず，クライエントの言葉や解釈のありようを**現象学的方法**（phenomenological method）によって体験しようとする．ただし，どのような介入をするかについては多様性が認められる．ボスやブーゲンタールのように転移の解釈を用いる精神分析的手法に加えて，クライエント独自の存在に関わる課題を取り上げようとする者もいる．一方で，カウンセラーが平等に漂う注意や転移を映し出す白いスクリーンとなる態度から離れ，自らの思いをクライエントに示す**実存的直面化**（existential confrontation）を用いる者もいる．たとえカウンセラーがその体験をクライエントに伝えることで苦痛をもたらそうとも，カウンセラー－クライエント関係が本当のものとなり，それがクライエントの本当の体験への直面につながると考えるからである．

つまり，カウンセリングという真の関係を通して，クライエントは実存の意味を深く意識化し，かつ選択する自由と責任をもつひとりの世界内存在としての自覚が促されるといえよう．
〔広瀬隆〕

や邦訳書には見あたらないため，以下の英書を参考文献として紹介する．
Existential Counseling. In F. A. Kevin et al. (2010) *Theoretical models of counseling and psychotherapy*. Routledge.

【参考文献】
フランクル，V. E./山田邦男（監訳）(2011)『人間とは何か：実存的精神療法』春秋社
石川勇一 (1998)『自己実現と心理療法：実存的苦悩へのアプローチ』実務教育出版

II-7 ユングの分析心理学

analytical psychology

　心理療法やカウンセリングの領域で，世界中を見渡しても日本におけるほどユングが有名な国は他にないのではないか．日本の文化との相性の良さが主な理由であるとみる向きもあろうが，河合隼雄がいなかったとしたら，日本でも今日のような知名度をユングはもたなかったであろう．1965年，河合はスイスから国際資格[1]を携えて帰国し，多大な功績を残した後，2007年に逝去した．彼の偉業により**ユング心理学**は日本ではひとつの大きな潮流をなした．しかし，河合を抜きにユングを語るあるいはその理論を説明するとなると，とたんに困難を感じ，いかに河合に依拠していたことかと思わされる．

　ユング心理学の多様な概念は，経験を通じて理解されるべきだというのが，多くのユング派分析家の共通意見であろう．それゆえ，自らの分析経験なしにユング派分析家の資格を授与されることはない[2]．しかし，その反面，ユング心理学が概念として独り歩きできるほどの学問的体系であるのかと問われると，肯定的な答えで単純に終わらせることはできそうにない．ところが，ユングの著作集を開くと簡単に足を踏み入れられないほどの圧倒的な勢いがあり，まずは理解及ばずという感を抱かされるであろう．ユング心理学を日本に紹介した第一人者である河合のすぐれた点は，このユング心理学の二律背反的な特徴を一般の人にもわかるように解き明かしたことにある．相容れない逆説を，常に持ち前のユーモアと話術とによって納得のいくように説明できる当意即妙の技芸にたけた人物であったといえるだろう．その河合を亡くした日本のユング心理学は，大きな柱を失いユング心理学の

[1] ユング派の国際資格は，各国の独立した訓練コースをもつ機関のうち，国際分析心理学会（IAAP）で認定された機関によって提供され，訓練生は最終的にIAAPによってその訓練の修了を認定されると，ユング派分析家として登録される．機関によって差はあるものの，教育分析やケース実習を含めた最低4年以上の総合的な訓練プロセスをたどる必要がある．

[2] **教育分析**．心理療法を職業的に行うにあたり，治療者が自らの問題を取り上げ，自己洞察や自己変容を目指す訓練課程のことをさす．ユングが最初にその必要性を提唱したとされる．訓練カリキュラムとして必須とする学派もあればそうでな

価値を問い直す課題を背負わされたといえるかもしれない.

ユングの**分析心理学**もまた,他の学派の創始者と同様に,あるいはそれ以上に,創始者自身の心の課題を巡って構築された心理学体系である.ユングが自らの生涯について語った「思い出,夢,回想」(邦訳『ユング自伝』[3])の記述の中に「私の一生は,無意識の自己実現の物語である.無意識の中にあるものはすべて,外界へ向かって現れることを欲しており,人格もまた,その無意識的な状況から発達し,自らを全体として体験することを望んでいる」という言葉がある.ユングが体験した自律的な力をもつ**無意識**(unconscious)は,常にユングに対話を求める生きた源泉であった.ユングは**夢**や**ファンタジー**をたゆまず記述し,圧倒されそうになりながらも自らの状況を客観的に振り返り,心の危機に対峙した.意識と無意識との**弁証法的対話**(dialectical dialogue)というアイデアは,フロイトとの決別後の自身の精神的危機のなかで醸成されたと思われる.ユングが見出した無意識は,抑圧された個人の経験の残骸だけではなく,広く人間に共通する経験可能性を含むものである.ユングは**個人的無意識**(individual unconscious)の他に,さらに**集合的無意識**(collective unconscious)を想定し,また生得的にもつ普遍的な経験可能性の雛形を**元型**(archetype)[4]と呼んだ.また,無意識的内容は,個人にとって不都合で受け入れがたいことばかりでなく,人生を展開させる新たな資源ともなることを見出した.ユングは対立する意識と無意識との弁証法的対話によって新たな人生の地平が開かれると考え,そのプロセスを**個性化**(individuation)と呼んだ.

内向(introversion)と外向(extraversion)という言葉に代表される**タイプ論**(typology)も個性化と関連づけて考えられる.ユングにとって内向性と外向性は,単なる類型ではなく,相補的な関係にある特性である.意識があまりにも外向的になったとき,心の調節機能により内向性が無意識的に布置され,全体として内向性をも意識に組み入れる働きが生じる.ユングはこうした心の働きを**補償**(compensation)と呼んだ.タイプ論で対極に位置づけられる感情と思考,そ

い学派もあるが,他の要因にもましてカウンセラーという人が最も影響力があると考える学派においては,必須と考えられる.

3) 1972〜73年にみすず書房から刊行.原著は,*Memories, dreams, reflections*(1963).

4) ユングは,精神病者の幻覚や妄想が,神話や伝説,昔話などと共通の基本的なパターンをもつことを見出し,そのもととなる集合的無意識内の仮説的要素を元型と名づけた.ユングが見出した元型に,シャドウやペルソナ,アニマやアニムス,グレートマザーやセルフ等があげられるが,理論的にも経験的にもその数は無限であるといえる.

して感覚と直観はいずれも容易には併存しがたい特性である．それらを共に実現していくあり方にも心が調節機能を果たし**全体性**を希求するとユングは考えた．

　ユングのいう個性化は，心の全体性へと向かって意識が無意識と対話し，開かれ変容していく性質を前提とし，そこに心の目的を見つけようとする．たとえば，症状とは，単に取り去るべきものではなく，心の全体性を実現する契機となる目的をもつものととらえられる．さらに彼は，人間関係上のトラブルや夢の中の人格像，自律的に生じるファンタジー，偶然の出来事の中にさえ，意識を超えた無意識の意図を見出そうとした．個性化のひとつの目的は，**ペルソナ**（persona）[5]の覆いの下にある本当の自己につながることであり，個性化は全体としての自己実現のプロセスでもある．時にそうした側面の強調が度を超えたものとなると，神秘主義的な色合いが濃くなりすぎる危険があるが，人間の意図を超えた目的論的なあり方を想定したところに他の心理学派にはない魅力があるのであり，特定の宗派にとらわれない宗教性に開かれたものともいえるだろう．一方で，ユングが強調するのは，個性化は個人主義とは違って，他者への配慮なしに自分の特異性を示し実現するものではないという点である．個性化は，個となる（to be individual）と同時に他者とつながり共存する（to be undivided）という相矛盾する特徴を併存させているのである．

　彼の分析の特徴は，イメージやシンボルによって仲介される無意識の生きた内容に自我が気づき応答していくプロセスの促進にある．ユング自身，ボーリンゲンの塔[6]に籠り，夢を記述し，アクティブイマジネーション[7]を行い，また絵を描き，石を刻んだ．言語で仲介できない象徴的なもの，あるいはイメージを媒介とした経験的世界の現実性をユングは強調しているのである．人間は，歴史的事実とは別に，**物語的真実**を通して経験的世界を構築している．ユングは神話学者の言葉を引用し「心の神話産出機能」の重要性を強調し，シンボリックな心の生活の大切さを示した．ユング心理学の中には，常に心の全体に対する不可知性を認める態度があり，

5）　人が外界に向かう時に身につける仮面を意味するが，ユングはペルソナもまた一つの元型の顕現であると考えた．ペルソナが適応に必要な外界への通路となるのに対して，アニマやアニムスは内界への導きとなるとされた．

6）　ユング自らが建築し，ことあるごとに晩年に至るまで増改築を繰り返した私設の塔である．ユングは町から離れ，その小さな塔の中で著作活動やアクティブイマジネーションを行った．そして，その変遷を自らの個性化の表現と考えた．

7）　**能動的想像**と訳されることもあるユングが用いた想像技法の一つである．夢とは異なり，無意識的内容を覚醒した状態で浮かび上がらせる方法で，白昼夢のように浮かび上がらせるだけではなく，

それゆえに神秘的経験もまたヌミノース[8]を伴う経験のひとつとして包摂しようとするところがある．そのような態度は，時にある人に親和性を感じさせ，また別の人には嫌悪をもたらす．フロイトとの決別後の精神的危機の中で，ユングは多くのマンダラを描き，それによって示される全体性の象徴を通して慰安をえると同時に，個性化の進展を経験したのである[9]．

　ユングの人間観を基礎とするカウンセリングでは，何もユングと同じように夢の分析をしたりアクティブイマジネーションを行ったりするばかりではない．その基本的態度は，日本で表現（芸術）療法や箱庭療法[10]，描画療法[11]，あるいはイメージ技法に引き継がれている．さらには，技法が異なるにしろ，個性化や意識と無意識との弁証法的対話を基礎原理として行う臨床実践もまた，広くユング派志向的な臨床と呼べるだろう．

　分析心理学もまた，世代を重ねるにつれ，ユングが当初発案したモデルがさまざまな見解と照合され変化しつつある．たとえば，関係論，発達論，神経科学との接触は，大きなパラダイムシフトにつながるであろう．しかし，本来的にユング心理学がもつスピリチュアリティの視点は，エビデンスの視点ではとらえがたいその独自性を示すものであり，魅力であると同時に批判の対象ともなり得る．現代のユング心理学は，それらをどう統合しながら足場を保つかという二律背反に立たされているともいえよう[12]．さらに，科学性と宗教性の狭間に生きる人間にとっての絶対的な答えはなく，無意識との対話を通して生きるという人間観こそが，ユング心理学の大きな魅力であるといえるだろう．

〔広瀬隆〕

自我の積極的な関与により，意識と無意識が協働して新たな実現可能性を開くことを意図した．

8) ドイツの宗教学者であるルドルフ・オットーによる用語をユングが心理学に転用した．意識的統制を超えたある種の宗教的体験であり，深淵で魅惑的な肯定的側面と，自我を圧倒し混乱をきたす否定的側面とをもつ．

9) ユング，C. G.／林道義（訳）（2016）『個性化とマンダラ』新装版，みすず書房

10) II-12「箱庭療法」参照．

11) II-13「描画療法」参照。

12) 近年の紹介が和書や邦訳書には見あたらないため，以下の英書を参考文献として紹介する．
　Stein, M (2010) *Jungian psychoanalysis: Working in the spirit of C. G. Jung*. Open Court.

【参考文献】
河合隼雄（1966）『ユング心理学入門』培風館
サミュエルズ，A.／山中康裕（監修）（1993）『ユング心理学辞典』創元社

II-8 アドラーの個人心理学

individual psychology

精神科医アルフレッド・アドラー (Adler, A.) が創始したアドラー心理学[1]は，**個人心理学**とも呼ばれ，人間の社会的な性質を強調するカウンセリングの立場のひとつである．Individualという語は日本語ではしばしば「個人的な」とか「個々の」という形容詞，あるいは「個人」という名詞に訳される．しかし，アドラーの人間観からすると，individualはその分割されていないun-devidedである側面が強調されており，必ずしも個人という訳語は適切ではないと思われる．このような，人を分割できない統一体としてとらえる見方は**全体論**（holism）と呼ばれている．「治療目的は人生の問題に直面する勇気づけを行うことである」という言葉にアドラー心理学の特徴が端的に示されている．

アドラーは当初フロイト（Froud, S.）とともに歩んだが，やがてフロイトの欲動論[2]に疑問を抱き，劣等感をキーワードとして独自の立場を築いた．フロイトの決定論に対して，アドラーは人間が劣等性をいかに克服し，成功するかという観点に注目し，**目的論**（teleology）を打ち立てたのである．

アドラー心理学では，劣等性，劣等感，劣等コンプレックスは区別されている[3]．**劣等性**とは，本人の意味づけに関わらない，ある客観的に劣った特性のことである．背が低いとか，知的能力に限界があるとかいった厳然とした事実である．それに対して，**劣等感**とは，そうした劣等性に対する個々人の意味づけである．背が低いことをどう感じるか，知的に限界があることをどう意味づけるかによって生じる感情である．子どもの治療と観察から，彼は子どもが何らかの身体的な劣等性をもつ場合，それを克服しようとするか，別の

---

[1] アドラー心理学の基本用語を詳しく解説したものとしては，下記が良書である．
梶野真・岩井俊憲 (2015)『アドラー心理学を深く知る29のキーワード』祥伝社

[2] II-5「精神分析的カウンセリング」参照．

[3] 英語では，劣等性（inferiority），劣等感（inferiorlty feelings），劣等コンプレックス（inferiority complex）と表記される．

方法によって補おうとするか，あるいは他者を動かそうとするかといった異なった態度を認めた．性格の形成は遺伝的に決定づけられるばかりでなく，環境や状況に対する主体的関与のありようによって影響されるとしたのである[4]．

劣等感に対して意識的・意図的に取り組めないとき，劣等感を気づかないまま働かせ，何らかの言い訳によってやり過ごしたり，他者を動かしたりして，本来果たすべき責任を果たさないことがあり得る．それが神経症的な態度であり，意識しないままに劣等感が働いている状態である．アドラーはそうした態度をさして**劣等コンプレックス**と呼んだ．そして，劣等感を**補償**（compensation）すべく，より建設的に思考し決定し行動することを目標とした．時に，非建設的な言い訳によって目標から逸脱したり，あまりにも過度な目標設定をしたりすることによって**過補償**（overcompensation）に陥り苦しむのを神経症的なあり方と考えたのである．

アドラーは，極端なまでに，人間の行動は意識的であるにしろ無意識的であるにしろ，目的的であると考えた．たとえば，ある症状は他者からの関心を得るための無意識的な手段になるとした．彼にとって無意識が意味するところは，その内容を貯蔵した場所ではなく，主体の態度である．それゆえ，名詞としての無意識は想定されず，無意識という語は「無意識的に」とか「無意識的な」という副詞あるいは形容詞として使用される．すなわち，精神内界の力動性を問題にするよりも，社会と主体との関係の中で，主体が自ら決定する**自由意志**をもつことを強調したのである．つまり，フロイトの還元論的・決定論的な理論とは異なり，原因の究明よりは，問題の解決に焦点を当てたという点において，アドラーは**問題解決志向**の先駆けともいえるだろう．彼は，環境や運命の犠牲者としてのあり方に甘んじるのではなく，自らの運命をいかに切り開くかが問題だと考えたのである．

ニーチェの影響のもとに，**権力への意志**（will to power）[5]が主要な動因であると考えたアドラーであったが，晩年になるにつれ，共同体の中での人間の態度が重要と考えるようになった．あらゆる行動は目的をもち，その目的が健康なもの

4) さらに，子どもの身体的障害から得た知見を心理的な次元に適用し，**器官劣等性**（organ inferiority）という用語を用いている．

5) ニーチェ哲学の一つで，「ツァラトゥストラはかく語りき」において初めて用いられ，「力への意志」と

であるか不健康なものであるかは，共同体に良い影響をもたらすか，またはあくまで個人的な利得のためであるかによって決定されると考えるようになった．当初，器官劣等性の概念から出発したアドラーだが，より一層人間の社会の中での意味合いを強調するようになり，**共同体感覚**（social interest）という語によって，人間社会というシステムの中に位置づけられた個人のあり方を問題とするようになったのである．社会の中で居場所を得て，その一員と感じるには，他者や社会に対する貢献ができているかどうかが鍵となる．また，共同体感覚の高低と活動性の高低の2象限を想定し，社会的に有用であるためには共同体感覚が高く，かつ活動性も高いことが必要であるとした．

　また，共同体のひとつとして，家族は人間の発達にとって重要な意味をもち，成長期の子どもの人格形成に非常に重要な位置を占めると考えた．家族をはじめとした人との関係を基盤として，子どもは社会の中で意味ある存在となるための人生設計を築き上げる．フロイトが両親との関係を重視したのに対して，アドラーは兄弟姉妹との関係を重視した．両親からの愛や注目を獲得すべく，**同胞葛藤**（sibling rivalry）を通して，ライフスタイルは大きく影響を受けることになる．アドラーにとって，**ライフスタイル**（style of life）とは「私は〜である」という自己概念，「私は〜であろうとする」という自己理想，「人々は〜である」という世界観の三つからとらえられる[6]．特に3兄弟姉妹の中で，真ん中の子どもが両親からの注目を得るために問題を起こすという**負の注目**（negative attention）という概念や，人を動かすために感情を利用するという考え方は，彼の心理学を特徴づけるものである．

　また，アドラーは，人間の経験的世界は客観的な世界そのものによって決定されるのではなく，経験的に構成されてきた信念によって築き上げられ，それが性格を形作るとする．神経症的なあり方の根幹には，誤った認知があり，それには過度の一般化や高すぎたり誤っていたりする目標設定，自己価値の否定や誤った価値観が含まれる．それらは，フロイトが想定した抑圧や否認といった防衛機制によるものでは

訳されることもある．自己保存と拡大，他者支配と征服を図ろうとする人間のもつ根源的な生命力を意味する．この世での弱さを来世における完成にすりかえているものとしてキリスト教を批判し，現世における人間の達成感や野心，意欲を強調した．

6) ライフスタイルとは人間が判断したり行動したりする前提となる体系化された信念体系のことをさす．このライフスタイルを検討し，自分について知ることを**ライフスタイル分析**と呼ぶ．分析のために，早期回想や現在の行動を素材として，現在に至る個人の自己概念や世界観，自己理想をとらえ，必要に応じて変容を試みる．

なく，新たな見方の枠組みが与えられず修正の機会を失っているため生じているとして，カウンセリングでは，**基本的に誤った考え方**（basic mistaken beliefs）を認知的にさせるための介入が積極的に行われる．「無意識的にとる態度や行動」に対する態度を変更し，意識的・選択的に行動決定する意志をもつ人間となることが目指されるのである．

こうした人間観・治療観を足場として，臨床場面では，カウンセラーとクライエントは平等な立場で協力関係を築き作業を進めることが期待される．対等な関係の中でライフスタイルや自らの思考や行動のあり方を検討するという実践的な姿勢は，現代の関係論や認知行動療法ともつながるところが認められる．

さらに，アドラーは，**勇気づけること**（encouragement）と**勇気をそぐこと**（discouragement）は人間のライフスタイルを決定する大きな要因であるとしている．社会の中で自らが有益であると感じ社会に貢献できることは有能感や生きがいにつながるのに対して，そうした勇気をもてないことにより人は神経症的になると考える．そのため，カウンセリングの中での勇気づけもまた重要な働きかけであるとしている．そして，仕事・愛・交友という**三つのタスク**（tasks）をこなし，ライフサイクルを建設的な方向へと変えることが，感情の変化をもたらし，神経症的なあり方を克服すると考えたのである．アドラー派では，フロイト理論にみられるような本人の意志とはかかわりなく原因論的・決定論的に与えられたものに影響されるとする観点は**所有の心理学**（psychology of possession）と呼ばれる．それに対して，与えられたものを自らの自由意志によって役立て，人生を切り開いていく観点は**使用の心理学**（psychology of use）と呼ばれる．後者の観点を強調するアドラーの理論は，心理学領域のみならず，子育てや教育，人材育成や自己改革に大きな影響を与え続けているのである． 〔広瀬隆〕

【参考文献】
岸見一郎（1999）『アドラー心理学入門：よりよい人間関係のために』ベストセラーズ
ドライカース，R.／野田俊作（監訳）宮野栄（訳）（1996）『アドラー心理学の基礎』一光社

II-9 ゲシュタルトカウンセリング

gestalt counseling

ゲシュタルトカウンセリングとは，ユダヤ系ドイツ人の精神科医フリッツ・パールズ（Perls, F. S.）によって1950年代に提唱された**ゲシュタルト療法**に基づくカウンセリングである．**ヒューマニスティックアプローチ**[1]に属し，非分析的な立場をとって，実存主義や現象学を重んじる．

ゲシュタルト（gestalt）は，「形にする」「全体性」「統合」などを意味するドイツ語である．要素主義において全体は個々の要素に分解して理解できるとされたが，ゲシュタルト心理学[2]はそれに反対し，全体としてのまとまりは個々の要素以上の意味をもつと主張した．たとえば，図9-1はただ五つの「＜」があるだけでなく，全体として「☆」の形をみることができる．ゲシュタルトカウンセリングはこのようなゲシュタルト心理学の発想を人間理解に取り入れ，人間が社会における基本的な要求に従いながら，自分自身の身体や感情や理性を統合し，それに基づいて選択と責任を果たせる統合された人格へと向かうよう支援する．

重要な概念として**ホメオスタシス**がある（図9-2）．もとは生物学用語で，適切な身体の状態や機能を保つために生物がもつ自動的な機構を指す．たとえば体内（血中）の水分不足という不均衡が生じれば，のどの渇きという身体感覚が起こり，何か飲みたいという欲求が生じて，水を飲むという行動によって均衡が回復する．ゲシュタルト療法では，このようなプロセスが心理的にも社会的にも存在すると考えた．たと

1) 精神分析的アプローチ，認知行動的アプローチに次ぐ第三のアプローチ．ロジャーズの来談者中心療法などに代表される．なお，第四のアプローチとしてシステムズアプローチがある．

2) 要素主義を否定する形で20世紀初頭に

図9-1　ゲシュタルトにおける全体としての意味

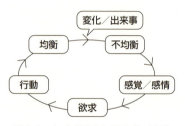

図9-2　ホメオスタシスのサイクル

えば，理不尽な要求に対して怒りを感じたとき，その怒りが先例ののどの渇きのように心理的な不均衡を知らせるサインとなる．この怒りを無視したりごまかしたりせずに，自分の感情として受け入れ，責任をもって怒りに反応し，要求を拒否するなどの適切な行動に至れば，均衡が回復することになる[3]．

ホメオスタシスが機能するには，スムーズな**コンタクト**が必要となる．コンタクトは対象への関わりのことで，欲求や感情や身体反応といった自身の内界の対象と，水を取りに行ったり他者に主張したりという外界の対象とがある．内界にも外界にも適切にコンタクトがとれ，かつ双方へのコンタクトがスムーズに入れ替わる状態が望ましいとされる．これは**図地の反転**がスムーズともいえる．図は前面に現れるもの，地は背景になるものである．図9-3はルビンの盃と呼ばれる絵で，白に注目すれば盃が図となって黒い部分は地になり，黒に注目すれば向かい合った二人の横顔が図となって白い部分が地になる．二つを同時に見ることは難しく，また，一方にとらわれるともう一方は見えなくなる．人間の欲求も同様で，まず一つの欲求を十分に取り上げれば，スムーズに次の欲求に移ることができる．しかし，優先順位を決められなければ中途半端になり，一方を無視すれば不全感が残り，一方にとらわれるともう一方に移れなくなる．

なお，外界との適切なコンタクトは，自分と自分以外との境目である自他の境界が明確であることが必要である．物理的にいえば，対象との距離や境界が明確だからこそ，強すぎず弱すぎずうまくそれに触れることができる．心理的にも同様で，自分と他者との距離や境界があいまいでは，スムーズなコンタクトが難しくなる．よって，自他の境界が明確であり，スムーズなコンタクトや図地の反転が起きて，選択と責任を果たせる状態が，目指すべき統合された人格像となる．しかし，適切なコンタクトやホメオスタシスが何らかの理由で阻害され，それが慢性化して機能不全に陥ることもある．パールズはこれを神経症ととらえ，その原因に以下の四つの抵抗を挙げている[4]．

イントロジェクションは，外界や他者の価値観・規範を十

誕生した．ゲシュタルト心理学自体は知覚心理学や認知心理学に分類される．

3) 責任を意味する英単語のresponsibilityは，反応（response）と能力（ability）から構成される．ゲシュタルト療法における責任とは，外界の刺激や自分の内的な動きに対してきちんと反応（コンタクト）する能力があること，つまり自ら選択して行動できることともいえる．

図9-3 ルビンの盃

4) 現在は，ディフレクション，ディセンシ

分に咀嚼することなく鵜呑みにすることである．男は泣くべきではない，女は怒ってはならない，という価値観を鵜呑みにしてきた場合，悲しみを感じることが困難になったり，怒りに蓋をして適切な自己主張ができないこともある．**プロジェクション**は，自分の中にある受け入れがたい体験や感情を外の対象に投げ映すことである．他者に対する怒りの感情を受け入れられないとき，怒っているのは自分ではなく相手なのだ，ととらえる場合である．**コンフルーエンス**は，自他の境界がなくなって他者と融合した状態である．本当は親の期待に応えてある進路を選んでいるのに，本人は自分の希望で選択したと思って疑わない状態が一例である．**リトロフレクション**は，本来は外の対象に向けるべきエネルギーを自分に向けてしまうことである．理不尽な要求に対する怒りはその相手に向かうのが自然だが，その怒りを自分に向けて「自分が悪いから」と自責的になる場合がある．リストカットなどの自傷行為として表現されることもある．

　このような神経症の状態から抜け出し，適切なホメオスタシスの機能を回復するためには，カウンセリングでの「今ここ」[5]の場において気づきを得ていくことが重要となる．パールズが「ゲシュタルト療法は気づきにはじまり気づきに終わる」と表現したように，一つの気づきが次の気づきにつながるという気づきの連続を促すのがゲシュタルトカウンセリングである．固着した図が地に戻り，地にあったものが次々と図になる図地反転の過程ともいえる．その中で，それまでの葛藤や，気づいていなかったものや失われていたものが統合され，全体性が回復していく．具体的には，**未完結の課題**（unfinished business）として引きずっていた過去の出来事やその思いを十分に体験して表現することや，あいまいだった自分の中の相反する感情や価値観を十分に表現し対決させることで，全体性が回復し統合に向かうようになる．そのためにゲシュタルトカウンセラーは，「今ここ」という現象学的な場において，解釈や指示をせずに，五感でとらえられる自明のことに注目しながら，クライエントの体験を促進する介入を繰り返す．

タイゼーション，エゴティズム，プロフレクションなども追加されている．

5）過去の後悔や未来の心配も，今現在にまで影響を及ぼすから問題となり，面接の場で語られることになる．つまり，「今ここ」の問題としてそれが現れていて，それを「今ここ」のカウンセリングの場で十分に扱うことができれば，図となっていた問題が地に戻り，問題が変化していくことになる．

実際に用いられる技法は多様である．**エンプティチェア**では，空の椅子や座布団の上に誰か（何か）を想定して対峙し，そこで生じてくる感情や思いを言葉にして伝えていく．過去に受けた不当な扱いに対して，恐怖感だけでなく怒りもあったことに気づけば，空の椅子においた対象にその恐怖と怒りを納得がいく形で表現してもらう．また，**トップドッグ**と**アンダードッグ**と呼ばれる「こうするべき」という規範意識と「こうしたい」という欲求の葛藤は，椅子を二つ用意して，それぞれの椅子での体験や思いを言葉にしながら対話させ，葛藤が統合に向かうように働きかけていく．

ゲシュタルトカウンセリングは心身一元論[6]の立場をとり，重要な非言語情報として表情や動作にも注目する．目は口ほどに物を言うということわざの通り，図になりきれない感情や思いは，まず身体表現として現れてくることも多い．たとえば，不当な扱いに対しても何も感じないと言うクライエントの右手が，強く握りしめられていることもある．その場合，「今，右手がどうなっているかお気づきですか」と気づきを促し，あえてもっと強く握りしめるように勧め，そこでどんな感覚や気づきが生じるかを尋ねる中で，クライエントが自分の中の怒りに気づくこともある．他にも，実存的なメッセージである夢を扱う**ドリームワーク**や，イメージを使った**ファンタジートリップ**の技法もある．いずれの技法を使うにせよ，クライエント自らが気づきを得ていくことが重要であり，「今ここ」にとどまりながら，非言語情報にも注目し，地にあるものが図として形になることを促して，気づきの連続から統合に向かうように支援する．

ゲシュタルト療法（カウンセリング）の哲学や技法は，神経言語プログラミングや再決断療法，近年では情動焦点療法や認知感情行動療法といった統合的アプローチなど，多くの心理療法にも広く取り入れられている．　　　　〔細越寛樹〕

6) 心身二元論では心と体が相互に独立した存在として扱われるのに対し，心身一元論では心と体が密接につながっていて，相互に影響しあうものとして扱われる．

【参考文献】
倉戸ヨシヤ（2011）『ゲシュタルト療法：その理論と心理臨床例』駿河台出版社
F・S・パールズ／倉戸ヨシヤ（監訳）（1990）『ゲシュタルト療法：その理論と実際』ナカニシヤ出版

II-10 交流分析

transactional analysis

1950年代に米国の精神科医，エリック・バーン（Berne, E.）によって創始された**交流分析**は「人間のこころと行動に関するパーソナリティ理論であり，個人が成長し，変化するためのシステマティックな心理療法の一つ」である[1]．

バーンは，フロイト（Freud, S.）のいう「超自我」「自我」「イド」[2]という難しい概念を「人はだれでも自分の内部に『親の心』『成人の心』『子どもの心』という三つの心をもっている」と平易な言葉でとらえ直し，それぞれを，**親の自我状態**（parent ego state），**成人の自我状態**（adult ego state），**子どもの自我状態**（child ego state）と呼び，交流分析の基礎概念とした．具体的で平易な日常用語によって表現された交流分析の人間理解を手がかりとして，専門家以外の人にも，人間の心理深層を理解し，それを分析することを可能したのはバーンの大きな功績であろう．

交流分析は心身症や神経症などで悩んでいる多くの人々に応用されることによって，目覚ましい成果を挙げるようになり，病院，学校，企業など対人関係が重要な位置を占める職業分野で，その応用の試みが広くなされてきた．

交流分析には基礎となる以下の六つの基本理論がある．

①**自我状態の分析**：バーンは人間だれもが自分の内部にもつ三つの心理的現実を図10-1[3]のように表し，それぞれの自我状態をP，A，Cと呼んだ．これら三つの自我状態は，五つの機能から成り立っている．まずPは，自分を育ててくれた両親または両親に代わる人たちの影響を受けて成り立っている部分である．これはさらに，厳格で規律や道徳を重んじる**批判的な親**（critical parent）と他人に対して思いやりや愛

1）国際交流分析協会による定義．

2）「エス」ともいう．II-5「精神分析的カウンセリング」参照．

3）白井幸子（2004）『臨床にいかす心理療法』医学書院，p.25の図より一部抜粋し，作成．

情を示す**保護的な親**（nurturing parent）の二つの機能をもつ．Aは，現実を冷静に客観的に見つめる能力や情報を収集し分析する能力など，理性に関係する働きをする．Cは，子どものときの感情が大人になった今もそのまま表れる部分である．機能的には二つの部分よりなり，もって生まれたありのままの形で振る舞う**自由な子ども**（free child）と，両親や大人に順応しようとして形成された**順応の子ども**（adapted child）の二つである．自分の中のP，A，Cの相互関係を分析し，それぞれの自我状態が状況に応じて適切に反応しているかどうかをみるのが，自我状態の分析である[4]．

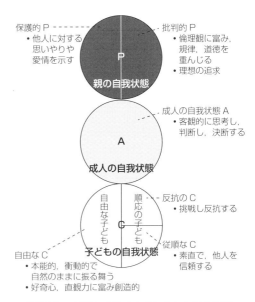

図10-1　人間のこころの成り立ちとその機能

②**やり取りの分析**：バーンは，人と人とのやり取りには以下の三つの基本的な形があり，そのそれぞれに特有な性質があることを見出した．まず**相補的なやり取り**は，発信者のある自我状態から出されたメッセージが，相手の予想された自我状態から予想された反応で返ってくるものであり，この場合，スムーズなコミュニケーションが成り立つ．一方，**交差的なやり取り**では，期待した反応が期待した自我状態から返ってこないので，二人のコミュニケーションは中断してしまう．第三の**隠されたやり取り**では，言葉で表現された表面的メッセージの裏に，隠された心理的メッセージがあり，実際に相手の反応を起こさせるのは隠されたメッセージである．隠されたやり取りは**心理的ゲーム**の基礎をなす[5]．

③**ストロークへの欲求とデイスカウント**：ストローク（stroke）とは，本来他者からの刺激を意味するが，交流分析では「その人の存在や価値を認めるあらゆる働きかけ」と理解する．人からもらってうれしいストロークを**肯定的ストローク**，人から何か言われたり，されたりして不愉快になり

4）自我状態を客観的に知る方法として，米国の精神分析医デュセイ（Dusay, J.）によって開発された**エゴグラム**（egogram）がある．さらに，**健康な自我状態**とは，その場の状況に応じてどの自我状態も自由に使える状態である．

5）さらに，**健全なやり取りは以下の三つの要素を要する．①語られる内容が真実であること．②オープンに率直に自分の気持ちを相手に伝えること．③本音（チャイルド）と本

自信を失ってしまうようなストロークを**否定的ストローク**と呼ぶ．人間の成長には身体のための栄養が必要であるように，健全な精神の発達には「心の栄養」が必要である．この心の栄養物が肯定的ストロークと呼ばれるものであり，他の人々からの温かい，理解に満ちた働きかけを意味する．これなしには人間は生きられない．

ストロークには，肉体的なもの，心理的なもの，言葉によるものがあり，そのそれぞれに，肯定的ストロークと否定的ストロークがある．相手が自分の存在を無視したり，値引いたり，さげすんだりすることを**ディスカウント**というが，これは肯定的ストロークがまったく与えられない状況である．幸せな人間関係は互いに肯定的ストロークを交換しあえる人間関係である．

④**人生における基本的な構え**：幼児期に両親からどのようなストロークを与えられて育ったかによって，私たちは自分自身に対して，また，他の人に対して，さらに人生に対して，以下のような四つの構えをとる．

1「私もOK，あなたもOK」：温かい，理解に満ちた肯定的ストロークを豊かに与えられて育つとき，私たちはこのような立場をとることができる．

2「あなたはOKだけれども，私はOKではない」：これは「抑うつ的構え」とも呼ばれ，幼児期の欲求に適切に応えてもらえなかったり，否定的ストロークをしばしば与えられて育つときにとる構えである．

3「私はOKだけれども，あなたはOKではない」：幼児期に虐待されたり，ひどく無視されて育ったときにとる基本的構えである．この構えをとる人は，他人に対して不信感をもちやすく，責任転嫁をしたり，他罰主義に陥りやすいといわれている．

4「私もあなたもOKではない」：幼児期に，親から抱かれたり，頬ずりされるような経験をせずに育った場合，このような虚無的な構えをとることにつながりやすいといわれる．

⑤**心理的ゲームの分析**：バーンは心理的ゲームを，人々の間で行われる「わなやからくりのある駆け引きのシリーズで

音（チャイルド）の親しい交わりが存在すること．すなわち，「ゲームフリー」のコミュニケーションであること．

ある」と定義している．普通，ゲームという言葉からは，楽しい愉快な時間の過ごし方を想像するのであるが，交流分析でいう心理的ゲームは，語られる言葉の背後に**隠された意図**があり，結末に必ず不快な感情をもたらす非生産的な人間関係の出来事を指している．人はストローク不足になると無意識に心理的ゲームを行って人々から確実に得られる否定的ストロークを引き出し，ストローク不足を補う．

⑥**人生脚本の分析**：交流分析は，人間の一生を「一編のドラマのようなもの」と理解し，「それぞれの人がその人なりの脚本をもっていて，自分の人生という舞台で，脚本に書かれている役割を演じる」と考えている．バーンは人生脚本を**無意識の人生計画**と定義し，それぞれの幼児時代にすでに無意識のうちに人生の計画が立てられるのだという．それが**幼児決断**であり，その人の人生脚本のテーマとなる．その後，脚本を書き換えない限り，われわれは無意識のうちにこの脚本に基づいて人生を生きる．交流分析の主要な目的の一つは，必要なときにこの脚本を書き換えることにある．すなわち，幼児決断から**再決断**への援助をし，その人が自分の望むような人生を，生き生きと生きる手助けをすることにある．

交流分析の幼児決断に源をもち，それを人格適応という概念に発展させたものが，ウエア（Ware, P.），ジョインズ（Joines, V.），スチュアート（Stewart, I.）の**交流分析による人格適応論**である．人格適応論の中心にある概念は，人の性格は幼いときの親の養育スタイル[6]によって個性的に六つの適応タイプ[7]を形成し，適応タイプによってコミュニケーションをとるときの入り口――感情，思考，行動を適切に選択する必要がある，というものである．

〔白井幸子〕

6) ①当てにならない，②先取りする，③一貫性欠如，④支配的，⑤目的達成重視，⑥人を喜ばすことを強調，の六つ．

7) ①スキゾイド型（創造的夢想家），②反社会型（魅力的操作者），③パラノイド型（才気ある懐疑者），④受動攻撃型（おどけた反抗者），⑤強迫観念型（責任感あるワーカーホリック），⑥演技型（熱狂的な過剰反応者）．上記6)の親の養育スタイル①〜⑥と，それぞれ対応している．

【参考文献】

スチュアート, I.・ジョインズ, V.／深沢道子（監訳）（1991）『TA today：最新・交流分析入門』実務教育出版

スチュアート, I.・ジョインズ, V.／白井幸子・繁田千恵（監訳）（2007）『交流分析による人格適応論：人間理解のための実践的ガイドブック』誠信書房

II-11 遊戯療法

play therapy

　子どもを対象に，遊びを媒介して行われる心理療法を**遊戯療法（プレイセラピー）**と呼ぶ．大人を対象とした心理療法と同様に精神分析の領域から始まった．精神分析では自由連想，解釈，洞察といった言語的なやり取りが非常に重視される．しかし，自我が未成熟な子どもたちは大人と同じように言語的なやり方でカウンセリングをすることは難しく，精神分析の技法をそのまま適用することはできなかった．そこでアンナ・フロイト（Freud, A.）やクライン（Klein, M.）といった女性たちが，1920年代から非言語的な「遊び」を通じて子どもの心理療法に携わりはじめた[1]．

　その後，1950年代に入り，アクスライン（Axline, V. M.）が来談者中心療法の考え方を遊戯療法に導入し，現在に至るプレイセラピーの基礎を確立した．以下の**アクスラインの8原則**（1959）は，遊びを通じて子どもの自己治癒力が活かされる場を提供することを大切にしており，今なお遊戯療法の基本とされている[2]．

　①ラポールの確立：良いラポールができるような，温かく親密な関係をできるだけ早く発展させること．

　②子どもを完全に受け入れる：子どもをそのまま正確に受け入れること．

　③おおらかな気持ちを作り上げる：子どもに自分の気持ちをすべて表現することが自由だと感じられるように，その関係におおらかな雰囲気を作り出すこと．

　④感情の認知と反射：子どもの表現している気持ちを油断なく受けとめ，子どもが自分の行いの意味を知ることができるようなやり方でその気持ちを返すこと．

[1] 遊戯療法の歴史を開いたアンナ・フロイトとメラニー・クライン両者の理論には大論争を巻き起こしたほどの大きな違いがあり，その詳細については他書にあたられたい．
小松貴弘（1999）「A・フロイトからウィニコットまで：精神分析における遊戯療法」弘中正美（編）『現代のエスプリ389 遊戯療法』至文堂, pp.26-36.
D・W・ウィニコット／牛島定信（訳）（1977）『情緒発達の精神分析理論』岩崎学術出版社

[2] アクスラインの8

⑤子どもに尊敬心をもち続ける：選択したり，変化させたりする責任は子どもにあり，機会が与えられれば自分で自分の問題を解決し得る子どもの能力に深い尊敬の念をもつこと．

⑥子どもが先導する：いかなる方法でも，子どもの行いや会話を指導しようとしないこと．子どもが先導し，セラピストはそれに従うこと．

⑦治療を急かさない：セラピストは治療が緩慢な過程であることを認め，治療的な介入をやめようとしないこと．

⑧制限の意義：治療的な介入が現実の世界に根を下ろすために，またセラピストとの関係における自分の責任を子どもに気づかせるために必要なだけの制限を設けること．

原則の文言は，わかりやすいように筆者が一部改変している．
アクスライン，V. M.／小林治夫（訳）(1972)『遊戯療法』岩崎学術出版社も参照．

続いて，一般的な遊戯療法の枠組みと原則を以下に示す．

治療構造：遊戯療法は，一般的なカウンセリングと同じく，原則的に週1回50分，毎週決まった場所と時間で行われる．最初にセラピストは，その時間がクライエントである子どものためのものであり，自由に何をして遊んでもよいこと，しかしおもちゃを外から持ち込んだり持って帰ったりできないこと，怪我をしない／させないようにすることなどをルールとして伝える．こうした制限は関係性や見立てによって柔軟に考えられるべきであり，二人のあいだで生き生きとした枠組みを作り上げる必要がある．そのためには，どのようにしてこの場に来ることになったのか，子どもの言葉と気持ちを最初に聴いておくことも大切である．逆説的であるが，制限があるからこそ自由や表現が保証される[3]．

3）飽田典子（1999）『遊戯法：子どもの心理臨床入門』新曜社

設備：遊戯療法には，さまざまな設備が必要になる．プレイルームには，身体が大きく動かせるフローリングの空間の他に，落ち着ける畳の場所や，ボールプール，ジャングルジムやトランポリン，ルームインルームと呼ばれる部屋の中の小部屋，砂場や水遊び場などもあるとよい．プレイルームのなかには，人形，乗り物，積み木，粘土，描画用具，ボールなどの運動用具，オセロなどのゲーム類など，さまざまなおもちゃを用意する．箱庭もあるとよい．未就学児，児童期，思春期など，ターゲットとなる年代に合わせて部屋の設えは変わる．セラピストは，その子の年齢や性別，あるいは主訴

や心理的なテーマを考えて使用する部屋を選ぶ．

　適用範囲：遊戯療法の適用範囲は，おおよそ3歳から思春期くらいまでの年代の子どもたちである．対象となる心理的問題は多様であり，発達障害，不登校，チック，吃音，言葉の遅れ，夜尿，情緒不安定などを抱えた子どもたちが利用することができる．アクスラインの8原則に示されている通り，どのような子どもに対しても自己表現や自己治癒力を引き出す場作りが重要であるといえる．ただし，問題の質や子どもの特性に応じて具体的な対応は変えていかなくてはならない．たとえば，自らの衝動性のコントロールに苦しみ，家庭環境でもその子の衝動性を丁寧に受けとめてもらってこなかった子どもに対して，ただひたすら自由に振る舞わせて，セラピストも受けとめきれないほど爆発し，クライエント自身もしんどい状況に陥るのは良い対応とは考えづらい．「楽しく遊び，ただ子どものしていることを許容し，発散させればいいというのは極めて低い次元のプレイセラピー」[4]という指摘の通り，子どもの特性や背景をきちんと見立て，遊びを丁寧に受けとめたうえで専門的な判断をする必要がある．

　さて，遊びを通じて子どもが自らの心の象徴的な表現をする，あるいは子どもの自己治癒力が自然に生かされる場を提供するのが遊戯療法である．しかし前述したように，遊戯療法ではただ遊んでいればよいのではなく，遊びの意味や流れをしっかりとらえていく必要がある．たとえば，「いないいないばあ」や「かくれんぼ」は在／不在を巡る，とても根源的な遊びである．また，見つけてもらうこと，見ていてもらうことを前提とした遊びであるため，基本的な安心感や居場所感の形成とも関係する．子どもたちはこうした遊びを通じて**安全基地**（secure base）を形成することによって，不安な場所を探索してゆくことができる．

　砂場があるプレイルームでは，**砂遊び**（穴掘り，トンネル掘り，砂山作りなど）がよく登場する．砂遊びは，子どもとセラピストの関係を土台として，かたちを作る，壊す，つながる，分けるといった遊びが行われ，未分化なものが分化していき，形のないものが形作られていく．たとえば言葉の出

4) 田中千穂子(2011)『プレイセラピーへの手びき：関係の綾をどう読みとるか』日本評論社

なかった子どもが，砂山のトンネル作りのなかでセラピストと手がつながり，その瞬間に言葉が生じるなどといった感動的な展開もみられる．

人形遊び（おままごと，怪獣ごっこなど）は男女問わず心模様をよく反映する．わかりやすいのは学校の対人関係での葛藤がヒーローと怪獣との対決の場面で表現されたり，家庭での傷つきがおままごとのお医者さんごっこに表現されるなど，人形遊びが現実での問題を反復しているようにみえる場合である．子どもたちは現実での不安を消化するために，それを人形でひたすら反復することがある．「ヒトガタ」である人形は私たちの心の内面を託すのに適している．

小学校高学年くらいになると，セラピストと**スポーツ**をすることも増えてくる．子どもたちは，自分の繰り出すボールをセラピストに受容的に受けとめてもらいながら，自分というものを少しずつ確認していく．また，スポーツではしばしば無理難題やズルが生じる．たとえば，一方的に攻撃ばかりしたり，セラピストの得点を絶対に認めなかったりする．そうした場合，子どもはプレイルームのなかでだけ王様になり，不安のない世界で安心するとともに，セラピストには普段の現実世界での苦しみをそのようなかたちで伝えているのかもしれない．また，ルールのあるスポーツを超えてチャンバラくらいになると，より深いテーマ，たとえば殺すことや殺されることがテーマになることがある[5]．

ここまで遊戯療法でよくみられる遊びを例にとってみてきたが，遊びの受けとめ方，返し方，展開は，個々の事例によって変わってくる．すなわち，こうした二者の心理的な理解と表現と関わりが織りなす，唯一無二のプロセスこそが遊戯療法なのであり，セラピストは何よりも生き生きとした自分自身であり，遊び心をもち，遊びの破壊性と創造性をよく知っている必要があろう．

〔井上嘉孝〕

5) 他方，**ゲーム**は，スポーツやチャンバラよりも盤面で戦いが進行するため，安心感がもてる遊びである．逆に言えば，不安の高い子どもは，スポーツよりもゲームを求めやすいであろう．

【参考文献】
東山紘久（1982）『遊戯療法の世界』創元社
山中康裕（1978）『少年期の心』中公新書

II-12
箱庭療法

sandplay therapy

図12-1　箱庭療法で用いられる砂箱

　箱庭療法の直接の起源はイギリスのローエンフェルト（Lowenfeld, M.）によって始められた世界技法（The world technique）にあるといわれている．その後，この技法はスイスのカルフ（Kalff, D. M.）によってユング（Jung, C. G.）の分析心理学[1]の考えを取り入れた砂遊び（Sandspiel／Sandplay）として発展していった．カルフは，クライエントが表現する行為や箱庭のうえに表現される内容のみならず，表現するクライエントとそれを見守るセラピストとの関係性を重視した．カルフの有名な言葉によれば，セラピストは「自由であると同時に保護された空間」を作り出す役割を担っている．そのような空間で生み出される子どもと治療者との関係性は母子一体性（Mutter-Kind-Einheit／the mother-child unity）という言葉で表現されており，そうした特別な関係性の中でこそクライエントの自己治癒力が促進されると考えた．

　このSandspielは1965年，カルフに教えを受けた河合隼雄によって日本に初めて導入されるとともに，新たに「箱庭療法」と名づけられた．河合は，カルフのいうクライエントとセラピストの関係性を基盤としつつ，箱庭を「味わう」態度を重視した．狭義の心理療法が言語的なやり取りを重視するのに対して，箱庭療法はそうした言語的な解釈よりも，クライエントの内的イメージの流れや自己治癒力を育む非言語的な体験過程を重視するものとして位置づけられている．日本では古来，小さな世界に大きな宇宙を見立てる盆栽や盆景といった伝統があり，茶道にみられるように庭や部屋の設えを通じて非言語的に心を通い合わせる文化があった．ローエン

1) II-7「ユングの分析心理学」参照.

フェルトやカルフのアイデアを源流としつつ，日本的な心性や伝統文化を背景として，日本人によくなじみ，発展をみせた心理療法の技法が箱庭療法である．

　箱庭療法では，クライエントが自分で選んだアイテムを砂箱（図12-1）のなかに自由に置いて，好きなものを作ってもらう．セラピストは**見守り手**とも呼ばれ，作り手であるクライエントの箱庭制作の過程を静かに見守ることがその大切な役割である．

　箱庭療法の用具のうち，正式に規格が定められているのは箱のみである．箱の大きさは縦57cm×横72cm×高さ7cmであり，大人の腰の高さほどに置いたときにちょうど全体が視界に入り，両腕で抱えられるほどのサイズとなっている．その箱のなかに，砂を六，七分目くらいまで入れる．砂はきめの細かさや色合いの違い，固まりやすいものやさらさらしたものなど数種類用意することもあるが，特に決まりはない．箱の内側は青く塗ってあるため，砂をかき分けると川や海や池ができ上がる[2]．

　用意しておくアイテムやミニチュアには特に指定はなく，基本的には人物，動物，草木花，建造物，乗り物，橋や柵，石などであり，さらに日常的・現実的なものだけでなく怪獣やヒーロー，宗教的なもの，ビー玉などもあるとよい．セラピストがオリジナルなアイテムを作成したり，あるいはクライエントが自分の置きたいものを持参したりすることもある．箱庭の用具には相談室の個性や歴史がにじみ出てくる．新しいだけでは迫力がないし，古いだけではエネルギーが薄れる．手入れと気持ちの行き届いたアイテムは，「これを使って何か作りたい！」という気を起こさせる生命力がある．

　箱庭療法は，クライエントの自発性や主体性に従って開始されるのが最も望ましい．もちろん「これで何か作ってみませんか？」などとセラピストから導入することもあるが，箱庭の制作はけっして強制されるべきではない．

　箱庭制作中，セラピストは作り手であるクライエントの表現に口出しも手出しもせず，その箱庭によって表現されていることの全体を見守り受けとめていこうとする態度を心がけ

2) クライエントによっては本物の水を使って箱庭が制作されることもある．水の使用を許可するか否かはセラピストの見立てと判断に委ねられている．

る．箱庭に置かれたもののみならず，何をどのように選び，どのような順番で置くのか，砂に触れるか，どのような表情をしているかなど，制作過程全体の体験を作り手と共に味わっていこうとすることが見守り手として大切である．

　制作が終わったときは，「できましたね」などと声をかけて，作品が創り上げられたことを共有することが望ましい．そのうえで二人でじっくりと箱庭を眺め，味わう時間がほしい．見守り手は無理に質問したり，作り手からの話を引き出したりする必要はない．ただし感想や連想などを聴いてみることによって，イメージがさらに広がったり深まったりすることもある．

　制作過程全体を通じて，作り手は箱庭というモノを通じて自分自身の内的世界との対話を行っていく．そうした作業を見守り手の存在と態度が支えている．

　ところで，箱庭療法の特徴は何だろうか．第一に，砂箱とミニチュアを用いて**誰でも簡単に制作できる**ことが挙げられる．同じく非言語的な描画療法[3]と比べても，箱庭は制作者の技術を問わずにさまざまな作品世界を完成させることができ，制作の喜びや充実感を作り手に与えてくれる．

　ただ，技術を問わないとはいえ，たとえば幼児から大学生までの調査では年齢を経るごとに多くの樹木が置かれるようになること，病理群と比較して健常群のほうがより多くのアイテムを置き，より深く砂を掘る傾向があることなどが明らかにされている．岡田[4]や木村[5]の仕事を嚆矢とするこのような基礎的研究の知見は，箱庭を制作者に対する見立てにも活かし得る可能性を示唆している．ただし，客観的・診断的要素よりも**関係的・治療的要素の高さ**こそが箱庭療法の最大の特徴であることも強調しておきたい．

　また，箱庭は**実験可能性**が高い，すなわち一度制作した作品を置き換えたり作り変えたりすることも容易である．たとえば恐いものを置いたりやめたり，また置いたり，そのようにして制作者は自分の心理的な課題に少しずつチャレンジすることが可能になる．箱庭は一度の制作で終わることなく，何度も繰り返して継続的に制作することが重要であるけれど

3) II-13「描画療法」参照．

4) 岡田康伸（1984）『箱庭療法の基礎』誠信書房

5) 木村晴子（1985）『箱庭療法：基礎的研究と実践』創元社

も，それによって作り手は自らの心理的な課題に繰り返し向き合い，取り組んでいくのである．

継続的に制作するということは，そこに**物語性**が生まれやすいともいえる．さらに私たちは箱庭を作るとき，さまざまなモノに託して心を表現するのだが，そこではそのモノが自分の意識的なコントロールを幾分離れて，イメージが自律的に動き出す．あたかもウィニコット（Winnicott, D. W.）が移行対象を「初めての私ではない私のもの（the first "not me" possession）」と呼んだように，箱庭は自分であって自分ではないモノの世界である．物語性や**自律性**といった箱庭の特徴は，作り手にさまざまな変化をもたらす可能性とつながっている．

箱庭体験のインパクトは，上記の点に加えて，触覚的・身体的な要素をもった技法であることも大きい．そうした言語に拠らない感覚的な特徴は，無意識の働きを活性化させる．感覚的な要素は心の深い部分に働きかけるという意味で大きな利点ではあるが，しかしその反面，危険性も有している．たとえば統合失調症などの重篤な病を抱えたクライエントに対しては，さらさらと崩れる砂が「崩壊」するような自己感覚を与える場合があるため，治療者としてよほどの見立てや力量がない限り原則的に禁忌とされている．

イメージを用いた技法のなかでも，たとえば夢のイメージと比べてより意識的な関与によるところが大きいという点も特徴として挙げられる．そのため，制作中に作り手が箱庭の世界の説明をしたり，一見関係ないことを話し出したりするときもある．見守り手としては，そうしたことも箱庭制作に伴う全体的表現としてそのままに受けとめることが望ましい．だが，もしも作り手にとって危険があると見守り手が判断したときには，箱庭制作を途中で中止させることもある．この判断は，セラピストの判断や見立て，あるいはクライエントとの関係性によるところが大きい． 〔井上嘉孝〕

【参考文献】
河合隼雄（1969）『箱庭療法入門』誠信書房
河合隼雄・中村雄二郎（1993）『トポスの知：箱庭療法の世界』新装版，TBSブリタニカ

II-13
描画療法

drawing therapy

　日本人に馴染み深い雪舟の逸話をご存じだろうか．禅僧になるための修行中にもかかわらず，絵ばかり描いていた幼き日の雪舟は，ついに師匠から叱られ，縄で柱に縛りつけられてしまった．しかし雪舟は，それでもなお，滴り落ちる涙と足の指を用いて鼠の絵を描いたという．この逸話には雪舟個人の問題を超えて，私たちが「描くことへの已むに已まれぬ欲求」をもっていることが鮮やかに示されている．

　描画療法とは描画することによって行われる心理療法であり，芸術療法（表現療法）のひとつに位置づけられる．雪舟に限らず，子どもたちが誰に言われるでもなく一生懸命に絵を描く姿や，世界中に残された古代の壁画からも感じ取れるように，私たちは何かのために描くのみならず，描画する行為そのものに深い満足を覚えるのである．

　音楽や造形などさまざまな芸術的活動が心の癒しと関わることはよく知られているが，描画を心理療法に導入した先駆者としてユング（Jung, C. G.）の名前が挙げられる[1]．周知の通り，ユングはフロイトと決別した後，精神病とも見紛うばかりの精神的危機の時期を迎えた．数年間にも及ぶこの時期にユングが行ったのは，溢れ出す無意識的なイメージを言語化しつつ，それを絵として描くことであった[2]．ユングの描画体験は雪舟の表現欲求にも比すべき切迫感をもって行われたように思われる．ユングはその描画体験によって精神的危機を乗り越えるとともに，エレンベルガー（Ellenberger, H. F.）が「創造の病」と呼んだ通り[1]，独自の心理学理論をも生み出した．ユング心理学の理論，たとえば無意識の補償作用や元型などといった考え方は，その後の描画療法の実践や

1) エレンベルガー，H. F.／木村敏・中井久夫（監訳）(1980)『無意識の発見（上・下）：力動精神医学発達史』弘文堂

2) ユングの『赤の書』には当時の彼の手による膨大な描画が残されている．
　ユング，C. G.／河合俊雄（監訳）(2010)『赤の書 The Red Book』創元社

解釈に大きく寄与している．

多くの描画療法がユング心理学の影響を受けて発展したが，一方，フロイトに始まる精神分析の流れからも新たな展開をみせた．なかでも特筆すべきはウィニコット（Winnicott, D. W.）による**スクイッグル**（squiggle）であろう．ウィニコットのスクイッグルは，セラピストとクライエントが相互になぐり描きを行う．その変法として山中康裕は**MSSM**[3]を編み出している．どちらも描画を媒介してクライエントの表現が促進されると同時に，クライエントとセラピストの関係性が展開していく．

このように描画療法は，人間の根源的な表現欲求を基盤として，ユング心理学からはイメージの深みを，精神分析からは関係性の綾を読み解くための恩恵を受けつつ，現代のカウンセリング場面で広く用いられている技法である．

描画は，心理療法（治療）としてのみならず，心理テスト（査定）としてもおおいに活用されている．たとえば，**バウムテスト**[4]，**HTPテスト**[5]，**風景構成法**[6]，**動的家族画**[7]などがある．一方，自由画やスクイッグルなどは心理テストというよりも，治療の一環として用いられることが多い．描画が心理テストとして用いられる場合には，心的エネルギーや向性，情緒や内的力動，知的・発達的側面などに注目して，描き手のパーソナリティ理解に焦点が当てられる．他方，心理療法として用いられる場合には，カタルシス効果，イメージの象徴性や物語性，クライエントとセラピストの関係性などに主な焦点が当てられる．

このことに関して角野[8]は，描画を心理査定の手段として用いることの利点と欠点をそれぞれ挙げたうえで，心理査定・検査を行うためだけに描画を用いるという考えに疑問を呈し，「クライエントを描画を通して理解することと彼らを治療することとは，本来同時に行われること」だと述べている．共感や傾聴（理解すること）がしばしばカウンセリング（治療すること）の基本として挙げられることからもわかる通り，クライエントの苦しみや困りごとの背景を深く正確に理解するという営みは，それそのものが治療的であるといえ

3）MSSM（mutual scribble story making；交互なぐり描き投影・物語統合法）とは，山中康裕がスクイッグルから発展させた描画法．6〜8コマ程度に区切った画用紙に，セラピストとクライエントが交互になぐり描きをし，絵を見つける．最後1コマ残ったら，全ての絵を使ってクライエントに物語を作ってもらう．

4）バウムテスト（Baum test）とは，コッホ（Koch, K.）が創案した，一本の木を描いてもらう描画法．A4のケント紙と2B〜4Bの鉛筆を用いて，「実のなる木を一本描いてください」という教示が一般的．簡便であるが意義深い結果が得られるので，臨床現場で広く用いられている．III-27「心理検査」も参照．

5）HTPテスト（the house-tree-person technique／test）とは，バック（Buck, J. N.）により創案され

よう．確かに，私たちは苦しみを誰かに真に理解してもらったと感じるとき，それだけで癒される．したがって，描画によってカウンセラーがクライエントの心を深く正確に理解できればできるほど，その描画体験は心理査定として有効であるのみならず，心理療法としても有効に機能すると言えよう[9]．

さて，先ほど述べたように，私たちは根源的な表現欲求をもっている．しかしながら，成長するにしたがって，絵に苦手意識をもつことが多くなるのはなぜだろうか．さまざまな背景があるだろうが，たとえば，絵は「上手か下手か」あるいは「きれいか否か」といった技術的な基準でみられがちである．技術的な巧さを度外視した子どもたちが本当にのびのびとした絵を描くのと対照的である．

筆者はクライエントを描画療法に誘うとき，「絵は好きですか？」としばしば問いかける．すると「絵は苦手で」と言われる方が多い．その場合，描画に進むことを暗に拒否されているのか，あるいはこれまでの人生において描画体験が技術的評価の対象にしかならなかったがゆえの言葉なのかを判断している．日本は図画工作が教科教育，つまり優劣評価の対象になっている数少ない国のひとつであるといわれる．絵が評価や序列化の対象となるとき，あるいは描く行為に自主性が失われるとき，描画のもつ治療的意味合いもまた損なわれてしまう．それゆえ，カウンセリング場面で描画を用いようとする際には「上手下手をみるものではない」こと，さらには「嫌なら止めてよい」ことをクライエントに保証することがきわめて重要な条件となる．そのうえでクライエント自ら絵を描きたいという意欲がわいたとき，描画に導入する．

導入にあたっては，描画がそのクライエントとのカウンセリングの良い手だてとなり得るかどうか，他の技法がより適してはいまいか，導入するタイミングとして適切かどうかなどの見立ても重要となる．想像してほしい．もしあなたが両親のいない環境で育ち，苦しみを抱えながらもそれを人に見せずに生きてきて，しかしついに押しつぶされそうになったとき，自分のことをよく理解していないカウンセラーに「動的家族画」を強要された場合を．見立てが不十分のままに強

た，家・木・人を描いてもらう描画法．一つずつ別の画用紙に描く方法がオーソドックスなやり方だが，全てを一枚の画用紙に描く方法（S-HTP法）や，男女両性を描いてもらう方法（HTPP法）などのバリエーションがある．

6) 箱庭療法にヒントを得て，中井久夫により創案された描画法．A4の画用紙，ペン，クレヨン（色鉛筆）を用いて，セラピストが枠付けしたのち，クライエントに教示の通り10個のアイテムを描きこんでもらい，彩色をして，最終的に一つの風景を完成させる．
皆藤章（1994）『風景構成法：その基礎と実践』誠信書房

7) 動的家族画（kinetic family drawing：KFD）とは，バーンズ（Burns, R. C.）とカウフマン（Kaufman, S. H.）が考案した，一枚の画用紙に「あなたの家族全員が何かをしているところ」を描いてもらう技法．被虐待児のアセスメントなどへの有効性が指摘されている．

8) 角野善宏（2004）『描画療法から観たこころの世界：統合失調症の事例を中心に』日本評論社

制したり押しつけたりしては，描画はけっして実り多いものにならない．

　さて，いよいよ描画が始まり，その過程を見守る際には，セラピストは**関与しながらの観察**[10]（participant observation）と呼ばれる冷静な視点を併せ持たねばならない．クライエントの描画そのものだけでなく，運筆，ためらい，表情や雰囲気などさまざまな情報を統合し，クライエントが意識的・無意識的に表現したものを受け取る．そのようにして絵が描かれるとき，それは描く人のみにならず，描き手と見守り手の両者によって創り出されたものだといえる．

　風景構成法の創案者である中井久夫は次のように述べている．「不安を伴わないおどろきが，治療者患者の双方に同時に生じるときが大きな治療的展開のときであろう．……逆にいえば，患者についてわれわれが意識的・無意識的につくる定式（フォーミュレーション）を『追認』するための芸術療法では，つまらないということだ」[11]．確かに描画がクライエントのパーソナリティを追認するためだけの確認ツールではあまりにもつまらない．描画は，膠着した意識から離れてイメージとファンタジーの領域に遊び，新しい視点や言葉を生み出したり，心の内奥に沈潜したりするための創造的で発見的なツールなのであろう．

　そのような作業を通じて，クライエントが変化・成長していく可能性のようなものをクライエントとカウンセラー双方が感じられるための描画でありたいものである．そのためには，カウンセラーがクライエントの描く描画のなかに治癒力を兼ね備えた象徴をいかに読み解いていくかが描画を治療に活かすための最重要課題であると角野[12]が述べているように，見守り手の専門的な視点と態度が要求される．

〔井上嘉孝〕

9）描画は，他の投影的技法よりも実施のうえで細かな技術が必要とされず，簡便で対象が広範であること，検査としては個人にも集団にも実施可能であることなどから，実用面での利点がある．しかし結果を数量化できないため，結果の解釈にあたっては豊かな臨床経験と洞察力が必要である．

10）対人関係論を提唱したサリヴァン（Sullivan, H. S.）が，文化人類学のフィールドワークの手法を援用して示した観点．クライエントとの対人関係のなかで双方向的に関わり合いながら，その問題点やパーソナリティがどのようにして生じているのかを並行して観察するセラピストの多視点的な在り方を示したもの．

11）中井久夫（1979）芸術療法ノートより．中井久夫（1985）『精神医学の経験：治療（中井久夫著作集2巻）』岩崎学術出版社 pp.246-256.

12）前掲書8）

【参考文献】
村瀬嘉代子（2007）描画を受けとるということ．『臨床心理学』7, 212-213. 金剛出版
岸本寛史（編）（2011）『臨床バウム：治療的媒体としてのバウムテスト』誠信書房

II-14 キャリアカウンセリング

career counseling

キャリア支援		
職業ガイダンス	キャリア教育	キャリアカウンセリング
演技者 数値 特性 相似性 マッチングする客体 (Object)	行為の主体者 ステージ 課題 レディネス 実行する主体 (Subject)	著作者 物語り テーマ 内省性 構成する企画体 (Project)

図14-1　サビカスによる主要パラダイムの比較[1]

産業革命以降，産業構造や科学技術の発展，生活スタイルが大きく変化する中で，社会を生きる人たちのキャリア形成のニーズや支援のあり方は大きく変遷してきた．キャリア支援活動の実践と研究の起源は，1905年にフランク・パーソンズ（Parsons, F.）がボストンで設立した職業紹介事業であり，その後のキャリア支援の実践活動やキャリア理論の発展は主に米国が牽引してきた．米国のNCDA（National Career Development Association）は「キャリアカウンセリングは，職業，キャリア，ライフキャリア，キャリアの意思決定，キャリア計画，その他のキャリア開発に関する諸問題やコンフリクトについて，資格をもつ専門家が個人または集団に対して働きかけ，援助する諸活動である」と定義している．

サビカス（Savickas, M. L.）は，これまで発展してきたキャリア支援の主要なパラダイムである職業ガイダンス，キャリア教育，キャリアカウンセリングを図14-1のように比較している[1]．この図をベースに三つの主要なパラダイムの概要を説明する．

● 職業ガイダンス（vocational guidance）

パーソンズは『職業の選択』の中で，職業ガイダンスを「若者が特定の職業を選択し，適合するための準備をし，求人を探し，効率と成功を目指したキャリア構築を獲得するための支援」と定義し，そのための三つのステップ①「自分自身，適性，能力，興味，資源，限界，その他の資質についての明確な理解」，②「成功するための必要条件や状況，長所と短所，報酬，就職の機会，さまざまな仕事についての展望についての知識」，③「この①，②の事実についての合理的

1) サビカス, M. L. ／日本キャリアカウンセリングセンター（監訳）(2015)『キャリア・カウンセリング理論：自己構成によるライフデザインアプローチ』福村出版

推論」を示した．この個人の諸特性と職務・進路での成功因子のマッチングを図る**マッチングモデル**はその後，特性・因子論的アプローチとして多様な心理検査を創出させた．また，個人－環境理論であるホランド（Holland, J. L.）の**職業選択理論**へと発展した．このホランド理論では，①「人の特徴は六つのパーソナリティ・タイプ（現実的，研究的，芸術的，社会的，企業的，慣習的）との類似度で説明できる」，②「人が生活し働く環境は，六つの環境モデル（現実的，研究的，芸術的，社会的，企業的，慣習的）の類似度によって説明できる」，③「職業的な満足，安定性，業績は，個人のパーソナリティとその環境との一致度によって決まる」とし，**ホランドの六角形モデル**を提唱した．

職業ガイダンスでは，人は職務を**演じる人**（actor）であり，その適性は特性・因子論的アプローチを基盤とする心理検査で客観視することができ，個人と職業＆環境の類似性により最適なマッチングを図る（安定した職業と適合させる）ことがキャリア支援と考える．

● **キャリア教育**（career education）

20世紀半ばになると，スーパー（Super, D. E.）はキャリア発達の理論として**職業的発達理論**を発表した．「職業的発達の過程とは，本来的に自己概念の発達や実行である」とし，キャリア発達は自己概念実現過程であるとする考えは，その後自己概念とキャリア発達について多くの研究と理論を創出した．また，キャリアをいわゆる職業履歴ではなく，人生を構成する一連の出来事であるとし，**ライフキャリアレインボー**で示されるようにキャリアを自己発達の全体の中で，労働への個人の関与として表現される職業と人生の他の役割の連鎖とした．自己発達上の必須条件は，「個人が自らのライフステージにおける発達課題に立ち向かい，社会的に必要とされる進路決定を行い，社会が成長過程の若者や成人に突きつける課題に適切に向かい合うためのレディネス」であるとし，発達過程に応じたキャリア教育を重視した．

キャリア教育は，個人の発達という主観的観点からクライエントを**行為の主体者**（agent）としてとらえ，クライエン

トがそのライフステージに適した発達課題に取り組む準備（**レディネス**）がどの程度できているのかを特徴づけ，彼らがそのキャリアをさらに上に押し上げるために必要な新しい態度，信念，能力を身に着けることを支援する．

● **キャリアカウンセリング**

20世紀の安定した雇用と堅固な組織は，人生を構築し，未来を計画するためのしっかりした基盤を提供してきた．21世紀の労働は，柔軟な雇用形態と流動的な組織という新たなしくみに置き換えられ，デジタル革命に伴い長期の仕事が短期のプロジェクトへと変化してきており，生涯にわたる安定した仕事はなくなり，個人は自分の人生を設計し，創造的に生きなければならない．人生コースが個別化し，過去のロールモデルが役立たない社会の中で，誰もが自分の人生を創造的に構成することが不可欠になった[2]．

しかし，職業ガイダンスによるマッチングやキャリア教育による準備教育だけでは，高度情報化社会の市民が人生を設計する必要性に応えることができない．サビカスはキャリアカウンセリングの新たなパラダイムとして，社会構成主義の立場からキャリア構成理論である**ライフデザイン・アプローチ**を提唱した[3]．ライフデザイン・アプローチは，個人によるライフデザインという計画的視点から，クライエントを著作者としてとらえ，クライエントがキャリアを構成してゆくときのライフテーマについて内省することを支援する．

キャリアカウンセリングは人が仕事の世界における自己と自分の役割について統合した適切な姿を発展させ受け入れるのを支援する過程であり，この概念を現実に対して試行し，それを現実へと変化させる過程であり，その結果，その人自身には満足を，社会には利益をもたらす[4]．

次に日本の戦後におけるキャリアカウンセリングの変遷を表14-1に示す．この表は，日本における三つの社会システムをモデル化して，その相違とキャリアカウンセリングのあり方を整理したものである．

① **終身雇用型社会**：戦後，高度成長期と終身雇用型社会による安定した社会構造が継続していた．個人のキャリア選択や

[2] さらに最近では，第四次産業革命，すなわちAI，IoT，ビッグデータなどの技術革新により，産業構造や生活スタイルが大きく変化することが予想されている．

[3] サビカス，M. L.／日本キャリアカウンセリングセンター（監修）水野修次郎（監訳）(2016)『ライフデザイン・カウンセリング・マニュアル：キャリア・カウンセリング理論と実践』遠見書房

[4] 平木は，このようなキャリア支援の変遷について，「能力・適性測定中心」から，「能力開発中心」の時代を経て，**自己創造中心**の現代へと収斂してきたと述べている．

平木典子（2015）「ラ

表14-1　日本におけるキャリアカウンセリングの変遷

社会システム	終身雇用型社会	雇用流動型社会	変動型社会
	社会構造はピラミッド・安定的		不確実性
企業と個人の関係	企業・従業員が相互依存	従業員自立	生存競争・新たな共生関係
	企業が個人のキャリア形成・生活に介入	契約による雇用形態	多様な働き方／人生コースの個別化
個人が求めるもの	長期雇用の保証	年収・地位・資格	意味の創造
	昇進・定年退職	Employability	複数のライフステージ
企業のキャリア開発支援	企業内教育	キャリア開発制度	キャリア開発プログラム
	配置転換	目標管理	ワーク・ライフ支援サービス
	長期的雇用	単一のキャリアゴール	オープンな雇用機会
キャリアカウンセリング	職業カウンセリング	離転職支援	ライフデザイン
	会社選択・職場適応	キャリア形成支援	アイデンティティ構成
	決められた未来	選択する未来	創造する未来

キャリア開発は組織主導であり，企業内での配置転換によるゼネラリストの養成が一般的であった．人生コースは標準化されており，企業と個人は相互依存関係である．会社選択と職場適応を支援するキャリアカウンセリングが求められた．

②**雇用流動型社会**：契約による雇用形態が増え，非正規雇用者は全産業で40パーセントに達する．労働市場の流動化により，キャリアカウンセリングは離転職支援やキャリア形成支援が中心となる．

③**変動型社会**：ポストモダンの不確実な社会においては，仕事がプロジェクト化し，人生コースが個別化する．個人は人生をデザインし，人生の意味を創造し，複数の転機を乗り越えることが求められる．キャリアカウンセリングは，個人の自己構成と人生設計を支援することが求められる．国連の推計によれば，2050年までに，日本の100歳以上人口は100万人を突破する．また，2007年に生まれた子どもの半分以上は107歳以上生きることが予想されている．グラットンとスコットは，『100年時代の人生戦略』で，従来の「教育－仕事－引退」の3ステージモデルが崩壊し，長寿社会の人生デザインが求められることを示している[5]．　　〔小澤康司〕

イフキャリア・カウンセリングへの道：働くことと家族の統合を志向する実践から」『児童心理学の進歩 2015年版』金子書房

5) グラットン，L.・スコット，A.／池村千秋（訳）(216)『ライフシフト：100年時代の人生戦略』東洋経済新報社

【参考文献】
サビカス, M. L.／乙須敏紀（訳）(2015)『サビカス キャリアカウンセリング理論：「自己構成」によるライフデザインアプローチ』福村出版

II-15
マイクロ
カウンセリング

microcounseling

図15-1 マイクロカウンセリングの実習方法

　マイクロカウンセリングは，カウンセリングのメタモデルであるといわれている．さまざまなカウンセリングに共通する技法的な要素を抽出し，それらを系統的に配列し，訓練によって，意図的，統合的に使えるようにしたものである．1960年代後半にアイビイ（Ivey, A.）によって開発され，北米では1970年代から多くのカウンセラー養成機関で用いられるようになり，その後は世界各国に広がった．**マイクロ技法階層表**（microskills hierarchy）に示された技法群[1]から一度に一技法だけを取り上げ，解説，モデリング，練習，フィードバックを繰り返すことによって，確実に技法を習得させるという，訓練プログラムとしての特徴が際立っている．その根底には，**基本的傾聴技法**（マイクロ技法）は面接・カウンセリング・心理療法のすべてに共通しており，どのような流派でも必要となる基本的な技法であるという考え方がある．

　訓練の方法として，参加者は，まず一つの技法についての解説を聞き，その後でモデリングのためのビデオもしくは実演を観察して，実際にその技法がどのように使われるのかを学ぶ．ここにはバンデューラ（Bandura, A.）が提唱したモデリング理論が採り入れられている．技能の学習を最も効率良く行うのには，それがどのように行われているのかを実際に観察しながら練習するのが効果的だからである．

　訓練にあたって，どのような技法を対象とするかは重要な問題である．マイクロ技法階層表は，テキストの版を重ねるたびに修正が加えられ[2]，時代に合ったよりふさわしい形に変えられてきている．

　面接の基礎となる**基本的かかわり技法**（技法群，傾聴技法

[1] 日本マイクロカウンセリング学会のホームページのなかにあるリンク先を参照．

[2] 2014年現在で第8版．改訂のたびに技法の配列の変更や新たな技法の追加が行われて

のこと）には，かかわり行動，クライエント観察技法，開かれた質問，閉ざされた質問，はげまし，いいかえ，要約，感情の反映などが含まれている．これら一つひとつの技法の練習が終わると，それらの技法の組み合わせについても練習する．すなわち，基本的傾聴技法の連鎖の練習である．これらの練習が終わると，さらに上級の技法として，5段階の面接構造，焦点の当て方，さまざまな積極技法へと進む．

　マイクロカウンセリングの基本的な実習は，次のようにして進められる．参加者は，三人が一組となり，聴き手，話し手，観察者の役割を順次演じていく（図15-1）．テーマとしては，たとえば「昨日の出来事」などごくふつうの日常的な話題が選ばれる．デモンストレーションの後，各組は一回につき三分程度の短い時間で練習する．各自は聴き手，話し手，観察者のすべてを演じることが重要である．その後，感想を述べ合う．質問技法は，**閉ざされた質問**（closed question）[3]と**開かれた質問**（open question）[4]に区別される．それぞれに異なる重要な機能や特徴があるので，実習を通してそれらを十分に理解することが必要である．二種類の質問の違いが明確になった後で，二つの質問の組み合わせについて練習すると，質問技法にまつわるさまざまな問題が理解され，実際に使う場合にどのようなことに気をつければよいのかがわかってくる．

　マイクロ技法階層表に含まれている技法は，大別すると，前述した基本的かかわり技法（basic attending skills）[5]と**積極技法**（influencing skills）に分けられる[6]．まず，基本的かかわり技法について述べよう．**かかわり行動**（attending behavior）とは，マイクロ技法階層表の最下層に位置づけられている重要な技法である．これは相手への関心を示し，相手の言うことに注意を向けていることを示すものである．かかわり行動は，主に言葉以外の手がかりによって伝達される．たとえば，微笑やしぐさ，からだの動きや目の動きなどである．それによって聴き手は緊張したり安心したりする．カウンセリングはできる限り自然な態度で，ゆったりとかかわることが必要である．かかわり行動は，文化によっても意

いるが，より基礎的な傾聴技法についてはほとんど変更されていない．

　Ivey, A. et al. (2014) *Intentional interviewing and counseling: Facilitating client development in a multicultural society*, 8th ed., Brooks/Cole.

3) 閉ざされた質問とは決まった答えしかできないものである．この質問に対する答えは，「はい」「いいえ」もしくは1語か2語で答えられる．

4) 開かれた質問とはその答えが限定されていないものである．「どんな」「どうして」「どのように」などは開かれた質問として分類される．

5) **基本的傾聴技法**（basic listening skills）ともいう．

6) この分類はあくまでも便宜的なものであり，マイクロ技法階層表の中での位置づけが変更されることもある．初学者には初版当初に示されたものが理解しやすいと思われる．

味が異なるので注意しなければならない．

クライエント観察技法とは，話し手の言葉と言葉以外の双方に注意を向け，矛盾や不自然なところがないか気づくことである．**質問技法**では，開かれた質問と閉ざされた質問が区別されている．面接を進めるうえで質問技法は中心的な働きをするものであり，それによって面接の方向は大きく左右される．質問技法の位置づけは流派によって異なり，質問を多用する流派もあれば，あまり使わない流派もある．

質問の次にくる技法は，はげまし，いいかえ，要約である．**はげまし**は，キーワードを繰り返したり，相づちを打ったり，うなずいたりすることである．これらは話を続けるように励ますことを意味している．**いいかえ**は，聴き手が話し手の話の内容をいかに正確に理解しているかを示すものである．この技法をどの程度使えるかはまさに聴き手としての力量を示すことになる．いいかえでは，話し手の言葉を自分の言葉に置き換えて表現しなければならない．しかも，そこで表現されたものは，話し手が話そうとしたこと以上に的確に表現されていることが求められる．カウンセリングにおいては，このような巧みな表現によって，単に聴いてもらっているのではなく，カウンセラーと話すことによって，クライエントは自分がよりはっきりと見えてくるようになる．**要約**は話し手のかなり長い話を短い言葉でまとめて伝え返すことをいう．いいかえと同様に，適切に使うことは難しい．

感情の反映は，いいかえと似ているが，話の事実内容に焦点を当てるのではなく感情に焦点を当てるものである．基本的かかわり技法の中で最も難しい技法が感情の反映であるといえる．先に述べたいいかえと感情の反映は，いずれも話し手の話を正確に伝え返すための技法である．

ひととおり基本的かかわり技法が練習できたら，それらの技法を自由自在に使えるようにならなければならない．これは面接の実践に近いものであり，**基本的傾聴技法の連鎖**と呼ばれている．面接の中で必要となる技法をできるだけ自然に，かつ適切に使用することが求められる．面接のどこでうなずき，どこで開かれた質問を用い，どこでいいかえを用い

福原眞知子・アイビィ，A.・アイビィ，M.（2004）『マイクロカウンセリングの理論と実践』風間書房

るのがよいかは，練習を繰り返し，何度も実践を重ねることによって身につけなければならない．

次に積極技法について述べよう．5段階の面接構造，対決，焦点の当て方，意味の反映，狭義[7]の積極技法（指示，自己開示，フィードバック，解釈など）である．マイクロ技法階層表の中でも，積極技法については技法群としての分類はかなり流動的である．新しい技法が生まれ，新しい考え方が提唱されるにつれて変更が加えられている．この中でとくに重要なものは，**対決，意味の反映，解釈**などであろう．これらは単一の技法というよりも，基本的傾聴技法を駆使しつつ，適宜に話し手の内面に変化を促すために用いるものであり，習得するのは難しい．

また，マイクロカウンセリングでは，クライエントのポジティブな側面を重視し，面接のすべての段階でそれを強調することによって，クライエントのより健康な側面を増強する**肯定的資質の探究**に力点が置かれている．

ところで，実践にあたってその過程をどのようなものと考えればよいのか，ある程度の見通しをもっておくことも必要である．マイクロカウンセリングでは面接の構造化について五つの段階に分けて考えている．すなわち，**ラポールの形成，情報の収集，目標の設定，選択肢の探究，一般化**の5段階である．

これらの五つの段階は，必ずしもこの順序でカウンセリングが進むことを意味するものではない．同時にいくつかの段階が進行することもありうるし，途中の段階から前に戻ることもある．また，理論的な背景の違いによって，ある段階が重視され，他の段階はあまり問題にされない場合もありうる．このような問題は固定的に考えるべきではない．大まかなカウンセリング過程の流れとして理解しておけばよい．

〔玉瀬耕治〕

7）積極技法は，広義には基本的かかわり技法よりも上位のすべての技法を含むものとして理解できる．最新版では積極技法という言葉はあまり用いられておらず，「変容のための行動方略」などの言葉が用いられている．

【参考文献】
福原眞知子・アイビイ，A.・アイビイ，M.（2004）『マイクロカウンセリングの理論と実践』風間書房
玉瀬耕治（2008）『カウンセリングの技法を学ぶ』有斐閣

II-16 家族カウンセリング

family counseling

家族カウンセリングは，1950年代後半から欧米ではじまり，日本には1980年代に紹介された[1]．一般的に多くのカウンセリングは，カウンセラーとクライエントの一対一で行われ，個人の認知・感情・行動などの変容をめざすが[2]，家族カウンセリングは，家族の関係性を理解し働きかけることで，個人が抱える症状や問題，家族内の葛藤を解決し関係を改善しようとする．また，両親と子どもなど複数の家族メンバーが同席する**合同面接**を行うことが多い．しかし，家族と会うから家族カウンセリングといえるのではなく，個人や家族が抱えている問題をどのように理解するかというとらえ方そのものが，従来のカウンセリングとは異なるところである[3]．

一つ目は**階層性**（hierarchy）という考え方である．家族という集団は，夫婦や子どもというより小さな単位（これを**サブシステム**[4]という）に分けられ，それらはさらに小さな個人という単位に分けて考えることができる．一方，家族という集団を取り巻くより大きな単位（これを**スープラシステム**[5]という）として，子どもにとっての学校や親にとっての職場，家族にとっての親族や地域社会などが挙げられる．個人は，スープラシステムである家族によって影響を受けているが，同時に家族に影響を与えてもいる．また，家族は学校や職場や地域社会からさまざまな影響を受けているが，それらに影響を与えてもいる．このような複雑な相互影響関係の中で，個人も家族も生きているのであり，個人の症状や問題，家族における葛藤や問題もそうした文脈の中で理解される必要がある．

二つ目は，原因と結果に対する考え方である．私たちはふ

---

1) 家族カウンセリングの代表的なアプローチとして，**多世代家族療法，構造派家族療法，ブリーフセラピー**が挙げられる．
II-17「ブリーフカウンセリング」の項目も参照．

2) 代表的なものとして，**来談者中心療法，認知行動療法，精神分析**などが挙げられる．
II-3「来談者中心療法」，II-4「認知行動カウンセリング」，II-5「精神分析的カウンセリング」の各項目も参照．

3) 個人とだけ会う面接形態であっても，問題の認識の仕方とかかわり方によっては家族カウンセリングにはなりうる．逆に，複数の家族メンバーと合同面接をしていても，個人の心理的世界のみに焦点を当て，家族の関係性を理解し働きかけることをしていなければ，家族カウンセリングとはいえない．

だん，個人の症状や問題，家族の中での葛藤や問題を理解しようとするときに，原因と結果という見方に慣れている．たとえば，子どもが不登校になった（結果）のは，母親の育て方が悪かったからだ（原因）という見方である．そして，結果として表れている問題を改善するためには，原因を除去ないしは変容しなければならないと考える．そのため，ともすれば「誰が悪いか」という犯人捜しになりかねない．このように，原因と結果で物事を理解する考え方を**直線的因果律**（liner epistemology）（図16-1）という．一方，家族カウンセリングでは**循環的因果律**（circular epistemology）（図16-2）が重視される．これは，原因と思われることがある種の結果をもたらすが，その結果自体が原因となって新たな結果を生み出し，さらにまたその結果が原因となって……というとらえ方である．つまり，原因を追及するものではなく，問題をめぐって繰り返される悪循環やパターンに注目してそれを変えようとする．先の不登校の例でいえば，子どもと母親のみならず父親も含めて，家族の中で繰り返し起こっていることを理解し，特定の誰かが変わるのではなく，家族の関係性そのものやパターンが変わることを重視するのである．

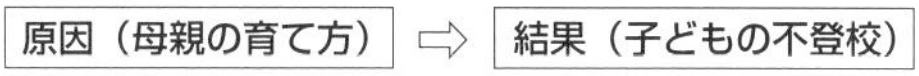

　三つ目は，**家族ライフサイクル**という考え方である．これは，家族の誕生から終わりまで，一般的に多くの家族がたどるいくつかの段階[6]があり，それぞれの段階には，家族として解決すべき発達課題があるという考え方である．そして，その発達課題をめぐって家族は**危機**（crisis）[7]に直面し，場合によっては個人の症状や問題，家族内の深刻な葛藤が生じるというものである．たとえば，新婚期における発達課題の一つに，夫婦の絆と親や実家とのつながりの強さのバランスを

原因（母親の育て方） ⇒ 結果（子どもの不登校）

図16-1　直線的因果律に基づく問題理解

4）　下位システムともいう．

5）　上位システムともいう．

6）　さまざまなモデルがあるが，以下の七つに分けるのが一般的である．[第一段階]結婚前の独身の成人期，

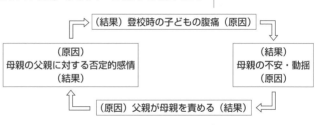

図16-2　循環的因果律に基づく問題理解

とるということがある．新婚期における深刻な夫婦間葛藤は，実は親や実家との結びつきが強すぎることによるのかもしれない．次の乳幼児を育てる段階で起こりやすい問題の一つが，母親の育児不安や育児困難である．これには，母親のみならず父親が親役割を身につけているかどうか，また，夫婦という二者関係から子どもを含めた三者関係への移行という発達課題が関係しているのかもしれない．さらに，子どもが思春期・青年期の段階になると，親が子どもの依存的欲求と自立的欲求に柔軟に応えられるかどうかが大きな課題となり，その中で子どものさまざまな症状や問題行動が生じる可能性がある．そして，子どもが成人して巣立つ段階では，親離れ子離れと同時に，夫婦としての関係を見つめ直し再構築していくことが課題となる．それが離婚の危機やうつ病の発症につながることもある．

このように，家族カウンセリングでは，家族間の葛藤や問題のみならず，個人の症状や問題もさまざまな文脈における多様な要因を考慮して理解しようとする．そして，問題や症状を抱えている人は，その人自身の病理や課題もあるかもしれないが，家族の中で何かがうまくいっていないことを表している人，あるいは家族が変化する必要性があることを示唆している人とも考えられ，**IP**（identified patient：**患者とみなされた人**）と呼ばれる．

家族カウンセリングにおいても，個人カウンセリングと同様に，カウンセラーの受容と共感的態度は最も重要な要素である．それに加えて，家族カウンセリング特有の，カウンセラーとしての基本的態度や技法がある．

第一に，**ジョイニング**（joining）である．カウンセラーは，すぐに家族を変化させようとするのではなく，どのような家族か，どのような問題や葛藤を抱えているのか，家族がもっている強みやリソースは何かを理解するために，まずはこれまでの家族のありようを尊重し受け容れ，カウンセラー自身も家族から受け容れられるように努め，信頼関係を作り協働作業をしていくのである．第二に，**多方向への肩入れ**（multidirected partiality）である．カウンセラーは，葛藤状

［第二段階］新婚夫婦の段階，［第三段階］乳幼児を育てる段階，［第四段階］学童期の子どもを育てる段階，［第五段階］思春期・青年期の子どもをもつ段階，［第六段階］子どもの巣立ちとそれに続く段階，［第七段階］老年期の家族．

7）　家族が経験する危機には，家族ライフサイクルの移行に伴って多くの家族が経験する**予測可能な発達的危機**（developmental crisis）と，一部の家族しか経験しない**予測不可能な偶発的危機**（situational crisis）がある．

態にある家族メンバー一人ひとりに対して積極的・能動的にかかわり，一人ひとりの異なる気持ちや考え，価値観，問題のとらえ方や対処について聴いていく．それによって，少しずつ家族メンバー間の対話が促進され，相互理解が進み，関係が変化していく．

第三に，**リフレーミング**（reframing）である．これは，問題とされていること自体は変えずに，その問題をとらえる枠組みを変えることによって意味づけを変え，認知・感情・行動的な変化をもたらすものである．通常は，家族の中で否定的に意味づけられていることを，肯定的に意味づけるような介入がされる．たとえば，思春期の子どもが親のいうことを聞こうとしないという行動が「反抗」と意味づけられている場合，家族ライフサイクルでいえばむしろ多くの家庭で起こりうる正常なことであり，「自立の試み」であるとされる．ただし，リフレーミングは単なる言葉の言い換えやプラス思考ではなく，そこに至るまでのプロセスで，家族の苦悩や葛藤をカウンセラーが十分共感的に理解していて，家族にそのことが伝わっていることが必要である．

家族カウンセリングは，その独自性から，従来の個人カウンセリングとは相反するものだと誤解されてきたが，実際には，両者は相補い合うものである[8]．また，近年では，医療・教育・福祉などのさまざまな臨床領域において，家族の問題は避けて通ることができなくなっており，家族カウンセリングの考え方や方法をどのようにして個人カウンセリングの中に活かすかという議論もさかんになっている[9]．さらに，家族の関係性を理解し働きかけ変化をもたらすことができるというメリットがあるので，不登校などの問題を抱えている本人が来談しなくても，その家族の力を活かして問題を解決する手立てを考えられるという強みもある[10]．

〔野末武義〕

8) 個人カウンセリングと家族カウンセリングの統合も重要なテーマとなっている．たとえば，以下の文献を参照のこと．
平木典子・野末武義（2000）家族臨床における心理療法の工夫：個人心理療法と家族療法の統合．『精神療法』26, 334-343.
野末武義（2003）個人療法と家族療法の統合：個人療法の中で家族療法の理論と技法を生かす．『カウンセリング研究』36, 6-15.
II-23「統合的カウンセリング」の項目も参照．

9) たとえば，以下の文献を参照のこと．
日本家族心理学会（編）（2015）『個と家族を支える心理臨床実践Ⅰ：個人療法に活かす家族面接（家族心理学年報33）』金子書房

10) たとえば，以下の文献を参照のこと．
平木典子（2012）「論説 本人不在の事例のアセスメント」村瀬嘉代子・津川律子（編）『事例で学ぶ臨床心理アセスメント入門（臨床心理学増刊4）』金剛出版（pp.191-197.）

【参考文献】
中釜洋子・野末武義・布柴靖枝・無藤清子（2008）『家族心理学：家族システムの発達と臨床的援助』有斐閣ブックス
遊佐安一郎（1984）『家族療法入門：システムズ・アプローチの理論と実際』星和書店

II-17
ブリーフカウンセリング
brief counseling

図17-1 悪循環とは
長谷川啓三（1987）『家族内パラドックス』p.28に掲載されている図を，一部改変．

ブリーフカウンセリングの「ブリーフ」とは，短期，簡潔などの意味であり，ブリーフカウンセリングは，比較的，少ない面接回数，短い期間で終結することを目標とするカウンセリングの総称である．その共通する特徴として，面接時間と回数の限定，目標の焦点化，現実的問題の重視，早期のアセスメントと積極的介入などが挙げられる．その性質上，近年わが国においても，学校領域や産業領域などにおける実践モデルとして積極的に活用されている[1]．

ブリーフカウンセリングには，**ブリーフセラピー**（brief therapy：**短期療法**）の原理や技法が取り入れられている．ここでは，代表的なブリーフセラピーである**コミュニケーション派短期療法**（mental research institute：**MRI派**）[2]および**解決志向アプローチ**（solution focused approach）[3]について概説する．

MRI派は，問題や悩みが維持されてしまったり，深刻になってしまうのは，その問題を何とかしようとする解決努力（**リフレーミング，症状処方**）が不適切であり，その解決努力（**偽解決**）を試みれば試みるほど，当初の意図とは逆に問題がエスカレートしてしまうと考える．

MRI派はこの**悪循環プロセス**（図17-1）を重視する．たとえば，言うことを聞かない子ども《問題1》に，親や教師が説教をする《偽解決1》が，子どもはそれに反抗する《問題2》．そこで親や教師はさらに厳格な指導を加える《偽解決2》が，その結果，さらに子どもの問題行動が悪化する《問題3》，といった現象である．偽解決は，問題の原因を特定し，それを改善，除去しようとするときに起こることが多

1) たとえば，上地安昭（編）（2001）『学校の時間制限カウンセリング』ナカニシヤ出版，など．

2) ポール・ワツラウィック，ジョン・ウィークランド，リチャード・フィッシュらが，ミルトン・エリクソンの催眠療法やグレゴリー・ベイトソンのダブルバインド理論を礎に発展させた技法．パロアルトグループとも呼ばれる。
フィッシュ, R.・ウィークランド, J.・シーガル, L.／岩村由美子ほか（訳）（1986）『変化の技法：MRI短期集中療法』金剛出版

3) 米国にあるブリー

い．それで解決する場合ももちろんあるが，ほとんどの問題や悩みはさまざまな事柄が複雑に相互作用して生じているため，簡単には解決しない場合も多い．

ある特定の原因からある結果が一対一に生じると考えるものの見方は**直線的因果論**（linear causality）と呼ばれ，心の問題や悩みの理解にはそぐわないものである．他方，ある原因は何らかの結果を生じるが，さらにその結果が再び原因となり連鎖的にさらなる結果が生じると考えるのが**円環的因果論**（circular causality）であり，MRI派の問題の理解と介入は，このシステム的認識論に拠っている[4]．

通常，偽解決は，一般的な私たちのものの見方である直線的な因果論の前提から，問題や悩みの改善や解決のために「よかれ」と信じて行われるものである．たいていはそれが常識的なものであるからこそ，何度も繰り返され，ときに雪だるま式に対処困難なほどに大きな問題に膨れ上がってしまうのである．

直線的因果論の立場からは，問題や悩みの原因を追究し，それを除去するといういわば悪者探しのやり取り，すなわち，**プロブレムトーク**（problem talk：**問題に関する会話**）がなされることが多い．カウンセラーもプロブレムトークに陥りがちであり，ひとたび問題を探しはじめると次々と出てくることになるため，たとえば，多数問題を抱えているハイリスクファミリーなどの場合は，手立てがないと諦めてしまうことにもつながりかねない．

MRI派の主要な介入は，まさにその悪循環を断ち切ることである．偽解決をやめさせるために，今までのパターンとは違った行動課題を提示する[5]．また，介入の際には，しばしば，リフレーミングが行われるのも特徴である．たとえば，「お子さんの反抗は，自立に向けた大切な動き．それを尊重しながらも，お母さんが心穏やかでいられるように，散歩はいかがですか？」など，ある行動や事象の見方や意味づけを変える働きかけである．このような手法で，たとえどんな変化であれ，悪循環連鎖にいったん変化が生じると，深刻な問題を維持している関係性システムが崩れ，問題が解消される

フファミリーセラピーセンターのスティーブ・ド・シェイザーとインスー・キム・バーグらが開発した．

バーグ，I. K.／磯貝希久子（訳）（1997）『家族支援ハンドブック：ソリューション・フォーカスト・アプローチ』金剛出版

4）II-16「家族カウンセリング」の項目も参照．

5）そのためMRI派の介入は，たとえば「子どもが反抗してきたときには，何も言わず家を出て散歩をする」などのように，一見，常識的な対応とは思えないようなものも多い．

と考える．

　これに対して，解決志向アプローチは「問題に対する解決策は実はクライエントがいちばんよく知っており，クライエントはそのための能力やリソースをすでにもっている．したがって『問題』ばかりを追究するよりも，クライエントの能力やリソース，さらにはすでになされている解決のありよう（**例外**）に目を向け，それらを質問や対話[6]により，豊かにしてゆく」という方向性を明確にしているアプローチである．たとえば，どのような問題をどれくらいたくさん抱えているのかということよりも，それらをクライエントが今日まで乗り越えてきた経過を，丁寧に聴かせてもらうことのほうが大切である．そのためになされるのが，**コーピングクエスチョン**（coping question）であり，「そのように大変な状況の中で今日までどのようにやってこられたのですか」という質問により，クライエントや家族がすでに備えている「問題に対処する力」を引き出す効果がある．

　解決志向アプローチには三つの基本原則がある．①もしうまくいっているなら，変えようとするな．②もし一度やって，うまくいったのなら，またそれをせよ．③もしうまくいっていないのであれば，（何でもいいから）違うことをせよ，というものである．これらは，問題の渦中にいるクライエントや家族にはなかなかできないことである．もし，③ができない場合，先に述べた悪循環が起こる．また②に関しては，クライエントはたとえば，10回のうち2〜3回うまくいっていたとしても，7〜8回のうまくいかなかったことばかりを気にしがちである．実はこの2〜3回の対処の仕方はクライエントが自ら成功した解決方法である．解決志向アプローチは，この「例外」に着目し，「それはすごいことだ」とコンプリメント（compliment）し，クライエントの自己肯定感（self-efficacy）を上げていく．この方法を**例外探し**という[7]．

　その他，**スケーリングクエスチョン**（scaling question）や**ミラクルクエスチョン**（mircle question）なども解決志向アプローチの主要な質問技法である．スケーリングクエスチョンは，たとえば，「あなたがこのようになりたいと思う

[6] **ソリューショントーク**（solution talk）という．

[7] これに対し問題ばかりを指摘される**プロブレムトーク**（problem talk）は，カウンセリングに対する意欲を失いかねない．

目標を10としましょう．これまでで最悪だった状態を0としましょう．そうするとあなたは今いくつのところにいますか？」などと尋ねる．たとえば，クライエントが3と答えたとすると，そこで，「あなたが3だと言われた理由を教えてください」と問う．クライエントからは，0ではなく3の理由が語られることになるため，その分の能力やリソースや例外が共有される[8]．ミラクルクエスチョンは，解決志向アプローチで用いる質問法である．カウンセラーはクライエントに次のように質問する．「もしも眠っている間に奇跡が起きて，あなたの問題が解決したとしましょう．目覚めたときにどんな違いから奇跡が起こったとわかるでしょうか」．これにより解決に向かった変化が促される．

　短期療法においては，おおむね全面接回数が10回程度以内に設定される．面接回数が限定されることでクライエントもカウンセラーも**目標設定**（goal setting）や目標のイメージがもちやすくなる．面接ごとにクライエントから語られた**小さな変化**（small change）を傾聴し，丁寧に取り上げるのもブリーフカウンセリングの特徴である．クライエントはそれほど重要なことと思っていないかもしれないが，そのような小さな（briefな）変化が循環連鎖してゆくことで大きな変化につながっていく[9]とするのがすべてのブリーフカウンセリングの根本的な考え方である．

　面接の終了時には，カウンセラーは**開かれた終了**（open end）を心がける．クライエントの能力や自己効力感を尊重する一方で，いつでも支援は可能ということを伝える姿勢である．クライエントの中では，ブリーフカウンセリングセラピーの体験が心の支えとなり，また次の問題が出てきたとしても，うまく対処できるようになる可能性が高まる．

〔市村彰英〕

[8] さらに，「それでは今の状態が1上がり，4になったとき，あなたはどのような状態から4になったと気づきますか」と質問することもある．1上がった状態をイメージすると，クライエントが実現可能と認識して，カウンセリングの後すぐにでもはじめられそうなことを答える可能性が高い．また，このようなスケーリングクエスチョンを用いると，具体的な良好な変化がとらえやすく，好循環連鎖も生じやすい．

[9] これを**さざなみ効果**（ripple effect）と呼ぶ．

【参考文献】
フィッシュ，R.・ウィークランド，J.・シーガル，L.／岩村由美子ほか（訳）（1986）『変化の技法：MRI 短期集中療法』金剛出版
バーグ，I. K.／磯貝希久子（訳）（1997）『家族支援ハンドブック：ソリューション・フォーカスト・アプローチ』金剛出版

II-18 ナラティブアプローチ

narrative approach

ナラティブ（narrative）とは，「語り・物語（ストーリー）」や「語ること」を意味する．**ナラティブアプローチ**とは，「語り」「物語（ストーリー）」「語ること」などを通して現実や現象を理解し，かかわろうとする立場の総称である．わが国におけるナラティブアプローチは，大きく二通りの立場からの発展をみせている．第一に，家族システム療法の進化・発展の過程において**社会構成主義**（social constructionism）の概念に伴い，生み出され確立されてきたポストモダンセラピーとしてのナラティブアプローチである．第二に，わが国で特徴的ともいえる，広く臨床場面や治療にまつわる事柄や現象を「語り」や「物語」という観点から考えてゆくものであり，ユング派心理療法や精神分析的心理療法などのほか，さまざまな学派から言及されているものである．

本項では，前者のナラティブアプローチについて述べる．**家族システム療法**は，クライエントの問題や症状を，「原因→結果」という線型モデルのみから理解しようとするのではなく，家族関係などの複雑な相互関係にある**コンテクスト（文脈）**を重要視するアプローチである．その関係性コンテクストのとらえ方により，家族システム療法諸派[1]やその介入手法が特徴づけられるが，社会構成主義という革新的な関係性コンテクストの認識の仕方が，ナラティブアプローチの基盤である[2]．

社会構成主義によれば，私たちが「現実」「真実」とみなしているものは，人々の間での言語のやり取りを通じて，社会的に立ち現れてきたものである．したがって，本人にとっ

[1] ただし，ナラティブアプローチはもはや「システム」という概念やメタファーをも超える立場にある．

[2] なお，ナラティブアプローチをその代表格とする今日のポスト

ての「現実」は，社会的なコンテクスト（文脈）の強い影響のもとで本人が作り上げ，ナラティブ（物語）の形で維持しているものである．それは，逆の見方をすれば，究極的に万人が一致しうる真理のような現実は存在しないということでもある．

したがって，近現代科学が絶対視する客観性・実在論に基づく「真実」は，実は専門家による「物語」にすぎない可能性があるとし，その絶対性や有用性に疑問を投げかける．さらに，医師や心理学者などの専門家による「病気」という診断や「治療」という考え方こそが，専門家に優越性と権力をもたせてしまい，社会統制のしくみや権力構造を形作り，クライエントや当事者の本来の能力や回復力，可能性を阻害してしまっている危険性が大きいと警告する．だからこそ，クライエントの「物語」が作り上げられる文化的・社会的背景を重視し，クライエントが生きる世界においては，まさにクライエントこそが自分自身の抱える問題についての専門家であるとする．よって，ナラティブの立場からみた「治療」や「改善」とは，クライエント自身の（「問題」や「苦悩」をめぐる）言語実践，つまり，言葉を通してのやり取りや相互作用が変わることによって，「問題」や「症状」のあり方や意味づけが変わり，本人がもつ能力や可能性や回復力がよりいっそう発揮されることである．そして，専門家の役割は，クライエントとの（工夫された）対話ややり取りを通じて，クライエントにとってより生きやすい新たな「語り」や「物語」をともに織り成してゆく営みにほかならない．

この立場に立つ一連のアプローチが，社会構成主義傘下のポストモダンアプローチ，または，広義のナラティブアプローチと呼ばれる．その具体的対話ややり取りの工夫の違いによって，ホワイト（White, M.）やエプストン（Epston, D.）らによって開発された**ナラティブセラピー**[3]（**狭義のナラティブセラピー**），アンダーソン（Anderson, H.）やグーリシャン（Goolishian, H.）らによる**コラボレイティブアプローチ**（collaborative approach）[4]，アンデルセン（Andersen, T.）による**リフレクティングプロセス**（reflecting process）[5]

モダンセラピーへの流れは，ベイトソン（Bateson, G.）によるシステミックな**生態学的認識論**の考え方，それを事例の見立てや治療に取り入れた**コミュニケーション派家族療法**（Ⅱ-17「ブリーフカウンセリング」の項目を参照）やボスコロ（Boscolo, L.）やチキン（Cecchin, G.）による後期**ミラノ派家族療法**[1, 2, 3]，さらには，**解決志向アプローチ**（Ⅱ-17「ブリーフカウンセリング」の項目を参照）やトム（Tomm, K.）による**質問による介入**[4, 5, 6]の考え方などによっても加速された．

[1] Tomm, K.(1984) One perspective on the Milan systemic approach: Part Ⅰ. Overview of development, theory, and practice. *Journal of Marital and Family Therapy*, 10, 113-125.

[2] Tomm, K.(1984) One perspective on the Milan systemic approach: Part Ⅱ. Description of session format, interviewing style and interventions. *Journal of Marital and Family Therapy*, 10, 253-271.

[3] ボスコロ，L.ほか／鈴木浩二（監訳）(2000)『家族面接のすすめ方：ミラノ派システミック療法の実際』金剛出版

などに大別される．

ナラティブセラピーは，クライエントの「現実」は，ド
ミナントストーリー（dominant story）によって方向づけら
れるという観点を重視する．同時に，「問題」や「症状」は
人々の存在とは離れたものであり，人々は自分の人生におけ
る「問題」の悪影響を減らすのに役立つようなスキル，遂行
能力，信念，価値観，取り組む力などを豊富に備えていると
いう前提に立つ．ここでは，ナラティブセラピーの典型的な
5段階のステップを挙げる．

［ステップ1］**問題や症状が染み込んだストーリーの聴取**：
クライエントの苦悩は，クライエントの抱えてきた「問題」
や「症状」に濃く色づけられている「語り」，すなわち，そ
の人の人生を支配し追い込んでいるドミナントストーリーと
して顕われており，それは，人生の（良い意味での）複雑さ
や矛盾などのさまざまな可能性を含む余地がない「薄い」語
りである．まずは，そのドミナントストーリーに虚心に耳を
傾ける．

［ステップ2］**問題を名づけ外在化する**：「問題」や「症状」
を名づけることによって，それらが**外在化**（externalizing）
される．その狙いとするところは，クライエントの心や人格
に「問題」が潜んでいるのではなく，いわば「外敵」によっ
て苦しめられている存在と，クライエントが位置づけられる
ことである[6]．そのため，「問題」の擬人化によって外在化
がなされることが多いが，そのようにするなどして，命名さ
れ外在化された「問題」によって，クライエント本人がこれ
までどんな影響を受けてきたのか，どんな苦難の歴史がある
のかをカウンセラーとの間で共有してゆく．これらのやり取
りを通して，クライエントが「問題」によって影響を受けて
いる存在として自分を語れるようになると，前向きさや問題
への対処や取り組みの意欲，本来の能力や人生に対する興味
や関心などが恢復してゆく．たとえば，「親からの愛情が乏
しく，思春期の頃から長らく抑うつに苦しみ，これから先の
希望ももてない」と語るクライエント（小学校教師）に対し
ては，「『うつ』（『いつものヤツ』，『デプレ氏』，『古くからの

[4]Tomm, K.(1987a) Interventive interviewing: I Strategizing as fourth guideline for the therapist. *Family Process, 26*, 3-13.

[5]Tomm, K.(1987b) Interventive interviewing: II Reflexive questioning as a means to enable self-healing. *Family Process, 26*, 167-183.

[6]Tomm, K.(1988) Interventive interviewing: III Intending to ask lineal, circular, strategic, or reflexive questions. *Family Process, 27*, 1-15.

3）ホワイト，M.・エプストン，D.／小森康永（訳）(2017)『物語としての家族』新訳版，金剛出版

4）アンダーソン，H.／野村直樹・青木義子・吉川悟（訳）(2001)『会話・言語・そして可能性』金剛出版

5）アンデルセン，T.／鈴木浩二（監訳）(2015)『リフレクティング・プロセス：会話における会話と会話』新装版，金剛出版

しつこい悪友』など）があなたの意欲をくじき，これから先の希望すらもてないようにさせるのですね」と問うようなやり取りが外在化の一例である．

［ステップ3］遂行能力への手がかりを見つける：クライエントのドミナントストーリーやそれに強く影響されている「現実」を支持している常識，文化，信念，社会通念などを探り，質問をしていくことにより，それに揺らぎを与え，**脱構築**（deconstruction）を試みる．さらに，ドミナントストーリーに適合しない，つまり，クライエントが「問題」や「症状」に対応したり，逃れたり，打ち克ったりした**ユニークな結果**[6]（unique outcomes）を質問や対話により探ってゆく．

［ステップ4］新しいストーリーを練り上げる：ユニークな結果にまつわる興味や好奇心をもった対話を重ね，新しいストーリー（**オルタナティブストーリー**〔alternative story〕）を厚く豊かにしてゆく．共同作業によって織り成された新しいストーリーの中で，クライエントは新しいイメージを生き，人間関係や人生の新しい可能性と新しい未来を生きられるようになる．

［ステップ5］治療や改善の証拠を記録する：クライエントが自ら治療や改善を成し遂げたというプロセスや成果を，面接記録や面接場面の録画・録音資料，治療者からの手紙，治療認定書やシンボルなどを授与したり，それをともに分かち合える知人やピアメンバーを集めて（**リメンバリング**〔remembering〕）祝辞を行うなどして，新たに構成された「現実」を確実なものにする．

〔藤田博康〕

6）これは解決志向アプローチの「例外」の概念とほとんど同義である．

【参考文献】
モーガン，A.／小森康永・上田牧子（訳）（2003）『ナラティヴ・セラピーって何？』金剛出版
ホワイト，M.・エプストン，D.／小森康永（訳）（2017）『物語としての家族』新訳版，金剛出版

II-19
ポジティブ心理学

positive psychology

　ポジティブ心理学は，人間が生まれてから死ぬまでの生涯にわたって，人生の生きがいや幸せ，**ウェルビーイング**（well-being），価値のある人生とはいかなるものか，そしてそれを実現するためにはどうすればよいのかを科学的に探究する心理学である．

　ポジティブ心理学の提唱者であるセリグマン（Seligman, M.）は，1998年当時APA[1]の会長の立場から，20世紀後半の心理学は，人間の精神的な障がいや問題をどのように治療し，改善するのかという点に多大な努力と労力を費やしてきたあまりに，人々の人生をより充実した実りのあるものにするという本筋からあまりにも離れてしまっているとして，人間の強さや潜在的可能性，美徳やすばらしさなどのポジティブな側面に焦点を当てる心理学の必要性を主張した．

　それをきっかけとして，2000年にはAPA発行の*American Psychologist*にポジティブ心理学の特集が組まれた．その序文では，①「ポジティブな主観的経験」，②「ポジティブな個人的特性」，③「ポジティブな組織」の三つの主題が示され[2]，それらに関する科学的知見は，**生活の質**（quality of life）を高め，人生が空しく意味が見出せないときに陥る精神的な病いを予防するとした．

　2002年にはセリグマンによって，一般向けのポジティブ心理学に関する啓発書[3]が出版された．セリグマンはアメリカ同時多発テロの体験も踏まえて，「人々の苦悩をただ和らげるだけでは，苦しんだり落ちこんだり自暴自棄になっている人々を，本当の意味で救うことはできない．人はどん底にあっても美徳や誠実さ，さらには生きる目的や価値を必死に

1) American Psychological Association アメリカ心理学会

2) Seligman, M. & Csikszentmihalyi, M.(2000)Positive psychology. *An Introduction American Psychologist, 55*, 5-14.

3) セリグマン, M. ／小林裕子（訳）(2004)『世界でひとつだけの幸せ:ポジティブ心理学が教えてくれる満ち足りた

なって求めている．何か問題が起きたときに本当に必要なのは，苦しみを和らげることだけではなく，『幸せ』を理解して築き上げることだ」として，「セラピストの役割は単にダメージを癒すのみならず，それぞれの患者のポジティブな特性を見つけ出し，築き上げる手助けをすることである．人々がそれらを日々の生活や仕事，子育て，遊びなどに役立てて初めて，心の強さと，本物の『幸せ』を手に入れることができる」という立場を明確に打ち出した．

そのうえで，未来・現在・過去の各視点から，希望や楽観性，快楽や充足感，達成感や許しなどの「ポジティブ感情」について広く分析し，人生に「幸せ」をもたらすための六つの「普遍的美徳」，および，それらの「美徳」に近づくための私たち一人ひとりの「性格の強み」に着目した（表19-1）．合わせて，各自が自分の強みを客観的に把握するための自己回答式質問紙 **VIA・強みテスト**[4] も開発されている．

その後，ポジティブ心理学は，単なる「幸せ」や「人生の満足度」追求志向にとどまらず，包括的なウェルビーイングやグローバル規模の**持続的幸福度**（flourish）の増大に資する科学として，さまざまな実証研究に支持されながらの発展を遂げている[5]．このいわば**新・ポジティブ心理学**では，「ポジティブ感情（positive emotion）」「エンゲージメ

人生』アスペクト

4) Peterson, C. & Seligman, M. (2004) *Character strength and virtues: A handbook and classification.* Oxford University Press.

5) セリグマン, M.／宇野カオリ（監訳）(2014)『ポジティブ心理学の挑戦：「幸福」から「持続的幸福」へ』ディスカヴァー・トゥエンティワン

6) 毎晩就寝前に今日，うまくいったこと，それらがどうしてうまくいったのかを記録するエクササイズ．人間は歴史的生き残りの進化の過程で，人生上の危険やうまくいかないこ

表19-1　6つの普遍的美徳と24の性格の強み

普遍的美徳	知恵と知識	勇気	人間性	正義	節制	超越性
性格の強み	創造性，独創性，創意工夫	勇敢さ，勇気	愛情（愛し愛される力）	チームワーク，社会的責任感，忠誠心，市民性	寛容さ，慈悲心	審美眼（美と卓越性に対する鑑賞能力）
	好奇心，興味関心，新奇探索傾向，経験への積極性	忍耐力，我慢強さ，勤勉さ	親切心，寛大さ	公平さ	慎み深さ，謙虚さ	感謝
	知的柔軟性，判断力，批判的思考力	誠実さ，純粋さ，正直さ	社会的知能，情動知能，対人知能	リーダーシップ	思慮深さ，慎重さ，注意深さ	希望，楽観性，未来志向
	向学心	熱意，情熱，意欲			自己調整，自己コントロール	ユーモア，遊びごころ
	大局観					スピリチュアリティ，宗教性，信念，目的意識

ント（engagement）」「関係性（relationship）」「意味・意義（meaning）」「達成（achievement）」の頭文字をとった **PERMA** の測定・考察を通じて，構成概念としての「ウェルビーイング」の向上を科学的に探究する．つまり，ポジティブ心理学の目標は快楽や満足感などの主観的なポジティブ感情や，何かに没頭しているときのフロー感覚などにとどまらず，自分よりも大いなる存在と信じるものに仕えることによって生じる「意味や意義」，他者との良好なつながりである「関係性」，本人がどんな行動を選択し何を成し遂げようとするかといった「達成」などが，包括的，多元的に組み合わさったものである．

その前提のうえで，ウェルビーイング向上を目的として，「うまくいったこと日記[6]」などの具体的エクササイズが考案され，同時に，「VIA・強みテスト」によりアセスメントされた各自の強みを発揮する方略を積極的に進めながら，PREMA を強化することの実証的効果を明確に示している[7]．

今や，ポジティブ心理学の知見や手法は，世界各国で，さまざまな領域において積極的に活用されている．たとえば，心理療法実践への応用（**ポジティブサイコセラピー**）では，抑うつ的感情や悲観的パーソナリティ特性の傾向は，強い生物学的縛りがあるという脳科学の前提に立ち，PREMA の五つの要素を強化するスキルと種々のエクササイズによって症状とうまくつき合い，たとえ症状があってもうまく機能できるようになる訓練を行うことで，クライエントのウェルビーイングの向上に大きく貢献している．

学校教育領域においては，ポジティブ心理学に基づいた **ウェルビーイング向上プログラム**[8]の導入により，ウェルビーイング向上の視点が学校教育に根づくことによって，生徒たちの抑うつや不安が軽減され，幸福度が上がり，学習効果さえも高まることを実証している．

また，軍事領域においては，心理社会的健康度に関するアセスメントツールを活用し，レジリエンストレーニングを中心とする，感情面の健康度，家庭面の健康度，社会面の健康度，スピリチュアル面の健康度の四つのモジュールから構成

とについて考えすぎ，うまくいったことや良い出来事についてはあまり考えようとはしない性向があるため，ポジティブな側面に意図的に目を向けるスキルを訓練し実践する必要があるとされる．

7) たとえば，「うまくいったことエクササイズ」と「VIA・強みテスト」の併用によって，実験参加者の抑うつ度が顕著に下がり，大幅に幸福度を増大させたという研究結果などがある．

8) 楽観性の向上，適切なアサーティブネスや創造的なブレインストーミング，意思決定，リラクゼーション，その他コーピングスキルを心理教育する抑うつ防止プログラムであるペン・レジリエンシープログラム（Pen resiliency program：PRP）が代表的なものである．

9) マスターレジリエンストレーニング（master resilience training）：①トラウマへの反応そのものを理解する，②不安の軽減，③建設的な自己顕示性，④トラウマの物語（ナラティブ）を創造する，などのモジュールから構成される．

10) 「楽観性」は心血

されるプログラムを開発・実践（**総合的兵士健康度プログラム**）し，兵士の心身の健康維持や回復に高い効果を上げている．さらに，兵士にとって大きな問題であるPTSDの実態をも科学的・客観的に分析し，外傷的な体験を経た兵士のうちPTSDに陥るのは実は約20パーセントに過ぎず，それは心的外傷が直接影響しているというよりも，もともとの不安や抑うつの症状が悪化したり，身近な家族関係の悪化による自己達成的な下方スパイラルがその大きな要因であるとする．他方，残りの80パーセントは，外傷的体験を経て人間的な成長や生きる強さを身につけ，悲惨な出来事の後で，生きることへの感謝，人間関係の改善，スピリチュアル面の深化などが生じていることに着目し，そのような**心的外傷後成長**（posttraumatic growth：**PTG**）」を促進する訓練プログラム[9]を開発・実践し高い効果をあげている．

さらに，身体的健康領域に関しても，ポジティブな気分，とくに**学習性楽観**（learned optimism）が身体的健康に高く貢献することを示し，PRPなどを取り入れた身体的健康増進プログラムが開発されている[10]．

このように，短期間で多くの研究や実践が行われ，ポジティブ心理学が急速に発展した背景には，流動する社会情勢において，従来の心理学モデルや病理疾病モデルへの強いアンチテーゼとともに，本来，人間のもつ優れた機能や能力，より良い人生や生きがいなどに注目することへの潜在的希求，および，類似した方向性をもったこれまで過去のさまざまな研究や実践の積み重ねの歴史がある．今やポジティブ心理学は，単なる物質的豊かさや利己的満足度が増すことによる「幸せ」の追求を超えた[11]，歴史と人類に対する信頼や責任，共存的な人間関係を踏まえた，包括的なウェルビーイングや人類全体の持続的な繁栄をめざす責任や選択といった方向性を打ち出している．　　　　　〔藤田博康〕

管の健康に，「悲観性」はその危険性に強く関連する．とくに楽観的な人はがんになる危険性が低い．ポジティブな気分は風邪やインフルエンザの予防に，ネガティブな気分はそれらに対するより大きな危険性に関係する．ポジティブな気分，とくに楽観性が高く良好な心理的ウェルビーイングにある人は，全死因死亡に対する危険性が少ない，などの研究結果を基盤にしたものである．ただし，ポジティブ心理学の基本的な前提としては，悲しみや不安，怒りなどの情動不安がないことが必ずしも幸せやメンタルヘルスを保証するわけではないことと同様に，単に身体的病気がないということが幸せ，健康というわけでもないというものである．

11)　一定の経済的水準を超えると，単純に「富」や「お金」が増すことがウェルビーイングの向上にはつながらない．米国はここ50年の間にGDPが3倍になったが，人生の満足度は変わらず，抑うつの罹患率は10倍に増加している．

【参考文献】
島井哲志（編）(2006)『ポジティブ心理学：21世紀の心理学の可能性』ナカニシヤ出版
セリグマン，M.／宇野カオリ（監訳）(2014)『ポジティブ心理学の挑戦：「幸福」から「持続的幸福」へ』ディスカヴァー・トゥエンティワン

II-20 マインドフルネス

mindfulness

マインドフルネスとは，「今この瞬間において，次々と生じている体験に，価値判断をしないで注意を向けることによって現れる気づき」[1]である．マインドフルネスの実践とは，今この瞬間の自分を意図的にしっかりと意識し，存在し，生きることである．同時に，自分や周囲に関する判断やこだわりから自由であり，物事のあるがままのありようや森羅万象の無常を受け容れる姿勢の体現でもある．

通常，私たちは，心が忙しくさまよい動き回っており，今この瞬間に起きていることから意識が逸れていることが多い．現代社会システムの複雑さや流動性に飲み込まれ，さまざまな懸案事項に心がとらわれ，**マインドレス**で習慣的な反応や自動操縦のような行動を続けることがある．同時に私たちは，不安，怒りや恨み，否定的な感情や考えの連鎖に苦しみ，それらを内省し制御しようとする．しかし，それらにとらわれるほど，苦悩は逆に増してゆき，生きがいのある人生からどんどん遠ざかってしまう．マインドフルネスの実践は，それらの苦痛で避けたい感情や考えが，単に心の中を出入りしたり，自分とともにあったりすることを超越的な立場から観察する**間（スペース）**をもたらしてくれる．内面の苦痛に巻き込まれず，あるがままに受けとめることによって，自己の深い受容と心の平安を体験することができる[2]．

マインドフルネススキル（mindfulness skills）は，日々の練習によって誰もが身につけることができる．その練習の例として，マインドフルな呼吸，マインドフルなボディスキャン，マインドフルな食事などがある[3]．その他，歩行や運動，家事，入浴，洗面など，日常生活のほとんどの営みが，マ

1) カバットジン，J.／春木豊（訳）(2007)『マインドフルネスストレス低減法』北大路書房，による．

2) マインドフルネスの実践により，不安や抑うつが改善されたり，感情調整力，幸福感，集中力，心の平安が増進されたり，PTSDの影響や生物学的な要因による脳の脆弱ささえも改善されうる可能性があるというエビデンスや知見が数多く示されている．

3) ①**マインドフルな呼吸**：自然な呼吸を続けながら意図的に意識を向け，鼻や口に息が出たり入ったりする感覚，腹部の膨らむ感じや腹部のへこむ感じなどに注意を向ける．もし，意識が呼吸から逸れたことに気づいたら，そのことの価値判断をせず注意を優しく呼吸にもどす．
②**身体のすみずみにマインドフルになる**：マインドフルな呼吸からマインドフルなボディスキャンに優しく移行してゆき，順次，足裏から頭までの全身の各部位の身体感覚に意識や注意を向け，痛みやこわばり，暖かさや冷たさ，重苦しさや違和感などといった身体感覚に気づき，それらと闘わず，「間」を保って，そこに優しく受け

インドフルネスの実践練習になる．練習をしていると，心が「今この瞬間」から離れ，さまよい，さまざまな思考や感情が湧き上がってくることに気づく．それらは嫌な感情や考え，不安や怖れであることも多い．大切なのは，それらを抑圧したり，格闘したり，判断したり内省したりせず，「間」をとり，あるがままに受けとめ，意図した対象（呼吸，食事など）に優しく意識を戻すということを繰り返すことである[4]．

このマインドフルネスを重視しているのが，新世代認知行動療法と呼ばれる一連の治療法であり，**アクセプタンス・コミットメントセラピー**（acceptance and commitment therapy：**ACT**），**マインドフルネスストレス低減法**，**マインドフルネス認知療法**，**弁証法的行動療法**（dialectical behavior therapy：**DBT**）などがある[5]．以下，ACTとDBTの基本的な考え方を概説する．

ACTは，ヘイズ（Hayes, S.）らによって確立された治療法である．人間は，「言葉」をもつことによって，「現在」に限定される時空を超え，共存共栄のための協働や危機回避，問題解決，科学や知識の体系を作り上げてきた．同時に，言葉をもち，言葉による世界を生きる人間の「苦悩」をも不可避的に生じせしめた．とくに，言葉による比較や評価，分類や予測などが引き起こす内的な（ネガティブな）思考や感情や自己意識などと，（それらに巻き込まれ）現実や自分を混同してしまう（認知的）**フュージョン**[6]は人間の苦悩を極端に増大させてしまう．

さらに，人間は，心配や不安，恐怖などのネガティブな内的感情に対しても，外部の危険に対処するのと同様に，それらと戦い，自分の中から閉め出すという問題解決を行うとする．しかし，その方策は逆に悪循環的に苦悩を強めてしまい，苦悩を避けるために，本人の価値に基づいた人生上の大切なことを回避させてしまう．ACTは以上が，すべての心理的・精神的不調の根本にあるとする．ゆえに，治療的援助の常識的手段とされてきた言語システムの有害性と有用性に関する研究を十分に踏まえ，その悪影響を抑えた介入を重要視する．そのめざすところは，**心理的柔軟性**である．ウィ

容れてゆく．身体感覚から湧き上る思考や感情にもマインドフルになる．
③**マインドフルな食事**：何か食べる際に，その体験に意識や注意を向け，外見，香り，質感，味，音などを，五感を十分に働かせて，マインドフルに食べる練習を行う．また，その際に湧き上がる感情や思考に関してもマインドフルになる．
（以上，スタール，B.・ゴールドステイン，E./家接哲次（訳）(2013)『マインドフルネス・ストレス低減法ワークブック』金剛出版より.）

4）本来，すべての情動は自然に湧き上がり自然に消滅してゆくものである．否定的で苦しい情動も同様である．苦悩に巻き込まれず，心の平静を保つために，空を流れる雲や川面を流れる落ち葉のように，それらが自然に現れては消えるイメージをもつ．あるいは，「不安（が浮かんでいる）」「悲しみ（が湧いている）」「判断・批判（をしている）」などと自分の情動やそのきっかけとなったり油を注いでしまったりする考えを，シンプルな言葉で記述し，距離を置いて観察するというスキルも有効である．

リングネス（意図）をもって，「今，この瞬間」に「マインドフル」になり，**アクセプタンス**（ネガティブな思考や感情はごく自然なものとして，それを内省的に修正・除去するのではなく，超越的な視点に立って，間をとり，観察し，あるがままに受けとめる），および**コミットメント**（たとえネガティブな体験をしたり，嫌な感情や思考が湧き上がってきたとしても，それをあるがままにさせておき，自分の人生上の大切な価値をしっかりと認識し，それを羅針盤として，人間の言葉や知恵の副産物である不安や怖れなどにとらわれず，そのときどきでの行動を選択し積み重ねてゆく）の姿勢を身につけてゆくことによって心理的柔軟性が達成される[7]．つまり，自分の不快な思考や感情，記憶や自己概念を変えるために格闘するのをやめ，それらにアクセプタンスと優しさをもたらし，「今この瞬間」にマインドフルになり，ほかでもない自分が価値があると思う行動や生き方を明確化し，選び取り，それに向けて歩みを進めてゆく．そうすることによって，人は「苦悩」の物語を超え，自分の運命を責任をもって創造してゆくことができるのである．

他方，DBTは，リネハン（Linehan, M.）によって確立された，感情調節が困難なクライエントの治療に高い効果が実証されている心理療法である．人は苦痛な感情が起こったとき，その情動に圧倒され，その感情や関連する思考にとらわれてしまい，そのときどきの現実の出来事やありようにしっかり目を向けたり，適切に対処したりすることが難しくなる．DBTでは，マインドフルネスを中核とする統合的な支援によって，クライエントが苦悩や情動と適切につき合えるようになり，現実生活場面における行動の新しいパターンやスキルを身につけることで，症状が改善され，豊かな人生に開かれるようになることを見据えている．また，その治療過程では，現状からの変化が必須である一方で，変わることが困難なありようをあるがままに受容するなどといった相容れない矛盾を弁証法的に統合しようという意図をもったアプローチでもある．

とくに，**境界性人格障害**（BPD）のクライエントは，元

5）すべて「心理療法」の範疇であるが，いずれもマインドフルネスを中核に，全人的なウェルビーイングを重視し，豊かな生き方に開かれることをめざしており，まさに，カウンセリングがめざす方向性をもっている．

6）たとえば，「自分に自信がない」との自己概念をもつ（あるいは，周囲からみなされている）人が，将来の人前での発表の失敗を想い，実際にはどうなるかわからないにもかかわらず，パニックに陥ったり，対人接触を避けてしまうなど．

7）ヘイズらによれば，心理的柔軟性は，「オープンに（アクセプタンス・脱フュージョン）」「集中して（今，この瞬間・文脈としての自己）」「従事して（価値・コミットされた行為）」の，六つのコアプロセスから構成される三つの反応スタイルが一つになることで実現される．
ヘイズ，S.C.・他／武藤崇・三田村仰・大月友（監訳）(2014)『アクセプタンス＆コミットメント・セラピー（ACT）：マインドフルな変化のためのプロセスと実践』第2版，星和書店

来，刺激に過度に敏感で，情動が高ぶりやすく，回復に時間がかかるような脳の生物学的傾向を有している．そのため，クライエントの反応や行動や態度は，親などの社会的環境によって否定されたり，無効化されたりしやすく，その相乗作用により，悪循環的に行動化や「病理性」をエスカレートさせてしまう．したがって，「クライエントの態度や行動は，クライエントを取り巻く苦境下においては当然のことである」という援助者の**承認**（validation）に加えて，圧倒されるような感情的苦悩やそれに対する衝動的な対処パターンの改善や修正を同時に行ってゆく必要がある．前者に関しては個人療法が，後者に対しては認知行動療法スキルを踏まえたグループ訓練が用意されている．たとえば，抑うつや不安，いらだち，怒りなどの情動の制御不全に関しては，認知再構成法や行動活性化療法などを基本とした**感情調整スキル**，不安定で激しい対人関係や見捨てられ不安などの対人関係の制御不全に対しては，アサーションに準じた**対人関係スキル**，情動に圧倒されたときの自殺や自傷ほかの行動の制御不全に対しては，つらさを一時的にでも逸らし，状況をそれ以上悪化させず，適応的な代替行動を行えるような**スキル訓練**，ストレス関連性の解離症状や妄想様観念などの認知的制御不全，空虚感や同一性の障がいなどの自己の機能不全への対応としては，マインドフルネススキルが有効とされている[8]．

マインドフルネスを中核としたアプローチは，私たちの苦悩を「病理」というよりも人間の「性（さが）」とみなし，たとえさまざまな困難を抱えていたとしても「今この瞬間」を大切に生きることこそが豊かな人生に直結する，という東洋の智慧に支えられた明確な方向性をもっている．のみならず，私たち一人ひとりの心の平安は，他者への慈しみ，人類の共存・共栄，世界平和，ひいてはすべての生きとし生けるものへの慈愛に続いてゆくという可能性を見据えている[9]．〔藤田博康〕

8) なお，DBTでは個人療法，グループ訓練のほか，緊急時などの電話でのコンサルテーション，治療チームやセラピストのためのコンサルテーションやスーパーヴィジョン，家族へのかかわりなどを含むケースマネジメントといった包括的な治療形態が原則とされている．そのため，比較的大がかりなチーム治療が前提であるが，それが難しい環境や臨床現場におけるインフォームドな実践への期待も近年高まっている．

9)「マインドフルな歩みとマインドフルな呼吸のひとつひとつは，今ここの瞬間に平安をもたらし，戦争をなくすことにつながる．もし，私たちひとりひとりの意識が変わったら，人類全体の意識を変えるだろう」（ナット-ハン，T.／塩原通緒（訳）（2005）『あなたに平和が訪れる禅的生活のすすめ：心が安らかになる「気づき」の呼吸法・歩行法・瞑想法』アスペクト）

【参考文献】
リネハン，M.／大野裕（監訳）（2007）『境界性パーソナリティ障害の弁証法的行動療法：DBTによるBPDの治療』誠信書房

II-21
アサーショントレーニング

assertion training

アサーション（形容詞ではアサーティブ〔assertive〕）の辞書的な意味は「主張」あるいは「断言」などである．したがってアサーショントレーニングは，かつては「自己主張訓練」などと訳されたが，現在はアサーションという英語をそのまま使うことがほとんどである．アサーションの意味を端的に説明すれば「自分も相手も大切にした自己表現」であり，さらに具体的にいえば「自分の意見，考え，欲求，気持ちなどを率直に，正直に，その場の状況に合った適切な方法で述べること」ということになる[1]．「さわやかな自己表現」といわれることもあり，日本語の自己主張という言葉のニュアンスとはやや異なる．アサーショントレーニングは，①アサーションとは何かを知ること，②アサーションを支えるもの（権利，認知の考え方）を知ること，③アサーションのスキルを身につけることなどの内容を含み，これらを以下のような段階で学んでいく．

まず，自己表現にはアサーションを含む三つの種類があることを知ることからはじまる[2]．

①攻撃的（アグレッシブ〔aggressive〕）な自己表現：自分は大切にするが，相手を大切にしない自己表現をいう．英語でいえば，「I am OK. You are not OK.」[3]という態度のもとに表現されるものである．攻撃的な人は，自分の意見や考え，気持ちをはっきり言い，自分の権利のために自己主張はするが，相手の意見や気持ちは無視したり，軽視したりするので，結果として相手に自分を押しつけることになる．また，常に相手を支配し，相手に勝とうと思ったり，相手を自分の思い通りにしようとする態度をとる．

1) 表現方法（スキル）を学ぶためのトレーニングはSST（social skills training：ソーシャルスキルトレーニング）と呼ばれるが，アサーショントレーニングはスキルを学ぶトレーニングにとどまらない発想と幅広いプログラムとを含むので，SSTとは異なる部分が多い．

2) 攻撃的，非主張的，アサーティブの3種類の自己表現は誰もがもっているものであり，相手や場面，内容などによって，さまざまに（意識的，無意識的に）使い分けているのだと考えるのが現実的である．

②**非主張的（ノンアサーティブ〔non-assertive〕）な自己表現**：相手は大切にするが，自分を大切にしない自己表現をいう．英語でいえば，「I am not OK. You are OK.」という態度のもとに表現されるものである．非主張的な人は自分の気持ちや考えを表現しなかったり，し損なったりするために，自分で自分を踏みにじることになってしまう．非主張的な自己表現の中には自分の気持ちを言わないだけでなく，あいまいに言う，言い訳がましく言う，遠回しに言う，小さな声で言うなども含まれる．すなわち，表現しないことと，相手に伝わるように適切に表現できないことの両方が含まれる．

　③**アサーティブな自己表現**：先に述べたように，「自分も相手も大切にした自己表現」のことである．英語でいえば，「I am OK. You are OK.」という態度のもとに表現されるものである．アサーティブな人は自分の気持ちや考えを率直に，正直に，その場に合った適切なやり方で表現する．しかし，アサーティブになれば，自分の欲求が通るというものではない．相手には相手の考えや気持ちがあり，それは自分と違うことがよくある．したがって，そこに**葛藤**[4]が起こることもあるが，アサーティブな人はそこで安易に妥協しないで，お互いの意見を出し合って，譲ったり譲られたりしながら歩み寄っていき，それぞれに納得のいく結論を出そうとする，その「過程」を大事にする．この過程では傾聴も重要である．すなわち，葛藤が起こることを覚悟し，葛藤が起きてもそれを引き受けていこうとする気持ちがアサーションの基本にある．

　アサーティブな表現ができるようになるための条件の一つは，**アサーション権**（アサーティブになってよいという権利）を確信することである．このアサーション権は基本的人権の一つとして位置づけられ，人は誰でも生まれながらにもっているものである．権利という言葉にややなじみにくさを感じるかもしれないが，「してもよい」ということだと考えるとよい．人にはやってもよいこと（権利）がたくさんあり，アサーション権が自分にあることを確信できれば，アサーティブになりたいと思ったときに大きな力となるのである．

　基本的なアサーション権には次ページの四つがある．

3）「I am OK. You are OK.」は，自己肯定，他者肯定（notが入る場合は自己否定，他者否定）の状態を表す言葉として，**交流分析**の中で用いられている自己と他者への「基本的構え」の概念と同様のものである．
II-10「交流分析」参照．

4）葛藤とは本来，個人内での異なる欲求の対立のことを指すが，ここでは相手との意見や気持ちのぶつかり合い，もめごとなどの意味で用いている．この葛藤を避けるために自分を表現しないことが非主張的だと考えてもよい．

「**誰でも，感じたこと，考えたことを表現してよい**」：これはアサーティブに自己表現するときの基礎になる権利である．表現の権利ともいえる．

「**誰でも失敗してよい**」：人間は不完全な存在であるからいつも成功するとは限らず，時には失敗したり，間違えることもある．そのときには，そのことに責任をもつことができる．

「**人と違っていてよい**」：人は一人ひとりが異なる存在である．生まれも育ちも違うので，違っているのが当たり前のことであり，それが個性であり，その人らしさである．

「**アサーションしない権利もある**」：アサーティブに自己表現することは義務ではなく権利である．この権利を行使するかどうかは自分で選択し，自分で決めるものである．

アサーティブになるためにもう一つ必要な条件は，**認知のあり方**である．認知とはものの見方や考え方のことを指す．この認知がアサーティブな言動に対してさまざまな影響を及ぼす．人の感情や行動はその物事や相手の言動をどう受けとめたかによって引き起こされるが，この受けとめ方を決めるものがその人のものの見方や考え方，すなわち認知である．こうした考え方は，エリス（Ellis, A.）の論理療法[5]の中核にある **ABC理論** に合致するものである．ABC理論とは，ある出来事が何らかの感情や行動（この場合はその人の言動）を引き起こしたと考えるのではなく，その人の「思い込み」（belief）がその人の言動を引き起こしたと考えるものである．この思い込みには2種類あり，**非合理的な思い込み（イラショナルビリーフ〔irrational belief〕）** はアサーティブでない表現を生じさせ，**合理的な思い込み（ラショナルビリーフ〔rational belief〕）** がアサーティブな表現を生み出すものとなる．非合理的な思い込みの例としては「人を傷つけてはならない」「物事を完全にやらなければならない」などがある[6]．

アサーティブな表現方法には，**DESC（デスク）法** と呼ばれるセリフ作りの方法がある．これは，頼み事をする場面，交渉をする場面など「課題解決」の場面で用いられる．DESC法のD・E・S・Cとは，セリフを作る順番を示す単語の頭文字である．この順番にセリフを作っていくことで，課

[5] 論理療法はエリスによって創始された**論理情動行動療法（REBT）**の略称であるが，その中でABC理論は問題や悩みが形成される過程を説明するものである．またこの後にD・Eがつくと**ABCDE理論**と呼ばれるが，このD・EはD（論駁，反論），E（効果）を示し，治療にかかわる部分である．

[6] 近年，社会構成主義の考え方に基づき，われわれの見ている現実は人々の認知で作られているものであり，その認知はその属する社会や集団の中で個々

題解決に役立つアサーティブなセリフ作りが可能となる．

　以下，DESCのそれぞれについて簡潔に説明する．

D（Describe）：自分が対応しようとする状況や相手の行動を描写する．客観的，具体的な事実を述べる．事実であるから，解釈したことや推測したこと，自分が感じたことではない．

E（Express, Explain, Empathize）：次にその状況や相手の行動に対する自分の気持ちや考えを，「私」を主語として表現する．自分の気持ちや考えを相手にわかってもらうためのものである．必要に応じて，相手への共感の言葉をつけ加えることもできる．

S（Specify）：相手にしてほしいことや変えてほしいことなどを具体的に伝える．これは提案あるいはお願いであって，命令ではない．また，あまり大げさなことでなく，今ここで相手に望む小さな行動変容である．

C（Choose）：Sで提案したことについて，相手はYesと答える可能性もNoと答える可能性もある．その両方の可能性があることを覚悟しておく必要がある．そして，もし相手がYesと答えてくれたら自分はどうするか（何を言うか），Noと答えたらどうするか（何を言うか）を予め考えて準備しておく．

　DESCでセリフを作るときには，D（客観的な事象）とE（主観的な事象）をきちんと区別すること，Cで予めYesとNoの可能性を考えておくことがとくに重要である．このような流れでセリフを作っていくことがDESCの基本であり，アサーティブなセリフ作りの代表的な方法である．

　アサーショントレーニングは単なる自己主張のための訓練ではなく，自尊感情や権利意識，合理的な認知を育てるという多面性をもち，まさに生き方，あり方を学ぶためのトレーニングといってよい．　　　　　　　　　〔沢崎達夫〕

に形成されたものであるので，同じ事象に対して異なる理解や意味づけがなされるのだという考え方も広まってきた．

【参考文献】
平木典子（2009）『アサーション・トレーニング：さわやかな「自己表現」のために』改訂版，日本・精神技術研究所，金子書房（発売）
平木典子・沢崎達夫・土沼雅子（2002）『カウンセラーのためのアサーション』金子書房

II-22
グループカウンセリング

group counseling

　グループカウンセリングとは，一対一の個人カウンセリングとは異なり，グループ独自の機能と特性を活かしたアプローチによるカウンセリングのことである．しばしば，平均6〜8人の小グループにカウンセラーが1〜2人の構成で話し合う形で行われる．

　類似の概念としては，**集団精神療法**（group psychotherapy）がある．これは集団場面を精神療法に用いる試みの総称であり，集団を対象とした精神療法であり，グループカウンセリングよりも治療的な意味が強い．**小集団力学**，**精神分析**などいくつかの理論的背景とともに，円卓法，遊戯や芸術を用いる方法，**心理劇**（psychodrama）などの方法がある．心理劇は，治療者が監督となって患者たちに即興劇を演じさせる中で，それぞれの抱える問題を表現させる手法であり，心理療法や矯正教育などの場で用いられている．また，集団精神療法は，古くからある**作業療法**，**集団保健教育**，**レクリエーション**なども含めて考えられることもある．一方，アルコール依存や薬物依存などの依存の課題では，**自助グループ**（self-help group）がある．これは当事者が自主的に運営するものであるが，広義には集団精神療法に含まれている．

　グループカウンセリングの意義としては，集団の中で自分の抱える問題や課題を語り合うことで，自分の思ったことが他の人にどんな反応を与えているのかを知ることができることが挙げられる．他のメンバーの反応から自分の問題や課題を客観的に認識し，それらを発見するようになりやすい．また，集団での会話を通じて発見したそれぞれの問題に対し，同時にその改善法をその場を借りて試みることもできる．そ

の効果としては，孤独感の減少，仲間の発見，問題解決に対する意欲の向上・維持，新しい視点の獲得，対人関係のもち方の修正などが挙げられる．

グループカウンセリングでは，複数のメンバーが一箇所に集まって，各自の個人的体験や抱えている問題・課題を打ち明けるとともに，他の人の体験や抱える問題にも耳を傾けていく．カウンセリングでは，参加者の年齢や立場や主訴が異なるグループ（**異質性グループ**）よりも，似たグループ（**等質的グループ**）で行われるほうが，情緒的な交流が円滑に生じやすいので望ましいとされる．人数としては，少なすぎると会話が緊迫し，多すぎると話すのに圧力がかかるので，6〜10人程度が適正規模といわれる．通常は，クライエントたちが互いの顔が見えるように丸くなって座り，カウンセラーが進行役になって，相互に話し合うように勧め，適宜フィードバックをし，ときに問題解決の方法を探り，提案するなどしつつ，リラックスした雰囲気の中で会話を進めていく．

グループカウンセリングを支える理論としては，カウンセリングの技法により種々のものがあり，それにより，カウンセラーのかかわり方は異なる．グループカウンセリングの手法に大きな影響を与えたメタ理論としては，**グループダイナミクス理論**（group dynamics theory）と**システムズアプローチ**（systems approach）が挙げられる．

グループダイナミクス理論は，集団力学あるいは社会力学などと訳され，集団と個人との相互依存関係を実証的に研究し，一般的法則を見出そうとするものである．これはレヴィン（Levin, K.）を中心とする社会心理学者によって体系化された．レヴィンは集団を心理学的な力の場であるとし，個々の事象を集団の構造との関係でとらえようとする**場の理論**（field theory）を提唱し，発展してきた．

一方，システムズアプローチは，人は自分以外の人や環境から影響を受け，また与えるとの相互作用の中で日々生活をしているととらえ，何かの問題や困った出来事が起こったとき，その「問題」や「困ったこと」だけを切り離して解決するのではなく，すでに「問題」を解決しよう，「困ったこと」

を何とかしようとしているかかわり方（相互作用）に注目し，その相互作用の中で解決を図ろうとするものである．**家族カウンセリング**（family counseling）[1]に適用される場合も多い．これは，問題や課題を抱える関係者を対象とし，その中で「問題とされる個人」の問題解決ではなく，システムの機能不全にアプローチをしていく．家族に限らず，職場や地域など問題の関係者全体の関係にアプローチする方法として用いることもできる．

さて，カウンセリングは，問題を抱えている者のみならず，**心理教育**（psychoeducation）やカウンセラーの養成段階で，グループを用いた教育や訓練を行う機会も含まれる．心理教育には，特定の疾患について患者自身や患者の家族に疾病理解を促す場合があるが，本項では，心理的に健康的な者に問題の予防の側面で心の健康増進や発達，教育を促す場合について解説する．代表的には以下のものがある．

①**エンカウンターグループ**：**来談者中心療法**[2]（パーソンセンタードアプローチ）から派生してきたものに，エンカウンターグループ（encounter group）[3]がある．集団を対象とした予防・開発的カウンセリングとして位置づくもので，「エンカウンター」は「出会い」のことであり，グループを通したホンネとホンネの交流を意味する．そのことで，「自己との出会い」と「他者との出会い」の二つの「出会い」が得られると考えるのである．大きくは**非構成的エンカウンターグループ**（unstructured encounter group）と**構成的エンカウンターグループ**（structured encounter group）とに分けられる．現在では，前者がカウンセラー自身の自己理解・他者理解の幅を広げ，体験を通して成長を促す意味で，カウンセラー訓練に用いられることが多い．一方，後者は学校教育などの心理教育場面で関係改善や自他理解をめざして実施されることが多い．

②**SST**：また，認知行動理論を由来としたものに，SST（social skills training：ソーシャルスキルトレーニング）がある．これはバンデューラ（Bandura, A.）が提唱した**社会的学習理論**（social learning theory）[4]を背景とし，社会的行

1) II-16「家族カウンセリング」の項目も参照．

2) II-3「来談者中心療法」の項目を参照．

3) III-33「エンカウンターグループ（演習②）」の項目も参照．

4) 1960年代，バンデューラは，学習者が直接強化されなくても他者が強化されているのを観察するだけで社会的行動を学習するという，**観察学習**の過程を示した．さらに現在では，社会の場でなされる学習の方法を指す用語として，**モデリング**が同義語として使われている．

5) 1950年代から，北米では，人種差別の解消のため，市民（公民）として法律上平等な地位の獲得をめざす

動が学習されるものととらえ，さまざまな社会的行動の改善に役立てようとするものである．これは精神疾患や神経症，犯罪や非行などの社会適応に応用される．このほか近年では，子どもの社会性の発達を促進する意味で特別支援教育や通常の学校教育，キャリア教育での心理教育場面に用いられている．また，カウンセラー訓練で行われる模擬面接やロールプレイングも，技能訓練の意味で用いる場合は，SSTの一種であるととらえることができる．

　③**アサーショントレーニング**：一方，アサーショントレーニング（assertion training）は，自分も相手も大切にした自己表現を身につけていく心理教育である．これをSSTの一種に含まれるとする考え方もあるが，1970年代のアメリカで起こった人権運動[5]の流れを受けて，独自に進展してきた側面がある．

　④**その他のグループカウンセリングの活用**：上記のほか，グループでカウンセリングを行うことや，カウンセラー訓練としてグループ体験を用いる場合が多いものでは，**ゲシュタルトカウンセリング**（Gestalt counseling）[6]や**交流分析**（transaction analysis）[7]などがある．

〔小林正幸〕

公民権運動がさかんとなった．しかし，70年代でも差別の空気は残り，差別撤廃の空気と関連して，自身の権利を適切に主張する**アサーション権**が人々に知られるようになった．それは，「自他の権利を侵さない限り，自己表現をしてもよい」とする考え方である．その結果，アサーションは，自己表現の方法だけではなく，人間の価値や平等の実現を志向し，人権問題解消を推進する有効な方法としても認識されていった．

6) II-9「ゲシュタルトカウンセリング」の項目を参照．

7) II-10「交流分析」の項目を参照．

【参考文献】
福山清蔵（1998）『カウンセリング学習のためのグループワーク』日本・精神技術研究所
野島一彦（監修）／高橋紀子（編）（2011）『グループ臨床家を育てる：ファシリテーションを学ぶシステム・活かすプロセス』創元社

II-23
統合的カウンセリング

integrative counseling

1980年代にカウンセリング・心理療法の領域では学派や流派が400を数え，カウンセラーのみならず利用者をも混乱させる事態となっていた．これは単一の理論アプローチによる実践の限界を示すと考えられるが，統合的アプローチの成立にはいくつかの時代的背景が指摘される．

まずカウンセリングや心理療法に関する効果研究や共通要因に関する研究の影響がある．**メタ分析**（meta-analysis）という1970年代に活発になった研究手法の発展は，カウンセリングや心理療法の効果を支える要因は何かという魅力的な問いを探究する方法をもたらした．早期にはアイゼンク（Eysenck, H. J.）が，精神分析や内省心理療法には人格変容の効果がないという刺激的な結論を提示し[1]，一方でアイゼンクと同じ文献を再レビューし，心理療法には効果が認められるとしたバーギン（Bergin, A. E.）の研究[2]など，カウンセリング・心理療法の効果の検討は，学派を横断した統合への機運を高めることになった．

続いて**ポストモダニズム**（postmodernism）という認識論の成長も要因として挙げられる．「どれが本当か」という「たった一つの真実」を求める問いから，「それぞれの優れた点は何か」「どのような場合にそれぞれの強みが活きるのか」といった相対性を軸とした探究へと変化し，諸理論の共存可能性への土台が整えられた．経済的効率を重視する立場から，少ない機会で確かな成果をあげる方法こそ優れているとのカウンセリング観が生み出されたことも要因として考えられる．健康保険の適用に伴う管理医療制度が浸透した米国では，保険がカバーするべき治療行為として，診断ごとに効

1) Eysenck, H. J. (1952) The effects of psychotherapy. *Journal of Consulting Psychology*, 16, 319-324.

2) Bergin, A. E. (1971) The evaluation of therapeutic outcomes. In S. L. Garfield & A. E. Bergin (eds.) *Psychotherapy and behavior change.* John Wiley & Sons.

果が実証されているカウンセリングを必要最小限に適用することが求められ、効果の実証にそぐわない方法論をもつものに対する評価が再検討された。そうした時代背景の中で、カウンセリングや心理療法の統合に対する動きは活発となっていったといえる。

　統合的カウンセリングは、その統合への姿勢や水準、実際のアプローチに応じていくつかの統合法に分類される。学派という枠組みを超えて複数の理論やアプローチを組み合わせる試みや、一つの理論的枠組みに他の理論から取り入れられるものを取り入れる試みとしてまとめることができるだろう。ここではノークロス（Norcross, J. C.）に基づき[3]、四つの統合レベルとして以下①〜④に説明する。

　①技法的折衷（technical eclecticism）：技法的折衷と表現される統合的アプローチは、理論的な整合性を保った統合というよりも、実践に寄与することに比重を置いたプラグマティックなアプローチといえる。技法的折衷の代表的な存在であるラザラス（Lazarus, A. A.）は、過剰なまでの理論への情熱は、ときに目の前のクライエントの状況やニーズを見誤らせる事態が生じかねないと注意を喚起している[4]。それゆえ技法的折衷アプローチでは、理論的問題にとらわれるのではなく、多様な理論から症状や問題、クライエントの状況に応じて、セラピスト・カウンセラー側の態度や役割と組み合わせ、実証研究結果から最適とされた技法を選択する。その意味で現実的で柔軟なアプローチという側面とともに、寄せ集めや場当たり的な印象を与えやすい側面や、各技法の選択理由が不明確であると批判される側面も持ち合わせたアプローチといえる。

　②理論的統合（theoretical integration）：理論的統合は精神分析と行動療法というカウンセリング・心理療法の大きな二つの流れに橋を渡そうとする試みに端を発するアプローチである。最も大がかりなものの一つとしてワクテル（Wachtel, P. L.）のモデル[5]が挙げられる。ワクテルのモデルでは、精神分析的アプローチと行動療法的アプローチの統合という試みからはじまり、その後家族療法という関係の世

3) Norcross, J. C. (2005) Primer on psychotherapy integration. In J. C. Norcross & M. R. Goldfried (eds.) *Handbook of psychotherapy integration*. Basic Books.

4) ラザラス, A. A./高石昇ほか（訳）(1999)『マルチモード・アプローチ：行動療法の展開』二瓶社

5) ワクテル, P. L./杉原保史（訳）(2002)『心理療法の統合を求めて：精神分析・行動療法・家族療法』金剛出版

界を前提とした理論までをも統合した**循環的心理力動アプローチ**として理論が展開された．さまざまな学派の理論の詳細な検討と，治療プロセスや人格の発達に関する理解の検討を通じて，共通点や類似点，相違点を明確にしながら包括した理論の中に位置づけるアプローチである．

　③**共通因子**（common factor）：共通因子による統合のアプローチでは，主張される各学派の違いは外見の相違にかかわらず，治療過程の本質には共通するものが多いとしてとらえられる．この指摘を行った初期の人物とされるローゼンツヴァイク（Rosenzweig, S.）は，理論の相違よりも，学派に拠らない共通の要因が治療効果との関連が深いことを指摘した[6]．彼の主張した共通要因をまとめれば，「クライエントに希望をもたせる援助者の能力」「クライエントの問題に新たな見方をもたらす道を示すこと」「学派により働きかける機能は異なるが，諸機能はそれぞれに影響を与え合うがゆえにすべてが効果的といえる」の3点である．膨大な効果研究のメタ分析によるランバート（Lambert, M. J.）の治療効果に影響する四つの共通因子（①心理療法外の要因：40パーセント，②プラシーボ効果：15パーセント，③各理論による技法：15パーセント，④治療関係：30パーセント）に関する研究[7]も，共通因子アプローチと統合的志向を大いに促進した．分析方法やデータの収集方法などに合理的批判も寄せられているが，症状別や臨床的問題群別に共通する要因を検討していく[8]という方向で大いに発展する可能性を含んだアプローチといえる．

　④**同化的統合**（assimilative integration）：90年代に入りメッサー（Messer, S. B.）によって提唱された統合のモデルである[9]．実践家が単一のアプローチの研鑽に努めながら，その限界や行き詰まりを体験する中で，他の学派の見方や技法を積極的に取り入れようとするアプローチを意味する．平木[10]や中釜[11]が**家族療法**を中心に据え，個人を取り巻く環境（ラージャーシステム）までをも相互作用関係としてとらえる**エコシステミックな視点**をもった統合の試みとして報告しており，ノークロスによる四つの統合の区分に従え

6) Rosenzweig, S. (1936) Some implicit common factors in diverse methods in psychotherapy. *American Journal of Orthopsychiatry*, 6, 412-415.

7) Lambert, M. J. (1992) Psychotherapy outcome research: Implications for integrative and eclectic therapists. In J. C. Norcross & M. R. Goldfried (eds.) *Handbook of psychotherapy integration*. Basic Books.

8) Lambert M. J. (2013) The efficacy and effectiveness of psychotherapy. In Lambert, M. J. (ed.) *Bergin and Garfield's handbook of psychotherapy and behavior change*, 6th ed. pp.169-218. Wiley.

9) Messer, S. B. (1992) A critical examination in belief structures in integrative and eclectic psychotherapy. In J. C. Norcross & M. R. Goldfried (eds.) *Handbook of psyhotherapy integration*. Basic Books. (pp.130-165.)

10) 平木典子（2003）統合的家族療法への道：関係（家族）療法

ば同化的統合といえる．リネハン（Linehan, M.）の**弁証法的行動療法**（dialectical behavior therapy）は行動療法に禅の考えを同化したものとしてみることができる[12]．グリーンバーグ（Greenberg, L. S.）の**エモーションフォーカストセラピー**（emotion-focused therapy）はクライエント中心療法にゲシュタルト療法の技法を同化したものといえる[13]．近年同化的統合に分類される統合的アプローチは，実証的な効果研究からも支持を受け，より広範な実践家やクライエントに大きな影響を及ぼすアプローチとして発展している．

さて，世界的なカウンセリング・心理療法の統合をめざす団体として，SEPI（society for the explosion of psychotherapy integration）がある．心理療法の統合とは，統合に向けた過程を意図しているとワクテルは指摘する[14]．一つのものへとまとまっていくというこれまでに多くの理論が迎えてきた終わりではなく，いつまでも発展し続けることを宿命とされる，多くの実践家，研究者，理論家の統合に向けた終わりのない努力が形作るものこそが，カウンセリング・心理療法の統合であるとする姿勢が示されている．実際に臨床活動に従事する臨床家は，意識するかしないかにかかわらず，行き詰まりに直面し，目の前のクライエントの抱える困難に対応するために，必要に応じて新しい技法やアプローチを取り入れ，成長していくプロセスを体験するであろう．その意味で個人のレベルで統合の試みは常になされてきたともいえる．統合とはあくまでプロセスであり，ものの見方や考え方の自由化を意味する．実効性のあるカウンセリングとは何か，何が効果的かを見出す不断のチャレンジと自己の実践に対する批判的な姿勢をとり続ける臨床家を支えるアプローチ[15]として，今後その重要性はますます高まっていくであろうと考えられる．

〔大町知久〕

中心の統合の試み．『家族心理学年報』12, 金子書房．

11）中釜洋子（2010）『個人療法と家族療法をつなぐ：関係系志向の実践的統合』東京大学出版会

12）リネハン, M.／大野裕（監訳）（2007）『境界性パーソナリティ障害の弁証法的行動療法：DBTによるBPDの治療』誠信書房

13）グリーンバーグ, L. S.・ライス, L. N.・エリオット, R.／岩壁茂（訳）（2006）『感情に働きかける面接技法：心理療法の統合的アプローチ』誠信書房

14）ワクテル, P. L.／杉原保史（訳）（2002）『心理療法の統合を求めて：精神分析・行動療法・家族療法』金剛出版

15）中釜洋子（2010）『個人療法と家族療法をつなぐ：関係系志向の実践的統合』東京大学出版会

【参考文献】
ワクテル, P. L.／杉原保史（訳）（2002）『心理療法の統合を求めて：精神分析・行動療法・家族療法』金剛出版
中釜洋子（2010）『個人療法と家族療法をつなぐ：関係系志向の実践的統合』東京大学出版会

II-24 教育カウンセリング

educational counseling

　教育カウンセリングは，学齢期の子どもを中心に，幼児から大学生年齢まで，広く教育領域で行われている教育活動に，カウンセリングの理論や技法をさまざまな形で活用するものである．教育カウンセリングには，学校カウンセリング，教育相談，学校教育相談，スクールカウンセリング，学生相談などが含まれている[1]．

　教育相談は，幼児・児童・生徒・学生など教育年齢の子どもを対象に，学校や教育相談室，児童相談所，矯正施設，福祉施設などの教育関係諸機関で教育上の諸問題を扱う場合に使われる言葉である．狭義では学校や教育相談関連機関で行われている相談や指導に限定される．広義では学校での教育カウンセリングである**学校カウンセリング**も含むので，教育カウンセリングとほぼ同じ意味・内容になる．教育カウンセリングは，教育相談よりも予防的・開発的カウンセリングが強調されるが，対象，内容ともに広義の教育相談との大きな違いはない．

　学校教育相談は，学校で教職員を中心に行われる相談活動に限定した言葉である．活動の主体が教員にあること，そのため教育活動との関連性を強く意識することに特徴がある．そのはじまりは1960年代で，スクールカウンセラーが学校に入る前から，各都道府県教育委員会による主導のもと，教員を対象に学校教育相談の研修が行われてきた．このことで，カウンセリングの基礎知識と技量をもった教師が養成され，学校内には教育相談係や教育相談部などの校務分掌が設けられ，学校の中での相談活動の中核を担っているといえる．

　スクールカウンセリングは，臨床心理士などの心理学の専

[1] IV-37「学校カウンセリング」の項目も参照．

門家が，学校内でカウンセリングなどの専門的な活動を行うことである．活動の場は学校にあり，活動の主体は臨床心理士などの心理学の専門家である．1995年に文部科学省（当時の文部省）の後援で，各都道府県で中学校を中心にスクールカウンセラー制度が導入された．このほか，臨床発達心理士などの専門家が特別支援教育の関連で，また，福祉的なアプローチのためにスクールソーシャルワーカーなどが学校に入る場合も，広くはこの中に含まれる．

学生相談は，主として大学などの高等教育がシステムとして提供している，学生に対するカウンセリングやガイダンス活動である．対象は，大学生や専門学校生など高等教育機関の学生である．これには，大学の教員と学生間や学生どうしで起きるセクシャルハラスメントやパワーハラスメント，アカデミックハラスメントなど，学生の人権を守る視点からの人権相談活動なども含まれて考えられている．

さて，教育領域で重視されなければならないのは，発達，成長の支援である．その意味で予防面・開発面へのアプローチは，教育カウンセリングではおろそかにしてはならない側面である．以下，その方法論や考え方について述べる．

問題の予防では，問題の**未然防止**と**早期発見・早期対応**の二つの段階がある．医学では，前者を一次予防，後者を二次予防と呼び，病気を治療する段階を三次予防であるとした（Caplan, G.）．この考え方を受け，石隈[2]は，**心理教育的援助サービス**の考え方を提唱した．心理教育的援助サービスとは，「一人ひとりの子どもの学習面，心理・社会面，進路面，および健康面における問題状況の解決を援助し，成長を促進することをめざす」教育活動である．

これは，児童生徒が必要としている援助のレベルに応じて，援助サービスを提供するという考え方であり，一次的援助サービス，二次的援助サービス，三次的援助サービスという三段階の考え方を提唱した．**一次的援助サービス**とは，すべての児童生徒を対象とし，一般の発達過程に起こりうる問題への対処能力の向上を援助する予防的・発達促進的援助サービスである．**二次的援助サービス**とは，問題を抱えはじ

2）石隈利紀（1999）『学校心理学：教師・スクールカウンセラー・保護者のチームによる心理教育的援助サービス』誠信書房

めている児童生徒をスクリーニングし，その問題が重大化しないように早期発見・早期介入をめざす援助サービスである．**三次的援助サービス**とは，不登校児や軽度発達障害など，問題を抱える児童生徒を対象とし，個別の教育計画を立て援助チームを組み対応していくことである．

このように，教育カウンセリングにおける一次的援助サービスの考え方は，学校での教育活動に限れば，生徒指導，特別活動，キャリア教育（進路指導）と密接に関連する．

生徒指導は，学校教育の中で児童・生徒などの日常生活について指導・助言を行うことで，人格形成を助ける活動のことである．学校教育においては，学習指導，キャリア教育とともに重要な事項の一つである．

特別活動は，心身の調和のとれた発達と個性の伸長を図り，集団の一員としてより良い生活や人間関係を築こうとする自主的，実践的な態度を育てるとともに，自己の生き方についての考えを深め，自己を活かす能力を養うことをめざすものである．

キャリア教育は，キャリア（経験）を活かして，現在や将来を見据えることを主眼として行われる教育のことである．カウンセリングは，もともと職業相談から端を発しており，カウンセリングになじみやすい領域である．

以上の教育活動の中に，さまざまなカウンセリング理論に基づいた**心理教育**の手法を活かして，集団指導や個別の指導の際に応用することができる．それだけ，教育カウンセリングの守備範囲は広いといえるであろう．

以上に述べた，教育カウンセリングに含まれる諸活動，諸概念の関係を図24-1にまとめた．教育カウンセリングでは，心理教育は心を癒すことではなく，問題の予防，再発防止やエンパワーメントをめざして，カウンセリングの諸理論を活用することを指す．その目的としては，第一に，問題を抱えやすい場合を想定して行うものが挙げられる．これには，攻撃性の問題の解消，自殺・いじめの防止，学校不適応の予防などがある．第二の目的としては，全般的な問題への対処能力の向上をめざすものがある．これには，セルフコントロー

ル能力の向上，対人ストレスへの対処スキルの向上，自尊心や自己概念の向上，個人や家族，学級集団の内的な気づきの向上，問題解決スキルの向上などがある．

この心理教育の手法は，特定の手法を恣意的に用いるのではなく，教育カリキュラムに位置づけ，教育活動の中に組み入れられることで，教育の一環として教育効果と開発・発達促進的な効果の両側面が期待できるといえよう．

〔小林正幸〕

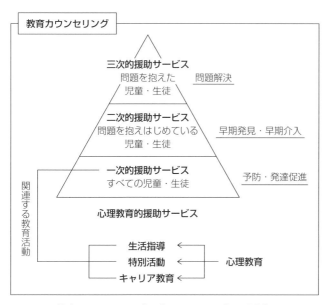

図24-1 教育カウンセリングに含まれるさまざまな活動のまとめ

【参考文献】
小林正幸（編著）（1999）『実践入門教育カウンセリング：学校で生かすカウンセリングの理論と技法（実践入門カウンセリング2）』川島書店
石隈利紀（1999）『学校心理学：教師・スクールカウンセラー・保護者のチームによる心理教育的援助サービス』誠信書房

III アセスメント／教育・訓練／スーパーヴィジョン

III-25
インテーク面接

intake interview

インテーク面接[1]とは，クライエントがカウンセリング機関で最初に受ける面接であり，**受理面接**，**初回面接**，あるいは**予備面接**ともいわれる．カウンセリングは「語る治癒」(talking cure) ともいわれるように，クライエントの悩みや問題をめぐって語ることを中心に行われる心理的支援であり，カウンセラーの専門職としての働きはアセスメント[2]と介入[3]である．ただし，インテーク面接には，当該機関で行われるカウンセリングが個々のクライエントの問題の支援に適切であるかどうかをクライエントとともに見定める予備面接の意味が含まれているので，アセスメントに重点が置かれる．

　インテーク面接の時間は通常1時間から1時間半であるが，以下のような場合は，数回かけて行われる．面接の受理を決める前に綿密なアセスメントが必要な場合や，漠然と，とりとめもない話をする傾向があったり，何らかの理由で自発的に話をする動機づけが低かったり，話が支離滅裂になったり，沈黙が多くなったりするクライエントの場合である．

　2010年代以降，カウンセリングの定義の中で人々の健康な生活の増進をもたらす関係のプロセスが強調されるにしたがって，カウンセリングのインテーク面接においてもクライエントとカウンセラーの関係性の質がより重視されるようになった．その目的は，①個々のクライエントにとって支援を必要とする悩みや問題を明らかにし，適切な支援の方針を協働して立てることと，②カウンセラーとクライエントがカウンセリング関係（**作業同盟**）を形成することである．ただ，二つの作業は別々に行われるのではなく，双方が補い合いな

---

1) 平木典子（1997）『カウンセリングとは何か』朝日選書の23〜25ページを参照．

2) 査定・評価と訳されるが，クライエントの問題を明らかにし，援助方法を見定めるための情報を得ること．V-49「事例研究」の表49-1も参照．

3) アセスメントで得られた問題と支援法の仮説に準じてカウンセラーがとる支援のための言動．

がら並行して進められる．

　次に，インテーク面接の実際と留意点について，実践の流れに沿う形で，五つのステップに分けて述べる．

［ステップ1］**最初の出会いとカウンセリングへの導入**

　心理的支援を行う機関では面接の受付は予約制になっているところが多く，インテーク面接も電話やメールなどによる日時，場所，時間や料金などの確認を経て行われる．

　インテーク担当者は，クライエントが最初に出会う専門職であり，出会いの数分間はその後のやり取りの基盤となる．インテーク面接では，来談者が可能な限り安心して自由に話ができるように挨拶，自己紹介，座席選びなどに配慮する．また，最初に，インテーク面接の時間，目的，担当者の役割，守秘義務とその例外などについてわかりやすく伝え，相互尊重の雰囲気を醸成する．メモや録音をとる場合は，その目的を伝えて了承を得，記録を望まない場面では申し出れば可能であることを伝える．

［ステップ2］**主訴と自由な語り**

　面接の準備ができたら，まず，クライエントの**主訴**を明確にしていく．主訴とは，来談した時点でクライエントが求めている支援の主たる理由の陳述であり，カウンセラーの最初の問いかけに対して返されるひとまとまりの語りとなることが多い．したがって，開口一番の問いかけは，クライエントの主訴の語りを左右するだけでなく，その後の面接の構成や質に影響を与える可能性が高い．

　主訴について問いかけるときは，一問一答になる**閉じた質問**（closed question）は避け，具体的，かつ自由な語りが得られる**開かれた質問**（open question）を活用する[4]．たとえば，「どんな問題について相談したいのか，自由に話してくださいますか」と問うと，クライエントは「何について，どのように話せばよいか」を具体的に知ることができる．

　このような問いかけによって，クライエントは積もる思いを自由に開示すると同時に，自分の問題を整理する機会を得ることができる．一方，カウンセラーはクライエントの自由な語りがもたらす主訴の内容だけでなく，人となりや言動の

4）II-15「マイクロカウンセリング」も参照．

特徴などを理解することができる．

　主訴は，クライエント自身の問題の理解と支援を求める理由なので，クライエントの表現のまま記録することが重要である．カウンセラー側のアセスメント，解釈があるだろうが，それは分けて記録しておく．立場の違いによる見方の違いを双方が意識し，活用することによって理解が広がり，意味ある変化につながるからである．後述する**カウンセリング契約**はこの立ち位置の違いを前提として，互いに活用することを了解した約束といえるだろう．

［ステップ3］ラポールの形成

　ラポールとは，クライエントとカウンセラーの間に形成される信頼感と安心感のある関係をいう．ラポールは，カウンセラーの**共感的理解**，クライエントの尊厳を大切にする**積極的関心**，そして**ありのままで正直な表現や態度**などの言語的・非言語的かかわりによって形成されていく．心理支援成功の鍵を握る四つの要素の一つに①カウンセラー－クライエント関係の確立があるという研究[5]が示すように，面接の初期に両者の間にラポールが形成されることは，クライエントの問題解決への動機づけや希望を高め，問題の解決に必要な情報を語り，検討しあうプロセスを促進する．

　ちなみに，残り三つの要素は，②クライエントのもつリソース，③カウンセリングの技法，④プラシーボ効果（カウンセリングや心理療法においては，クライエントがその効果を期待し，信じることにより，精神症状などが軽くなるという現象のこと）が挙げられている．

［ステップ4］その他の情報

　主訴の語りが一段落したところで，カウンセラーはクライエントの問題や状況に応じて，カウンセリングの方針を決めるために必要なその他の情報を求め，かかわりをしていく．その中には，問題や症状をより良く理解するための具体的描写，来談までの対処経過や期間などの客観的事実，主訴をめぐる個人の生活や対人関係，家族や学校・職場での経験，そして臨床上の留意点（たとえば心身の健康状態，依存症の有無，自傷他害の危険性）などが含まれるであろう．これらの

5) Lambert, M. J. (1992) Psychotherapy outcome research: Implications for integrative and eclectic therapies. In J. C. Norcross & M. R. Goldfried (eds.) *Handbook of psychotherapy integration*. Basic Books.

情報は，温和で端的な閉じた質問によって得られやすい．このようなやり取りには，クライエントの情緒的表現が伴うこともあるので，理解も伝える．

［ステップ5］インテーク面接の終わり方——見立ての伝達と契約

インテーク面接の終了には，三つの必須の作業がある．クライエントは思いをひととおり語り終え，カウンセリングに希望と信頼を抱きはじめ，行動を起こす気持ちが高まっているだろう．支援の必要性と方向に責任を負う専門職として行うべきことは，①アセスメント（インテーク面接で理解し，判断したこと）の伝達，②見立て[6]（問題の相互理解に基づいた今後のカウンセリングの課題についての暫定的見通し）についての話し合いと合意，③カウンセリング契約（以後のカウンセリングの目標，方法，期間，面接のルールなどについての取り決め）を結ぶことである．つまり，クライエントのカウンセリングを受ける目標を明確にして，その後の面接へと導入して，インテーク面接を終了する．

なお，面接を続けることに合意できない事情がある場合は，適切な支援機関に**リファー**（紹介）するか，それで面接を終了することになる．

〔平木典子〕

6) 土居健郎（1992）『方法としての面接：臨床家のために』新訂，医学書院

【参考文献】
モリソン，J./高橋祥友（監訳）（2015）『精神科初回面接』医学書院
ピーブルズ，M. J./神谷栄治（監訳）（2010）『初回面接：出会いの見立てと組み立て方』金剛出版

III-26
心理アセスメント

psychological assessment

アセスメント (assessment) という言葉が心理学用語として初めて用いられたのは，マレー (Murray, H. A.) によって開発された，第二次世界大戦の任務にかかわる人物を選抜するためのプログラムであった[1]．そこでは病理よりもパーソナリティの適性を見出すことが目的であったため，医学的な**診断** (diagnosis) という用語が用いられなかったとされる．

「診断」は，客観的な基準・指標に基づき，医師から患者へ一方向的に与えられる．人間の全体像をとらえるというより心身の一部分を判断される．他方，「アセスメント」では，客観的な基準・指標もさることながら，神田橋[2]や村瀬[3]が自らの五感を使って相手を見立てることの大切さを指摘しているように，カウンセラー（検査者）の主観が非常に重要な判断材料となる．それゆえアセスメントは，一方向的に行われるものではなく，優れて双方向的・相互関係的な人間理解の作業だといえる．できる限り一個人の全体像をとらえようとし，さらにはその人を取り巻く社会的・対人的な状況や家族の歴史をも含み込んだ仮説を立てて，援助の手立てとする．

周知の通り，カウンセリングにおける理解とは**共感的理解**，すなわちクライエントの内的世界から見た体験のあり方を知ろうとすることである．そこには病気や健康といった医学的な観点や，特性や能力の優劣といった評価的な尺度もないことはない．けれども，良し悪しを評価するのではなく，優れているところも劣っているところも，可能性も限界も含めて，その人のパーソナリティとその人が生きている状況の全体を受けとめようとする態度をもっているのがカウンセリングにおける理解であるといえる．**心理アセスメント**という

1) S. J. コーチン／村瀬孝雄（監訳）(1980)『現代臨床心理学：クリニックとコミュニティにおける介入の原理』弘文堂

2) 神田橋條治 (1984)『精神科診断面接のコツ』岩崎学術出版社
神田橋條治 (1990)『精神療法面接のコツ』岩崎学術出版社

3) 村瀬嘉代子・津川律子（編）(2012)『事例で学ぶ臨床心理アセスメント入門』金剛出版

用語にはそうしたカウンセリングに独特の考え方，専門的な態度が含められている．

　この共感的理解には**言語以前の感覚**も多分に含まれている．言語化できないクライエントの心情をカウンセラーも言語化なしに沈黙のなかに察するのが，気持ちを汲むということの真義である[4]．それとともにアセスメントのプロセスにおいては，関係性のなかでとらえられた言語化以前の感覚や気持ちを，カウンセラーとしての五感と経験と知識を総動員してできる限り**言語化**し，援助の手がかりとして見立ててゆくことが求められる[5]．

　狭義の心理アセスメントは，**心理検査**と同義にとらえられる．しかしコーチン（Korchin, S. J.）は，「臨床的アセスメントというのは，有効な諸決定を下す際に必要な，患者（クライエント）についての理解を臨床家が獲得していく過程を指す」と定義したうえで，それは患者（クライエント）にとっての価値ある情報を得るために必要な，いかなる行為をも含んでおり，数多くの技法と発見を一つのまとまりのとれた全体へと臨床家こそが統合しなければならないと述べている[6]．つまり，アセスメントの中心にあるのは検査技法ではなく，あらゆる技法と情報を統合する主体としてのカウンセラーとクライエントなのである．

　とはいえ，心理検査が非常に有効なアセスメントの手段であることは間違いなく，また精神的にも大きな負荷がかかる．それゆえ実施する際には，クライエントの心に土足で踏み込むような態度や振る舞いは厳に慎まねばならない．これは単に倫理的要請であるのみならず，実際的な理由もある．すなわち，心理検査がクライエントとのラポール形成や動機づけがきちんとなされていない段階で実施された場合，その情報をもとにして行われたアセスメントはそのクライエント像をきちんと正確にとらえているとは言いがたいことが多く，不十分かつ不適切なアセスメントとなってしまうからである．クライエントとカウンセラーが協力しあって実施した検査に基づいて形成されたアセスメントであるからこそ，クライエントの理解と成長に役立つものとなりうる．

---

4) 土居健郎（1992）『方法としての面接：臨床家のために』新訂，医学書院

5) ただし，言語化を急ぎすぎると言語化以前の感覚が見落とされがちであることにも注意が必要であるし，逆に言葉や概念を知ることによって初めてとらえることのできる感覚があることも留意しておきたい．

6) 前掲書1）

ただし，いくら信頼関係や協力関係のもとに行われたとしても，一つの検査で幅広く深いアセスメントが可能かというと，そうはいかない場合も多い．それゆえ，性質が異なる複数のテストを組み合わせること，つまり**テストバッテリー**が実際には用いられる．たいていの場合，知能・発達検査，質問紙法，投映法などをバランス良く，また検査目的に従い組み合わせて実施される[7]．

ところで，アセスメントの類義語として**見立て**という言葉がある．見立てについて熊倉が「生活史や面接所見など面接で得られたすべての情報から真の来談理由を推定するもの」[8]と定義したように，事例の本質は何かを判断する専門家としての主体性と総合力が大切である．そのためには，クライエント個人の知能・認知的側面，問題対処方略のパターンのみならず，クライエント個人の内的世界を取り巻く他者とのかかわりの歴史，ソーシャルサポートなどを包括的にとらえていく必要があるだろう．カウンセラーがクライエントの生まれ育ってきた歴史（生育歴）や困りごとの歴史（問題歴）に耳を傾けるとき，そのような思慮が背後で働くことになる．

さらに土居[9]によれば，見立てとは「診断・予後・治療について専門家が述べる意見をひっくるめて呼ぶ日常語」であり，その見立てが効果的なものとなるためには，クライエントの主訴を生起せしめた背後の心理を，あたかも「扇の要」のごとく，主訴からさかのぼって全貌を探るための問題点としてクライエントとカウンセラー双方に把握されねばならないとされる．すなわち，事例を単なる診断分類にあてはめるだけでなく，クライエント（や周囲のスタッフなど）と情報を伝達・共有するプロセスを含めて成り立つのが見立てだということである．その際には難解な専門用語を避け，クライエントの気持ちを汲み取りながら腑に落ちる言葉を工夫したいものである．

以上，見立ての概念より見えてくるのは，アセスメントとは第一に情報収集であり，第二にその情報を統合して事例の本質的課題を見立てることであり，第三にそれを根拠・土台としてカウンセラーとしての専門的な関与・介入のあり方を

[7] クライエントの精神的・身体的負荷にも配慮すると，一回の施行で三種類まで，二時間以内に行われることが望ましい．

[8] 熊倉伸宏（2002）『面接法』追補版，新興医学出版社

[9] 土居健郎（1992）『方法としての面接：臨床家のために』新訂，医学書院

検討する作業であり，さらには，そうした情報収集・統合と問題への介入という一連の作業をクライエントと共同作業として行っていくプロセスなのだととらえられるだろう．

　さいごに，心理アセスメントにおける倫理について述べたい．カウンセリング全般においてクライエントの基本的人権やプライバシーを尊重することが大前提であるが，とりわけ心理アセスメント，心理検査場面においては**倫理的態度**が強く求められる[10]．カウンセラーは常に研修・訓練の機会をもち，研鑽を積む必要がある．心理検査は新たに改訂・開発され，人格理論や発達理論も新たに積み上げられてゆく．また人間の心をとらえようとするためには，自身の人間観を振り返り，培っていく必要もある．自分の狭小な価値観から離れることはできなくとも，それを俯瞰できるようになっていたい．

　アセスメントにあたっては，検査結果やパーソナリティなどを固定的なレッテルを貼って解釈するのではなく，常に別の可能性への開けはないか多面的な見方をしていきたい．検査結果の開示・伝達にあたっては，誰に，どこまで，どのように行うかという問題がある．仮に結果を開示する相手が被検者本人や保護者であっても，専門用語のもつ危険性には十分留意しておきたい．たとえば不十分な説明によって，「自閉症スペクトラムの疑い」は容易に「自閉症」に変換されてしまう．相手の腑に落ちる言葉で伝えられているか，どのように受けとめられたか，そうしたことに心を配りたい．

　カウンセラーは生きた人間を目の前にして，自らの見立てを絶えず修正できる柔軟性と誠実さをもっていたい．見立ては常に仮説である．人の心とはすべて理解しきれるほど単純なものでは決してないし，常に動いている．心の無限性や可能性についてカウンセラーは常に謙虚でありながら，同時に，専門性と責任をもってアセスメントを行っていきたい．

〔井上嘉孝〕

10) III-35「カウンセリング心理学と倫理」も参照．

【参考文献】
馬場禮子（2016）『精神分析的人格理論の基礎：心理療法を始める前に』改訂．岩崎学術出版社
河合隼雄（監修）三好暁光・氏原寛（編）（1991）『アセスメント（臨床心理学2）』創元社

III-27
心理検査

psychological test

　手元にある心理検査を包括的に紹介している文献[1]をみてみると40を超える心理検査技法が挙げられており，細かな尺度まで挙げればその数は限りがない．心理検査には大きく分けて，**質問紙法**[2]，**作業検査法**，**投映法**などがある．それぞれ知能や発達，人格的側面を捉えることができるが，ひとつの検査には利点と限界があるため，実際はいくつもの検査を組み合わせた**テストバッテリー**を組んで検査を行うことが多い．そこで本項では，心理検査の理論と実際について，代表的な投映法の一つである**バウムテスト**の実施場面を例にとって，心理検査が実際の臨床場面に活かされるときのポイントを時系列に沿って紹介する．

　バウムテストはA4のケント紙と鉛筆（2B～4B）と消しゴムを用いて，「実のなる木を一本，描いてください」と教示するだけの，簡便な心理検査（**描画法**）である．簡便なだけに，もしかするとあまりよく学ばずに安易に検査をしようとするかもしれない．しかし，どんな検査にせよ，その成り立ちや背景理論を知っておくことが肝要である[3]．さらに，検査者として心理検査を行う前には，理論のみならず体験的な学び，つまり自分自身が被検者になった体験が欠かせない．前項でも述べたが，それは心理検査が単なる被検者の情報を得るための客観的評価ツールではなく，検査者と被検者の関係性と共感的理解に基づいて成立する共同作業であり，検査者自身がそのテストの侵襲性や意義を体験的に知っていなくてはならないからである．心理検査が有益な結果をもたらすかどうかは，その検査に対する検査者自身の理論的・体験的理解の度合いや熟練度と強く相関するとさえいえよう．

[1] 上里一郎（監修）(1993)『心理アセスメントハンドブック』西村書店
　氏原寛・他（編）(1992)『心理臨床大事典』培風館

[2] III-28「心理統計」も参照．

[3] たとえばバウムテストであれば，コッホ，K.／岸本寛史・中島ナオミ・宮崎忠男（訳）(2010)『バウムテスト：心理的見立ての補助手段としてのバウム画研究』誠信書房が参考になる．

被検者を迎える前には，被検者が検査に至るまでとその後の臨床的文脈を考えておく．そのためには心理検査の目的が何か，あるいは被検者がその心理検査に期待しているであろうことが何かを明確に意識しておく必要がある[4]．臨床的文脈や期待については被検者（クライエント）の気持ちのみならず，検査者（カウンセラー）自身の心の動き，いわゆる**逆転移**[5]にも十分に気を配っておく必要がある．転移／逆転移関係は，いわばクライエントとカウンセラーが出会う以前から動き出しているのであり，それを解消する必要はないが，できるだけ自覚的でありたい．カウンセラーが事例のわからなさや共感のできなさに対する不安を抱えきれず，防衛の手段として心理検査を用いてしまうことは厳に慎みたい．

また，検査の実施日を迎えるにあたっては，部屋（検査室）の設えにも心を配る．バウムテストでは，用具が渡しやすく，また被検者の手元がよく見えるようにしておかねばならない．**対面法，90度法，横並び**など，適度な緊張感をもって見守ることができる距離や位置関係にあるかを相手によって考慮する．また，検査者の手元を隠しすぎてもメモをさらけ出しすぎても被検者を不安にするので，適度な工夫をしたい．

そのうえで被検者を迎える．今日に至るまでの経緯，期待，そして体調などをそれとなく伺って，余分な緊張をほぐしラポールをつけていくと同時に，さりげなく情報収集を行う．それでも，検査者としての中立性や客観性を保てる心理的距離感を維持することも忘れてはならない．

そしていよいよバウムテストに導入する．「絵はお好きですか？」と尋ねると，ほとんどの被検者は「絵は苦手で……」などと答えられることが多い．頑なな検査拒否であれば，検査者としては強制することはできない．しかし，検査への緊張感や単なる技術的巧拙の観点からのみ自分の絵が評価されてきたことによるならば，「上手い下手を見るものではありませんので，思った通り自由に描いてもらったらよいのです．」「あなたの困りごとを考えてゆく手がかりを得たいと思いますので，ご協力してもらえませんか？」などと，きちんと検査の意図を説明すると取り組んでもらえる場合が多

---

[4] たとえば診断の補助となる情報が欲しい医師からの依頼である場合と，被検者自身が自分の問題をより深く見つめ直したい場合と，カウンセラーがカウンセリングを進めていくうえで心理テストの必要性を感じた場合とでは検査の目的と意図は大きく異なる．

[5] 広義には，クライエントに対して生じるカウンセラーの側の様々な感情のこと．

い．いずれにせよ検査ありきではなく，被検者の気持ちを中心にして，慎重かつ丁寧に実施の判断をしたい．

そして，同意が得られたら，バウムテストの**教示**を行う．「実のなる木を一本，描いてください」．バウムテストを行っている間，検査者は被検者の描いているもの以外にも，さまざまな非言語的情報に注目している．

筆者が経験した印象深いバウムテストの事例を，ここで一つ紹介したい．ある対人恐怖症のクライエントは，「私，全体像が描けないんです．」と言いながら，緊張した面持ちでおずおずと，用紙の右下に，小さいがとても生き生きした枝と実を描いた．一筆ごとにバウムは立体感と陰影をもって現れ，白紙に魂が宿ったように感じられた．筆者はそのバウムを見ながら，そのクライエントが抱えている他者の前に自分をさらけ出すことの恐怖と緊迫感，さらには学校という均質空間では異彩を放つであろう非常に豊かな，しかし生活年齢に比べて若干幼い内的世界を垣間見た．

一つの枝しか描かれていないバウムは，不完全で部分的であるという見方もできるかもしれない．しかし青木[6]は，すべての描画を「完成品」とみなす視点をもつことの重要性を述べている．描くだけでなく，描かれないという表現もある．すべての描画は如実にその人のありようや関係性を物語る．仮に何かが欠けているように見えたとしても，今ここでの関係性のなかで表現されたその結果を検査者がいかに受けとめるかということがその心理検査の意義を左右する．心理検査によって表現された結果は，表現されなかったものも含めて，すべてがその人を理解する貴重な情報源なのである．

バウムを描き終わったら，**PDI**（post drawing inquiry：**描画後の質問**）を行う．木の高さ，樹齢，樹種，生えている場所，季節，これからどうなるかなどを尋ねることが多いが，マニュアル的に決まった質問をするというよりも，バウムのイメージをともに味わうために質問する．検査の感想や質問の有無などを尋ねておくことも，被検者にとっての検査体験の意味を知るうえで重要である．その後，心的エネルギーを使ったことを労い，その場を閉じる．検査終了時の被検者の

6) 青木健次（1986）「バウムテスト」家族画研究会（編）『特集 描画テストの読み方（臨床描画研究1）』金剛出版（pp.68-86.）

様子にも注意しておかなくてはならない．

　検査結果の読み取りにあたっては，それぞれの専門書を参考にしてほしいが，**多面的・多層的な視点**をもつことを心がける．また，青木[7]も言うとおり，解釈は全体像を見てから部分へといくのであって，逆であってはならない．部分だけを見た解釈はモザイクの寄せ集めになりがちで，部分は常に全体との連環のなかでとらえたい．「観察は認識に通じ，鑑賞は理解に通じる」というコッホ（Koch, K.）の言葉[8]は意義深い．すなわち，よく観察し，的確に記述し，そのイメージをそのままにしっかりと味わうことこそが良い解釈につながるのである．また，できるだけ自分の良い面を見せようと防衛的になっていたのか，サポートしてほしくて幾分退行的になっていたのか，ラポールがついていたうえでの結果だろうかなど，検査結果をただ鵜呑みにせず，被検者のさまざまな期待や状況を総合的に考慮しながら慎重に判断していきたい．

　心理検査には**フィードバック**までの過程が含まれる．カウンセラーどうしで共有するのか，医師に伝達するのか，クライエント本人と話し合うのか，それぞれ用語やニュアンスが異なる．ただ，いずれの場合にもクライエント本人に伝わることを常に念頭に置きつつフィードバックを行う．とりわけクライエント本人に伝える情報は，タイミングと目的を熟慮し，言い方にも留意して行う．そして一方的な「告知」ではなく，双方向的な「やり取り」になるのが望ましい．

　以上のような点に留意しつつ，同意や協力を前提として適切に行われた理解と解釈は，そのクライエントにとって「わかってもらえた」「取り組むことができた」という体験につながり，検査過程全体が治療的な営みになりうる．クライエントとともになされた共同作業としての心理検査は，アセスメントであると同時に心理療法なのである．〔井上嘉孝〕

7）青木健次（1986）「バウムテスト」家族画研究会（編）『特集 描画テストの読み方（臨床描画研究1）』金剛出版（pp.68-86.）

8）コッホ, K.／岸本寛史・中島ナオミ・宮崎忠男（訳）（2010）『バウムテスト：心理的見立ての補助手段としてのバウム画研究』誠信書房

【参考文献】
山中康裕・山下一夫（編）（1998）『臨床心理テスト入門：子どもの心にアプローチする』東山書房
村瀬嘉代子・津川律子（編）（2012）『事例で学ぶ臨床心理アセスメント入門（臨床心理学増刊4）』金剛出版

III-28
心理統計

psychological analysis

クライエントのパーソナリティや問題および症状の程度を検討する際には，面接でクライエント自身から語られた内容や，表情や動作などの観察情報に加え，心理検査の結果も大きな情報源になる．多くの心理検査は一定の手続きに従って**標準化**（standardization）されているため，客観的で信頼できる指標とされる．しかし，心理検査の成り立ちや，それを支える**心理統計学**（psychological statistics）の正しい理解がなければ，検査結果を誤って解釈し，クライエントに不利益を及ぼすこともある．たとえば，子どもの問題行動について親から相談を受けた際に，その子どもの心理検査の結果と一般的な子どもの結果とで明確な違いがなければ，何も問題がないと判断してよいであろうか．逆に，一般的な子どもの結果と違いがあったからといって，それを理由に問題があると判断してもよいであろうか．ここでクライエントに適切なフィードバックをするためには，表面的な数値のみにとらわれず，正しい心理統計の理解に基づいた結果の解釈が必要となる．

心理検査によって一定の数量化ができ，その数値に客観性が伴うのは，標準化と呼ばれる手続きが適切に行われているためである．標準化の過程では，その心理検査の**信頼性**（reliability）と**妥当性**（validity）を検討することが重要な意味をもつ．信頼性とは，誰が測定しても，何度測定しても，測定値の誤差が十分に小さいかどうかによって検証される．たとえば，同一人物なのに乗るたびに異なる値が表示される体重計は，信頼性が低いといえる．妥当性とは，測定したいものと実際に測定されているものとが一致しているかどうか

によって検証される．身体の大きさをみる指標として身長と体重は妥当性があるが，体温や視力では妥当性がない．

　それでは，標準化はどのような手続きで行われるのか．心理検査には，面接法，観察法，投映法，質問紙法，作業検査法などの形態があるが，ここでは**質問紙法**による心理検査を標準化するプロセスを例に説明する．

　一般的な質問紙による心理検査には，測定したい内容にふさわしい質問項目が複数あり，それぞれが自分にあてはまる程度を1〜5までの数値などで回答するものが多い．このような質問項目のまとまりは**心理尺度**（psychological scale）と呼ばれる．抑うつ傾向を測る心理尺度であれば，抑うつにかかわる20個の質問項目があり，その20個の値を足しあげたものを抑うつ得点とし，その高低を抑うつの程度とする．

　心理尺度の開発は，まず具体的な質問項目の検討からはじまる．抑うつ傾向を測るのであれば，うつ病のクライエントらが訴える内容や，うつ病に関する診断基準や理論などを踏まえて適切な質問項目を集める．仮に30個の質問項目が集まったとしよう．専門家が議論して一定の質問項目が集まれば，次に多くの協力者に質問紙への回答を依頼してデータを集める．そのデータを分析し，まず**天井効果**（ceiling effect）や**床効果**（floor effect）と呼ばれる回答が極端に上下に偏る項目を除外していく[1]．次に，**因子分析**[2]（factor analysis）という**多変量解析**[3]（multivariate analysis）によって，残った項目が因子と呼ばれるいくつかのまとまりに分類されるか，また，どの因子にも関連が小さい項目がないかを検討し，不必要な項目があれば除外していく．このような手続きによって適切な質問項目が選別される．当初は30個あった抑うつ傾向を測る質問項目が，最終的に20項目に絞り込まれ，さらに10個ずつ2つの因子に分かれて，一方は抑うつ感情を反映した因子，もう一方は抑うつ的な行動を反映した因子としてまとまるかもしれない[4]．

　因子分析後に信頼性と妥当性を検討する．信頼性の検討法として**再検査法**（test-retest method）がある．これは，同一の対象者に時間間隔をおいて同じ尺度に回答してもらい，

---

1) 極端な回答は**外れ値**，そしてこれを除外する作業を質問紙の**項目分析**という．ただし，精神疾患に関する尺度では，一部の人を除いてほとんどの人が低くまたは高く回答することが自然な内容もあるため，その場合は除外されないこともある．

2) 初学者向けの参考書として，松尾太加志・中村知靖（2002）『誰も教えてくれなかった因子分析：数式が絶対に出てこない因子分析入門』北大路書房がわかりやすい．

3) 複数の変数について，その相互関係を分析する解析法の総称．複数の変数を集約していく**要約**として因子分析や主成分分析やクラスター分析，複数の変数の因果関係を**予測**する重回帰分析や共分散構造分析などがある．

4) なお，類似した名前の尺度が複数ある場合，開発者の狙いや意図によって実際の内容が異なることも多い．適切なアセスメントのためには，尺度名や因子名だけではなく，具

その**相関係数**（correlation coefficient）を求める方法である．相関係数は-1〜1の値をとり，この値が十分に高い場合に再検査法による信頼性が高いといえる．信頼性の検討には，他に**折半法**（split-half method），**平行検査法**（parallel test method），**内的整合性**（internal consisteney）を検討する方法などもある．

妥当性の検討はより複雑かつ多様である．心理検査で測定するのは，身長や体重のような物理的に測定できるものではなく，抑うつ傾向や性格特性といった目に見えない構成概念が中心である．そこで，その質問紙が構成概念をどれだけ的確にとらえているかを検証する必要がある．**内容的妥当性**（content validity）では，その質問項目の文章が，測定したい内容全体を偏りなく含んでいるか検討する．これは質問項目を収集する段階で行われる妥当性の検証である．**基準関連妥当性**（criterion-related validity）[5]は，その構成概念との関連が想定される別の概念の尺度との相関をみるものである．**構成概念妥当性**（construct validity）は，より実証的な研究によって検討されるもので，たとえば抑うつ得点の高い者の行動観察を行い，実際に抑うつ的な行動が見られるかどうかなどで確認される．

信頼性と妥当性の検討に続き，実用化に向けて基準の設定も行われていく．ここでは多くの協力者に回答を依頼し，その尺度の**算術平均**[6]（arithmetic mean）や**標準偏差**（standard deviation）といった記述統計量を，性別，年齢層別，職業別，学年別などに分けて明らかにすることである．このような基準値が明確になることで，心理検査で得られた数値の解釈が可能となる．たとえば，あるクライエントが40点をとったとしても，そのクライエントの属性における算術平均や標準偏差がわからなければ，そのクライエントが全体の中で高いほうなのか低いほうなのかすらわからない．**正規分布**（normal distribution）を仮定する中で，算術平均や標準偏差からその得点の高低を把握することができるのである[7]．

カウンセリングで使われる心理尺度には**カットオフ値**が定められることも多い．カットオフ値は疾患の有無を区別する

体的な質問項目，教示文，選択肢をみて内容を確認することが重要である．

5) 基準関連妥当性はさらに，将来の行動を基準とする**予測的妥当性**（predictive validity）と，現在の何かを基準とする**併存的妥当性**（concurrent validity）に分類される．

6) そのデータの特徴を一つの値で表すものを**代表値**といい，算術平均（観測値の総和を観測値の個数で割った値）はその一例である．他に，中央値（観測値を大きさ順に並べた際に真ん中にくる値），最頻値（最も出現頻度が多い値）などがある．

7) ある人の得点をXとすると，「（X－平均点）／標準偏差」によって標準得点を算出し，それを図28-1の標準正規分布にあてはめることで，その人が全体の中でどこに位置づくのかが把握できる．

8) **ROC曲線**という特異度と感度を二次元上に表した曲線から適切なカットオフ値が検討される．カットオフ値は検査の目的によっても調整される．たとえば大人数からのスクリーニングが目的であれば，疾患があるのに

ための基準値である．とくに医学領域では診断が求められるため，その一助として活用される．もちろん，カットオフ値の上下と疾患の有無が完全に一致するわけではない．そのため，カットオフ値を高く設定すれば本当は疾患があるのに漏れる人

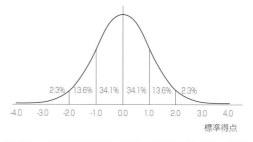

図28-1 標準正規分布における標準得点と割合の関係

が増え，カットオフ値を低く設定すれば本当は疾患がないのに引っかかる人が増える．この最適なバランスの検討にも心理統計学が用いられる[8]．また，**有意性の検定**によって5%または1%という基準に基づき，得られた得点には考慮すべき意味があるかどうかを判断することもできる．いずれにせよ心理検査の数値の解釈基準や解釈例は，確率論に基づいた心理統計学によって支えられているのである．

　標準化の手続きを経て信頼性と妥当性が検証された心理検査の結果は，アセスメントにおいて重要な役割を担うことになる．しかし，それでも確率論に基づいて開発されたものであるため，目の前のクライエントが例外であることも十分に考えられる．また，同じクライエントであっても，状況や場面によって心理検査への反応が変わることもある．たとえば，風邪気味で体調が悪い日と休息がよくとれた日とでは，心理検査への反応も少なからず異なるであろう．検査者とクライエントの年齢や性別などのマッチングによっても反応に変化が生じることがある[9]．

　このように心理検査の結果は非常に有用である一方，それだけを判断材料にすることには大きなリスクが伴う．心理検査の成り立ちや心理統計学を理解したうえで，面接や観察の情報とすり合わせながら，総合的にアセスメントを行うことが重要である．　　　　　　　　　　　　　〔細越寛樹〕

漏れてしまう人を出さないことが重要であるため，カットオフ値を低く設定する．

9) 心理検査は，実施者という人間を介して行われることがほとんどである．科学的な観点に立てば，クライエントの反応を変化させうる実施者の要因は極力なくしたい．しかし，人間は他者が存在する空間の中で問題や症状も含めたさまざまな反応をする存在である．つまり，関係性を一切除外してクライエントを理解するのは不可能で意味がなく，関係の中で観察していくことが必要で有意味ともいえる．サリヴァン（Sullivan, H. S.）はこれを**関与しながらの観察**（participant observation）と呼び，その重要性を説いた．

【参考文献】
岡堂哲雄（編）（2003）『臨床心理査定学（臨床心理学全書2）』誠信書房
石丸径一郎（2011）『調査研究の方法（臨床心理学研究法5）』新曜社

III-29
精神医学
アセスメント

psychiatric assessment

精神医学（psychiatry）という用語は，ドイツの医学者ライル（Reil, J.）が，その著書『精神的治療法の応用に関する叙事詩』（1803年）で使ったのが最初とされている．これは，18世紀後半から19世紀前半にヨーロッパで取り組まれた精神病者の解放運動によって徐々に構築されていったものである[1]．その後，19世紀末から20世紀初頭にかけて精神障害の疾病論が確立されるようになるにつれて，精神医学は主に精神障害の成因，病態，治療などについての研究と実践を目的とする臨床医学の一分野と考えられるようになった．このため精神医学では，医学的診断の枠組み，すなわち**医学モデル**（medical model）を用いた**症候学的診断**（symptomatologic diagnosis）が重要視されてきた．

症候学的診断とは，患者の姿勢，立ち振る舞い，話し方，表情などの観察にはじまり，患者の現在の精神症状（症状群，状態像）をどのようにとらえるのかという流れの中で進められる診断方法である[2]．したがって，これらの方法で集められた情報は，患者の不健康，病的な部分に限られたものである．

これらの情報のみで患者の「病気の体験」を説明できるはずもないことから，クラインマン（Kleinman, A.）[3]は**説明モデル**（explanatory model）という考え方を提唱した．説明モデルとは，患者や家族や治療者が，ある特定の病いのエピソードについていだく考えのことである．説明モデルは以下のような疑問に答えてくれる．つまり，この障害の本質は何かとか，なぜ自分がその病いに冒されてしまったのか，なぜそれが今なのか，どんな経過をたどるのか，自分のからだ

1) 小俣和一郎（2005）『精神医学の歴史』第三文明社（p.108.）

2) 赤塚大樹・森谷寛之・豊田洋子・鈴木國文（1996）『心理臨床アセスメント入門：心の治療のための臨床判断学』培風館（p.6.）

3) クラインマン, A.／江口重幸・五木田紳・上野豪志（訳）（1996）『病いの語り：慢性の病いをめぐる臨床人類学』誠信書房（pp.157-159.）

にどんな影響を及ぼすか，どんな治療をしてほしいと思っているのか，自分がこの病いと治療について最も恐れているものは何か，などである．さらにクラインマンは，その著書『精神医学を再考する：疾患カテゴリーから個人的経験へ』[4]の中で「私は，（分類）カテゴリーや解釈における文化の重要性を強調し，精神医学は，診断から治療結果の評価に至るまで，すべてが，文化的カテゴリーや社会的に構成された解釈過程のふるいにかけられていることを示そうとした．（中略）したがって精神医学は，それ以外の医学の分野よりずっと多く文化的制約を受けていることになる」と述べている．

　以上のようなクラインマンの考え方を踏襲すれば，精神医学は臨床医学の一分野ではあるが，精神を病んだ患者の健康な部分や病気の体験を説明するためには「医学モデル」すなわち医学的診断の枠組みを適用することには限界があり，「説明モデル」を用いることが望ましいということができる．カウンセリング心理学においては，ここに「精神医学的診断」ではなく「精神医学アセスメント」という用語を用いる理由があると筆者は考える．

　次に**アセスメント**（assessment）という用語について考えてみたい．下山[5]によれば，アセスメントという語が心理学的用語として初めて用いられたのは，第二次世界大戦の最中にハーバード大学のマレー（Murray, H. A.）とその同僚が戦略事務局（U.S.Office of Strategic Services：OSS）向けに開発したプログラムにおいてであるとされている．そのプログラムでは，機密情報にかかわる任務に適したパーソナリティの強さをもった人物を面接や心理検査を用いて選抜する作業が行われた．したがって，個人の異常性や病理を確定するのではなく，リーダーシップや勇気などパーソナリティの積極的な価値を見出すことが目的となっていたので，あえて診断という用語を用いなかったということである．つまり，アセスメントという用語は，人間の心理的特性を幅広く測定・評価するという点で，病理に限定される診断とは異なる側面が強い．アセスメントの定義は多様である．次ページにいくつかの定義を示す．

4）クラインマン，A.／江口重幸ほか（訳）（2012）『精神医学を再考する：疾患カテゴリーから個人的経験へ』みすず書房（p.ⅰ.）

5）下山晴彦（2003）『よくわかる臨床心理学』ミネルヴァ書房（pp.34-35.）

①「クライエント自身について，そしてクライエントが抱える問題，クライエントが置かれている状況などについて，その経過と現状を，できるだけ多層的，全体的にとらえようとする手続きのこと」[6]

②「クライエントが健康な状態にあることを確かめるとともに潜在的な問題を診断すること，諸問題が起こる可能性を決定すること，病気のクライエントの健康的な側面を明らかにすること，などを目指して基礎データに基づき一人の人間の状況を検討する行為である」[7]

③「臨床心理学的援助を必要とする事例（個人または事態）について，その人格や状況および規定因に関する情報を系統的に収集，分析し，その結果を総合して事例への介入方針を決定するための作業仮説を生成する過程」[8]

④「心理臨床の対象となる人々について，その抱えている問題の内容は何か（問題の同定），その問題には身体的要因，生活史とそれに伴う環境的要因，本人の生き方や性格的要因などがどのように組み合わさっているのか（形成因および形成過程），それによって本人の内的世界や対外的態度はどのように形成されているのかについて推定し，問題の性格を明らかにし，解決のための方針を提示すること」[9]

⑤「個人または集団に対する臨床心理学的援助を行うために，解決すべき問題を把握し，対象者の特徴や，おかれた状況をとらえていくプロセス」[10]

以上，アセスメントに関する定義を五つ取り上げてみた。これらの定義の特徴は大きく二つあると考えられる。一点目は，前二つの定義にみられるように，クライエントの健康な部分も含めて一人の人間の状況を全体的にとらえる行為であるとするもの，二点目は後三つの定義にみられるように必要な情報を収集・分析し，心理的問題を解決するための方針を生成する過程と考えるとするものである。一点目の定義は，心理的な問題を抱える人の把握に重きを置く考え方，二点目は対象の把握から援助方針の提示までのプロセスに重きを置

6) 伊藤絵美（2005）『認知療法・認知行動療法カウンセリング初級ワークショップ』星和書店（p.61.）

7) ユラ，H・ウォルシュ，M. B.／岩井郁子ほか（訳）(1986)『看護過程－ナーシング・プロセス：アセスメント・計画立案・実施・評価』第2版，医学書院（p.184.）

8) 下山晴彦（2003）『よくわかる臨床心理学』ミネルヴァ書房（pp.34-35.）

9) 馬場禮子（2003）『臨床心理学概説』改訂版，放送大学教育振興会（pp.55-56.）

10) 森田美弥子（2005）「臨床心理査定総論」岡堂哲雄（監修）『臨床心理学入門事典』至文堂（pp.65-66.）

く考え方となっている．この違いは，心理臨床家が何をする人であるのかという問いに関連していると考えられる．

　ラザラス（Lazzarus, R. S.）は，アセスメントには二つの意味があると述べている[11]．一つは，アセスメントの対象者の単一の特性と**能力の測定**を意味し，もう一つは，アセスメントの対象者の**「全」人の記述と評価**をめざす意味である．最近はアセスメントを，単一の特性の測定というよりも全人の記述と評価を意味する用語として用いるのが適切であると考えられるようになってきている．

　この全人をとらえるアセスメントについて赤塚[12]は，次のように述べている．アセスメントは，単一の次元の能力とか特性についての情報の単なる加算ではなく，心理臨床家のアート（art）ともいわれる乗算的な推測により進められる．情報を寄せ集めただけのパッチワークのような思考方法によるのではなく，一定の理論や臨床家の経験に基づく「勘」によって情報の間を埋め，情報を組み立てるということを大胆に行い，心理療法に関する見通しや仮説をもつことが大切になる．

　以上の検討から，本項では精神医学アセスメントを，全人的な観点からクライエントを把握し，クライエントの抱えている心理的な問題を解決するための方策を提示するプロセスであると定義したい．

〔松下由美子〕

11) ラザラス，R. S.・モナト，A.／帆足喜与子（訳）(1981)『パーソナリティ』岩波書店

12) 赤塚大樹・森谷寛之・豊田洋子・鈴木國文（1996）『心理臨床アセスメント入門：心の治療のための臨床判断学』培風館（p.2.）

【参考文献】
赤塚大樹・森谷寛之・豊田洋子・鈴木國文（1996）『心理臨床アセスメント入門：心の治療のための臨床判断学』培風館
津川律子（2009）『精神科臨床における心理アセスメント入門』金剛出版

III-30
発達障害の アセスメント

assessment of developmental disorder

　発達障害者支援法[1]によると，**発達障害**（developmental disorder）は「自閉症，アスペルガー症候群その他の広汎性発達障害，学習障害，注意欠陥多動性障害その他これに類する脳機能の障害であってその症状が通常低年齢において発現するものとして政令で定めるもの」[2]と規定されている．

　本障害においては，家族や教員，職場関係者など当事者以外の人が当事者の言動や行動を「困り」，受診／相談する場合が少なくない．また，他の診断や見立てで加療／支援をしているが良好な経過を認めない場合や，「自分自身がわからない」といった漠然とした主訴，二次障害を主訴に受診／相談する場合がしばしばある．

　そのため，発達障害の有無や分類のアセスメント以上に，本人の症状や行動の背景にある**発達的特性**やその関与の仕方を把握し，今後の方針を提示する視点が必要となる．つまり，アセスメントは当事者の「日常生活における体験の仕方」を少しでも理解する内容であること，当事者が「特性を抱えて生きる」ために安定できる**環境調整**を図るべく，医療・教育・心理・福祉・就労の支援につなげるために役立つ内容であることが必須となる．

　まず，当事者を理解するための視点として，①本人や相談者による現状の問題点や改善したい点の確認，②生育歴上の特性や発達段階におけるエピソードや既往歴，③生理学的検査／心理検査，④面接時の本人の言動や行動観察などが挙げられる．また，当事者が子どもの場合には，可能ならば保護者に母子手帳や学校の通知表や作文などを持参してもらい，これも手がかりとする．さらに，家族の機能や家族関係の特

1) 平成16年12月10日交付（平成16年法律第167号）文部科学省．定義 第2条

2) 発達障害者支援法施行令（令第150号，平成17年4月1日施行）では言語の障害および協調運動の障害が，発達障害者支援法施行規則（厚生労働省令第81号，平成17年4月1日施行）では国際疾病分類台10版ICD-10の心理的発達の障害，行動及び情緒の障害が明文化された．（内閣府．政府広報オンライン 2013）

徴の把握，そして所属する集団（学校や就労機関など）でかかわりが強い関係者（担任や就労機関の上司など）による情報（とくに成人の場合）があると特性の理解がよりいっそう深まる（アポイントをとる前に本人や家族の許可が必須）．

これらの情報を総合して，**神経生理学的特性**と**認知的特性**，**情緒的（パーソナリティ）特性**，**環境因**の視点からアセスメントが行われる．以下，先述した①〜④の視点に沿って，アセスメント手順の詳細を述べていく．

①**本人や家族がもつ現状の問題点／改善したい点**

言語化が可能な年齢の場合，当事者の主訴を中心に話を進める．この場合，その内容とともに，困り感や解決したい内容の語り方の特徴（例「上司の対応が嫌」「すぐ叱られるから嫌い」などにとどまるのか，「ノートがとれないから困る」「仕事中気が散るので何とかしたい」など困り感を語れるか）を確認し，自身を観察する力やコントロール力の程度を見立てる．

②**生育歴上の特性や発達段階のエピソード／既往歴**

言語・運動発達に関するエピソードや対人関係の取り方の特徴や認めている行動／症状に，養育環境（弟妹の出生などによる母親との関係の変化，DVや虐待など養育困難な環境の有無など）や，学校（他児や教員との関係など）・就労機関内のエピソード（職務内容の変化，部署替え）の関与を考えながら質問を進める．とくに子どもの場合，親（相談者）からの養育環境の情報を重視する．また，とくに痙攣など神経学的な既往歴についても確認する．ただし，当事者や相談者の語り方や緊張の程度に配慮しながら徐々に進める．

③**生理学的検査／心理検査**

生理学的検査として，**脳波検査**や**視聴覚認知検査**がある．さらに，診察時に**ソフトニューロロジカルサイン**[3]を施行することで，神経学的な特徴を把握できる．

心理検査としてはまず全般的な知能・発達特性を把握することが多い．その際，乳幼児では養育者の質問票による**遠城寺式乳幼児分析的発達検査法**[4]や**津守式発達検査**[5]，そして，本児に対する知能・発達検査として**新版K式発達検査**[6]，言語表現が可能な年齢以上では**ウェクスラー知能検査**[7]がよく

3) 指先接触試験，指対立試験，開口指伸展現象，閉眼持続，舌挺出，側方注視，二点間同時触覚刺激などがある．標準化されていないが面接場面で簡単に施行できる．

使われる．ウェクスラー検査は改訂が重ねられ，現時点では，**WISC-Ⅳ**（5歳10ヵ月～16歳11ヵ月），**WAIS-Ⅳ**（16歳以降の成人）がある．また，養育者や支援者からの聴取で多面的に評価する**発達障害の要支援度評価尺度MSPA**[8]がある．いずれの検査も数値結果のみならず，回答の特性や検査態度など総合的に検討する．これらのほか，対象者の状態や支援側の特性（医療・教育・心理・福祉・就労）に応じて表30-1に示す検査が利用できる．

並行して人格検査による精神機能や心理力動，家族関係など情緒的な特性の査定が必須である．これらには**PFスタディ（絵画欲求不満テスト）**[9]，**精研式文章完成法テストSCT®**[10]，**バウムテストやHTPP描画テスト**さらに**ロールシャッハテスト**などの**投映法**[11]がよく使われるが，これらの人格検査でも発達の特性が明らかになる場合もある．

④**面接時の本人の言動や行動観察**

幼児～学童期では遊べる環境を提供し観察する．プラレールやブロックや見立て遊び用の人形，ボードゲーム，描画用の用紙と筆記用具などを限られた空間や時間を工夫して提供し，特徴を把握する．そして，道具の使い方や要求の出し方，ルールなど制限に対する態度，転導性の有無や表現の仕方，手先の使い方や粗大運動の状態を観察し，特性の見立てに役立てる．さらに，遊びによる行動観察や言語面接を通して，

4) 遠城寺宗徳（2009）『遠城寺式乳幼児分析的発達検査法』改訂新装版，慶應義塾大学出版会

5) 津守真・稲毛教子（1995）『増補乳幼児精神発達診断法0才～3才まで』増補版，大日本図書

津守真・磯部景子（1965）『乳幼児精神発達診断法3才～7才まで』大日本図書

6) 「新版K式発達検査」京都国際社会福祉センター

7) 日本版WISC-IV刊行委員会（上野一彦・藤田和弘・前川久男・石隈利紀・大六一志・松田修）(2010) 日本文化科学社

日本版WAIS-IV刊行委員会（藤田和弘・前川久男・大六一志・山中克夫）

表30-1　測定内容と検査名，対象者

測る内容	検査名	対象者
小児自閉症評定	新装版 CARS（カーズ）―小児自閉症評定尺度	3歳～12歳
	PARS（パーズ）広汎性発達障害日本自閉症協会評定尺度	幼児期～成人
ADHD（小児期）	ADHD Raiting Scale-Ⅳ	3歳～18歳
ADHD（成人）	CAARSTM 日本語版	18歳以上
適応行動の発達水準	Vineland-Ⅱ適応行動尺度	0歳～92歳11ヵ月
社会適応スキル	旭出式社会適応スキル検査	幼児～高校生
視知覚技能	フロスティック視知覚発達検査	4歳0ヵ月～7歳11ヵ月
基礎的学力	日本版 KABC-Ⅱ	2歳6ヵ月～18歳11ヵ月
認知処理過程	DN-CAS	5歳0ヵ月～17歳11ヵ月
認知処理過LD検査	LDIR-LD判断のための調査票	小学校1年～中学校3年
語いの理解力	PVT-R絵画語彙発達検査	3歳0ヵ月～12歳3ヵ月
職業適性	GATB厚生労働省編一般職業適性検査	中学生～成人

対応者との物理的距離感，表情や言葉の使い方など対人関係の取り方の特性も観察できる．また，親や相談者と同席の場合，面接者の質問に対するそれぞれの反応ややり取りを観察する．ただし，これらはあくまでも相談場面での特性としてとらえる．

　以上に述べたようなアセスメントにより情報を総合的にとらえることができれば，**医療**（脳機能や精神症状への薬物療法，身体的障害や発達協調性運動障害のリハビリテーション，社会的サービスを受けるための診断など），**心理**（外傷体験や自己感の混乱などへの心理療法，発達特性の受容を促進するような心理教育，当事者への対応に関する養育者や所属集団への具体的助言，当事者をめぐり葛藤する家族への心理療法など），**教育**（視知覚能力のばらつきやワーキングメモリー／社会性／協調運動への個別支援教育やペアレントトレーニングなど），**福祉**（家庭での養育が困難な場合の措置を講ずること，障害手帳や特別児童福祉手当などの認定，母子通所や児童デイなどの療育的サービスなど），**就労相談**（障害者就業・生活支援センター，若者サポートステーションの利用を促すことなど）の各領域における，本人に必要な支援の検討が可能となる．ただし，理想的な支援に固執せず現状を踏まえた優先順位を考えること，そのためにも地域における支援機関を把握しておくことが必要となる．

　方針の検討に際しては，当事者や親など相談者のいずれに対しても，本人の主訴の理解や解決につながるようにアセスメント結果を伝える．また，具体的に利用できる機関については，当事者や相談者の現実的な制約や優先順位を考慮し伝える．そして，当事者や相談者が情緒的に受けとめやすく理解しやすい言葉や手段を選ぶなど，当事者や相談者の情緒面にも十分な配慮を行う．　　　　　　　　〔大堀彰子〕

8) Multi-dimensional Scale for PDD and ADHD
　京都国際社会福祉センター

9) 林勝造（2007）『PFスタディ解説』2006年版，三京房

10) 佐野勝男・槇田仁（2008）『精研式文章完成法テストSCT®』金子書房

11) 八木保樹（2012）「パーソナリティ検査」重野純（編）『キーワードコレクション心理学』改訂版，新曜社（pp.371-373.）

【参考文献】
独立行政法人国立特別支援教育総合研究所（2015）『特別支援教育の基礎・基本新訂版』ジアース教育新社
連合大学院小児発達学研究科・森則夫・杉山登志郎（編）（2014）『DSM-5対応：神経発達障害のすべて（こころの科学増刊）』日本評論社

III-31
危機介入

crisis intervention

　危機（crisis）は，その人がもつ通常の自己防衛の方法や問題解決の方略が崩壊してしまった状態で，心身に何らかの不調や変調が生じている状態である．**危機介入**は，危機事態に遭遇し，ダメージを受けた被害者や組織が物事に対処できる**機能状態**に復帰できるように支援することであり，個人や組織が直面している危機状況をアセスメントし，危機状態を解消するために，個人へのアプローチだけでなく，環境への介入や調整などの複数のアプローチが統合的に実施される[1]．危機の中にある人の苦悩や症状を安定，低減するために立案された急性精神状態に対する応急処置といえよう[2]．

　キャプラン（Caplan, G.）は「危機は，人が大切な目標に向かう時，障害に直面し，それが習慣的な問題解決の方法を用いても克服できない時に生じる．混乱の時期，動転の時期が続いて起こり，その間にさまざまな解決の試みがなされるがいずれも失敗する」と定義している[3]．

　危機介入においては，来談意思があり，相談所へ来談したクライエントに対して，内在的な問題を解決して支援する伝統的なアプローチだけでなく，カウンセラーが危機に陥った人たちがいる地域社会や生活空間に出向き，心理社会的支援サービスを積極的に提供する活動が重要となる．これらの活動は**アウトリーチ**（outreach）と呼ばれ，危機に瀕し深刻な問題を抱えていながらも自ら援助を求めない人や，虐待や権利侵害を受けている人，障害者，高齢者などの支援ニーズに積極的に応えようとするものである．事故や災害への危機介入においては，構造化された相談を実施することは困難であることが多い．また，被害者は受けた被害への対処で精一杯

1) 日本心理臨床学会支援活動プロジェクト委員会（編）(2010)『危機への心理支援学：91のキーワードでわかる緊急事態における心理社会的アプローチ』遠見書房

2) エヴァリー, G.・ミッチェル, J./飛鳥井望（監訳）(2004)『惨事ストレスケア：緊急事態ストレス管理の技法』誠信書房

3) Caplan, G. (1951) A public-health approach to child psychiatry: An introductory account of an experiment. *Mental Hygiene, 35*, 235-249.

であり，精神的ケアを自ら求めて，相談機関を訪れることは少ない傾向にある．したがって，危機介入においては，アウトリーチが必要となり，現場を主体に，多元的な活動をしなければならない．

　危機介入では，①被害現場や被害者を訪問し，②被害者や組織のダメージやニーズを把握しなければならない．また，③被害者の被害ストレスをアセスメントし，④PTSDなどのハイリスク者をスクリーニングし，⑤具体的援助計画を立案し，⑥それぞれの個別的なケアを実行しなければならない．また，⑦混乱している現場・組織の状況を安定化（**環境へのアプローチ**）させ，⑧限られた現地の資源・人材をコラボレートして，⑨中長期ケアを考慮した総合的な援助体制を構築することも重要な責務である．その際に，⑩被害者自身が，正しい知識をもち，症状を理解し，セルフケアできるように対処方法を教えることも大切である．また，⑪その組織や地域の人たちが被害者の長期的な支援者としてかかわれるよう**ストレスマネジメント教育（心理教育）**を実施することも必要である．さらに⑫直接的被害以後に生じる二次的，三次的被害を防止することも必要であり，とくに⑬他機関や他の専門職種との連係の**コーディネート**は一から創造的に取り組まねばならないことが多い．

　危機に瀕した被害者が心理的に大きなダメージを受けた場合，**PTSD**（post traumatic stress disorder：**外傷後ストレス障害**）などの精神障害になることや，その後の生活や人生が困難で苦痛に満ちたものになることがある．被害者が平穏な生活を回復するうえで，精神的な機能の回復や安定が重要であり，心理社会的支援の重要性が次第に認識されてきた．わが国では，1995年の阪神・淡路大震災や地下鉄サリン事件以降，被害者への心理社会的支援は**心のケア**と呼ばれるようになった．心のケアは「被害者が，傷ついた自分の心を主体的にケアできるように，他者がサポートすることであり，自らの回復力・自己治癒力を最大限に引き出す『セルフケア』への支援[4]である」といえる．米国では，大規模災害直後の適切な初期介入法として**サイコロジカルファーストエイ**

4）冨永良喜・小澤康司（2005）こころのケ

ド（psychological first aid：**PFA**．**心理的応急処置**と訳される）が推奨されている．PFAの原則は，①安全と安心感を確立すること，②ストレスに関連した苦痛を和らげること，③被災者の資源を活かすこと，④適応的な対処行動を引き出すこと，⑤自然な回復力を高めること，⑥役立つ情報を提供すること，⑦適切な紹介を行うことなどとされており，非侵入的方法で広範囲にわたる被災者の苦痛を和らげることを目的としている．

従来，危機介入の技法として**デブリーフィング**が行われてきたが，この有効性について，効果があるとする見解と効果がないとする見解とがあり，わが国では否定的な見解が一般的になりつつある．エヴァリーとミッチェルは，「技法としての単回セッションのデブリーフィング技法に，PTSDの発症予防効果までも期待することはできないであろう．ストレスや回復のあり方は個別的であり，杓子定規な対処はそぐわない」と述べている[5]．

危機介入は，その危機状況や被害者の状況に応じて柔軟に対処することが求められているが，およそ次のようなステップが必要となる．

［ステップ1］**心理的接触を図る**（**安心できる信頼関係の構築**）：被害者と接触を図り，心理的な触れ合いを行い，その人の心理状態を理解する．同時に信頼関係を構築するとともに援助関係について話し合う．

［ステップ2］**アセスメント**：危機的状況やダメージの程度，被害者や周囲の人たちの心理的状態やニーズ，その人の資源やサポートシステム，地域や他機関とのコラボレーションや程度や可能性を検討する．

［ステップ3］**解決法の検討**：被害状況や問題を把握し，実施可能な解決方法を検討する．混乱や不安を鎮静化させ，安心できる環境を取り戻す方法を検討する．個人へのアプローチと環境へのアプローチの双方への働きかけが必要となる．また，予想される二次的被害への対処も検討する．

［ステップ4］**行動計画の立案と実行**：被害者をエンパワー

アとストレスマネジメント．『新潟市医師会報』406, 1-5．

5）前掲書2）

し，当事者が実行可能な計画を一緒に立てる．また，当事者が実行することを支援し自立的回復を図る．

［ステップ5］フォローアップ：危機介入の目的が達成されたか，支援が適切に行われたか，問題がなかったか，改善項目や支援ニーズがないかなどを検討し，必要があれば，フォローアップの実施や援助終結について話し合う．

　被害者は，事件や災害などの直接的な被害によるダメージだけでなく，生活再建のことや人間関係の悩みなどさまざまな問題に直面しており，そのストレスの総和が被害者の負担となって加わっている．また，周囲の人たちの無理解な言動や犯罪捜査の過程で二次的・三次的被害を被ることもある．このような複合的なストレスが加わる場合，ダメージからの回復や予後が悪くなることが報告されており，被害者を取り巻くさまざまな問題へ対処するための総合的な危機対応支援活動が必要であり，カウンセリングは被害者に加わるさまざまな問題の解決について心理的サポートを行う重要な支援手段である．

　また，被害者が回復するためには，トラウマとなった経験を自分の意識の中に，あるいは自分の人生の経験の一部として統合することが求められる．この回復のプロセスでは，体験を繰り返し想起し，話すなかで，次第に自己が受けとめられる内容へと体験の記憶が変化することがしばしば生ずる．安心して寄り添ってくれる誰か，話を聴いて受けとめてくれる他者の存在によって，安心感，安全感が生じ，否定的な感情や思考が中和されることや苦悩する過程の中から生きることの意味や実存的価値を見直し，将来への希望を見出し立ち直ってゆくことが多いと思われる[6]．　　　　〔小澤康司〕

[6] さらに，大きな受難や喪失などのトラウマ体験が，ある人々にとっては個人の大きなポジティブな変化を導くという，**心的外傷後成長**（Posttraumatic Growth: PTG）が近年注目されている．
　近藤卓（編）（2012）『PTG 心的外傷後成長：トラウマを超えて』金子書房

【参考文献】
小澤康司・中垣真通・小俣和義（編著）（2017）『緊急支援のアウトリーチ：現場で求められる心理的支援の理論と実践』遠見書房
エヴァリー，G.・ミッチェル，J.／飛鳥井望（監訳）（2004）『惨事ストレスケア：緊急事態ストレス管理の技法』誠信書房

III-32
個人カウンセリング（演習①）

individual counseling (practicum part1)

　カウンセリングは，人と人との出会いとかかわりを通じた心理的援助である．面前のクライエントと信頼関係や協働的関係を築き，相手の状況を共感的に理解し，有効な介入援助を行うといった個人カウンセリングのスキルは，たとえ，どんな形態のカウンセリングを行う者であれ身につけておくべきものである．

　そのためには，基本的知識の習得に加えて，体験的学習や実践的演習が不可欠である．水泳やテニスの指南書を読んでおくと上達の助けにはなるが，知識だけでは泳げるようになったり，テニスができるようにはならないのと同様である．カウンセリングは，対人関係上の専門的スキルであるから，その習得には**グループ体験**や**ロールプレイ**など他者とのやり取りを通じての演習が必須である．自分以外の他者との交流的実習を通じて，他者理解や対人関係面で生じてくることへの理解のみならず，心の中の出来事や自己内省にとらわれずに，自分のことがより良く理解できるようになる．

　以下，初学者のための基本的な演習に関して，①出会いとかかわり，②基本的応答の訓練，③介入援助の試み，という三つの主要な観点から述べる．

①出会いとかかわりの演習

　悩みや問題を抱えるクライエントは，不安，緊張，怖れ，不満などさまざまな想いとともにカウンセリングに訪れる．その意味で，カウンセラーとの出会い方やカウンセラーのたたずまいがその成果に大きく影響する．基本的には，カウンセラーがクライエントへの温かい関心をもち，それが言語的，非言語的に相手に伝わることにより，安心で信頼できる

関係が築かれると考えてよい．

　そのために，まずグループでの出会いやかかわりの実習体験からはじめてみる．たとえば，ランダムに出会った相手への積極的な関心を示してみたり，自分の思う「温かい」振る舞いを試してみたり，逆に，無関心や尊重的でないたたずまいによって，空虚感や不自由さなどを体験してみることが有益だろう．また，ペアになってのかかわり実習では，二人の座る位置，距離感，姿勢，表情などの非言語的な要素も含めたやり取りが，その場の雰囲気や関係性にどんな影響を与えるか，ということへの気づきや学びが端的に得られる．

　その後，カウンセラー役とクライエント役を模してのロールプレイ訓練を重ねてゆく．最初は，ごく短時間で，クライエントが何らかの気持ちや状況を語り，それをカウンセラーが傾聴し，理解したことを自分の言葉で言い返してみて，どれだけズレなく相手に添うことができているかの確認をしてみる．初学者は思いのほか，相手の気持ちを勝手に解釈したり，自分の思いや体験を重ね合わせすぎたりしていることに気づくだろう．また，カウンセラーの基本姿勢である傾聴も，それを過度に意識しすぎると不自然になり，逆に違和感や緊張感が起こってしまうことにも気づくかもしれない．

②基本的応答訓練

　次に，カウンセリング場面でよく用いられる応答練習を繰り返す．クライエントの語りを，その雰囲気もとらえながら，配慮と温かみのある鏡のように受けとめ伝え返す[1]といった基本的スキルである．たとえば，「あなたが言いたいことは，○○ですね」「あなたはこういう想いでいらっしゃるのですね」「あなたにはこういう気持ちとともに，こういう気持ちもあるんでしょうか？」「ここまでの話で，私は○○と受けとめましたが」などなど，相手の心情や考え，迷いや葛藤などを反映して伝え返したり，要約・確認したりという応答である．この**基本的応答**は，上下関係のない対等な立場から相手を信頼し尊重するという姿勢の体現でもあり，この訓練をおろそかにすると，将来，たとえば簡単に高みの立場から指示や激励をしてしまいがちな援助者となってしまう．

1) 福島脩美（1997）『カウンセリング演習』金子書房

また，質問をうまく使えるようになることも大切である．クライエントに共感するためには，相手の言うことを受身的に聴いてばかりいればよいというものではない．相手の事情を能動的に尋ねてゆくこともしばしば必要になる．さりとて，相手の主体性や話の流れを大きく妨げてしまったり，過度に侵入的だったりする質問はその害が勝る．カウンセラーの問いかけは，「分かろうとする気持ちにあふれるもので，それをクライエントに助けてもらいたいという願いが込められており，探索的でありながら，謙虚でクライエントに脅威を与えないような配慮がある」[2]ものが理想だろう．

なお，初学者の訓練では，「はい／いいえ」で答えられる**閉じた質問**（closed question）よりも，回答の自由度が高い**開かれた質問**（open question）を基本にすべきとされている．ただし，どんな質問をどのように使うかは，相手の状況，属性や特性，こちらの意図や目的，時期やタイミング，相手との関係性によってさまざまであり定型はない．また，質問は，こちらが知りたい情報を得るためになされるものばかりではない．クライエントが自分の気持ちや考えに目を向け，整理したり，深く知る助けになったりするための質問もあれば，クライエントの行動や態度の変化を目的とするものも実はある．その意味では，カウンセラーの熟練度はいかに効果的な質問ができるかどうかであるといっても過言ではない．

以上を踏まえて，実際のカウンセリング場面を模したロールプレイにチャレンジしてみる．時間は15分程度の短いものからはじめ，慣れてきたら最終的には本番同様の1時間程度を体験してみるのがよいだろう．

③共感的関係から介入援助の試みへ

以上の演習は，クライエントとの共感的な協働関係を築くことが大きな目的である．ただし，共感的関係はカウンセリングにおける必要条件ではあるが，それだけで事足りるという場合はむしろ少ない．たとえ，ロールプレイであっても，基本的応答に慣れ，面接時間が長くなるにつれ，いかにクライエントに働きかけるかという課題が顕著になってくる．もちろん，実際のカウンセリングでは，相手の苦境の成り立ち

---

2) 平木典子（1997）『カウンセリングとは何か』朝日選書

3) 氏原・藤田（2014）は，ロールプレイ訓練の目的と意義を以下のように整理している．

やからくりを見立て，それをクライエントと共有したうえで，状況の変化や打開に向けての介入援助をする必要がある．

　人の悩みや問題のありようは千差万別ではあるが，大枠でみると共通する類型があったりする．ゆえに，この段階では，カウンセリングや心理療法諸学派の考え方を知っていることが大いに役立つ．それらの理論は総じて，クライエントの苦境や問題をどのように理解しどう介入すべきかの枠組みを備えている．今や心理療法の理論は，400以上にも及ぶとされており，もちろんすべての考え方を知る必要はない．しかし，現実としてさまざまな悩みを抱えたクライエントに対応するためには，ある一つの理論だけでは限界がある．**来談者中心療法**に加え，**精神分析**を代表とする心理力動的観点，**認知行動療法，家族（システム）療法**の，いわゆる4大理論は有力な準拠枠であり，それらにある程度，なじんでおくことが助けとなる．そのうえで，ロールプレイ演習の中に，それらの考え方や手法を部分的にでも取り入れてみるのがよい．

　したがって，ロールプレイであっても良き指導者の**スーパーヴィジョン**があることが望ましい．「良き」指導者とは，多くの臨床実践をこなしカウンセラーとしての基本的態度がしっかり身についている，複数の主要なカウンセリング理論の基本的治療機序を理解している，そして，トレーニーの特性や持ち味にセンシティブで配慮のある人である．それは，「良き」カウンセラーと条件を同じくする．

　演習が適切に行われると，共感的理解はゴールというよりもプロセスであり，「わからないこと」や「うまく筋道が立てられないこと」を大切にして，何とか相手のありようをわかろうとするやり取り自体に大きな意味があることが実感されてくる．さらには，日常のすべての体験や対人的交流が，実はカウンセラーとしての訓練になりうることにも気づくだろう[3]．

〔藤田博康〕

①とにかく実践的な練習を重ね面接に慣れること．
②クライエントの言いたいことと伝えたいことを，大きくズレることなく聴き取ること．
③相手の置かれた状況，苦境をできるだけわかろうと努めること．そのために必要な問いかけや受け答えなどの対話の大切さを実感し，そのスキルを身につけること．
④相手の苦しい想い，ままならない感情に寄り添い，そのことが相手に効果的に（言語的・非言語的に）伝わること．そのための表現力を磨くこと．
⑤カウンセラーの言葉の使い方や何気ないやり取りによって，面接の流れやクライエントの言動や態度が良くも悪くも方向づけられ，変化することを体験的に学ぶこと．
⑥自分の中に起こってくるさまざまな感情に向き合い，自分の価値判断や好き嫌いの傾向を知り，自己理解を深めること．
⑦限界のある情報からどんなふうにストーリーを立て，ケースを見立てゆくのかを練習してみること．あるいは，その難しさを実感すること．

【参考文献】
氏原寛・藤田博康（2014）『ロールプレイによるカウンセリング訓練のかんどころ』創元社
福島脩美（1997）『カウンセリング演習』金子書房

III-33
エンカウンターグループ（演習②）

encounter group (practicum part2)

　ここでは，カウンセリングの訓練としてグループワークを行う場合として**エンカウンターグループ**を取り上げて解説するとともに，それを心理教育で活用する場合を想定し，その計画や実践方法について述べる．

　そもそも，エンカウンターグループは，来談者中心療法を創始し，**パーソンセンタードアプローチ**（person centered approach）として発展させたロジャーズ（Rogers, C. R.）が開発したグループカウンセリングの手法に始まる．それは，自己成長・対人問題改善などを目的として，専門的なスキルを有したファシリテーターが進行役となり，10名前後のグループで感じたことを思うままに話し合う形を取る．そこでは，あらかじめ決まった課題や形式はなく，進行役も基本的にはメンバーの一人である．安心できる空間の中でこころとこころの内面的な交流が行われてグループが成長していく．このグループの成長を通して個人のパーソナリティの変容を期待する．「エンカウンター」は「出会い」のことであり，グループを通した本音と本音の交流を意味する．そのことで，「自己との出会い」と「他者との出会い」の二つの「出会い」が得られると考えるのである．**非構成的（ベーシック）エンカウンターグループ**と呼び，時間と場が与えられ，閉じたグループの中でファシリテーターの応答構成だけで進められるものと，特定の目標を定め，アクティビティを行っていく**構成的エンカウンターグループ**とがある．

　これらは，もともとクライエント中心療法の理論を健常者グループの心理的な成長をめざして発展させてきたものである．グループで感じたことを思うままに本音で話し合い，そ

れをファシリテーター（グループをまとめる役）が進行する．ファシリテーターは訓練された専門家が務める必要がある．

　エンカウンターでめざすのは「自己理解」「他者理解」「自己受容」「信頼体験」「感受性の促進」などである．

　自己理解とは，自己を振り返り，「自分にはこのような面があった」「本当にはこう思っていて，こう感じていた」など，新たな自分を発見することである．意識されにくい不快な感情に気づき，それを上手に解消することや，不快に感じる自分自身とつき合う体験のことである．

　他者理解とは，他者が何を感じ，何を思って行動しているのかをわかることである．自分自身の感情や考えを伝え合うことで，他者を理解しようとするのである．

　自己受容とは，「自分は自分のままで，それでよい」との感覚をもつことである．これは，自分を嫌いと感じる面も好きと感じる面も含めて，全部を「自分は自分である」と認め，受け容れることである．理論的背景となる自己理論では，他者に受け容れられることで，自己を受け容れやすくなると考えられている．この活動では他者に受け容れられる機会が多いので，自己受容が体験されやすい．

　信頼体験は，他者を信頼し，また，自身も信頼されることで，信頼感を増すことを体験するもので，これは他者受容と自己受容が十分になされたときに成立する．

　感受性の促進は，自分自身にある感覚を研ぎ澄まし，敏感にしていくことをめざすものである．五感の身体感覚が繊細になることで，感受性を豊かにする．

　さて，近年では心理教育では構成的エンカウンターグループのほうが広く応用され，カウンセラー訓練にも，学校教育の心理教育などでも活用されている．「構成的」の「構成」とは，一定の枠を設けるという意味である．枠としては，「グループのルール」「グループのサイズ」「グループの構成員」「時間制限」「エクササイズで示す条件」などである．これらの枠はリーダーに設定され，参加者全員でその枠を守る．これは，脅かされずに心を落ち着けて課題に取り組むためである．

構成的エンカウンターは，大きく三つの柱で構成されている．**インストラクション，エクササイズ，シェアリング**である．

●**インストラクション**

インストラクションは，三つのステップがある．

［ステップ1］**エクササイズのねらいの提示**：選択されたエクササイズ（課題）は，何のために行うのかを説明する．

［ステップ2］**インストラクションの実施**：実施時間やグループサイズ，注意点やルールの説明を行う．エンカウンターに限った話ではないが，各指示は簡潔でわかりやすく，一つひとつのことについて構成員に丁寧に確認をしながら行い，共通理解を徹底する．

［ステップ3］**デモンストレーションの実施**：エクササイズによっては，リーダーが実際に役割遂行の手本を示し，交流の仕方を演じ，自己開示がしやすいように配慮する．

●**エクササイズ**

次に，エクササイズでは，二つのステップがある．

［ステップ1］**エクササイズの展開**：エクササイズを開始したら，参加者一人ひとりの自己表現や言動に気を配りながら，予定どおりに進んでいるのかを確認し続ける．

［ステップ2］**インターベンション**：参加者が指示したとおりに取り組んでいない場合や，課題をつらく感じている参加者がいる場合に，個別にかかわる．

●**シェアリング**

さいごに，エクササイズを「自分はどのように感じたか」「どのように考えていたのか」「自分は何を学んだのか」などと振り返って，相互に伝え合う．このシェアリングがいちばん重要である．この段階は，二つのステップがある．

［ステップ1］**シェアリングの実施**：学級規模で行う場合は，6名程度の小グループに分かれ，相互に自己開示をするように勧め，自他の感覚や認識の差異などの気づきが得られるようにする．したがってリーダーは，参加者が自己を語っているのかどうか，感情交流をしているのかを巡視しながら確認する．

1) 学校での実践では，以下の技量が求められる．導入以前には，①実践を行う学級

［ステップ2］フィードバックの実施：自己発見したことや気づきなどを，全体に向けて発表し，共有する．メンバー各人の自己発見の言葉や感情体験を語る内容に着目しつつ，本人と全体に向けて，リーダーがフィードバックする．各人の体験は尊重し，無用に価値づけないようにする．この後で，事前に配布しておいたフィードバック用紙（振り返り用紙）への記入を促して，定着を図る．

　構成的エンカウンターグループについて知らなくても，各エクササイズをゲームのように知っている人は少なくない．学校では仲間関係を良くするために，簡便にできる活動とされることも多い．

　しかし本来，この手法は本音の交流をめざす．深い人間関係体験を志し，本音の交流を行う中で，「自己理解」「他者理解」を深め，「自己受容」体験を図る．そのために，構成的エンカウンターは本来，非日常的な場で本音を出す形態をとる．

　ところが学校は日常的な生活集団でもある．学級で本音を出しても大丈夫な集団を作ることが，構成的エンカウンターの目的であり，成否を分ける．どのエクササイズであれ，どの程度の交流をもち，どの程度本音を出して，それを互いに分かち合う良質な体験にもっていくのかの判断ができなければならない．

　各場面で，教師がどのようなかかわりをするのか，また，そこでの姿勢が，エクササイズの成否のすべてを決定する．単なるお楽しみ活動ではない．構成的エンカウンターのリーダーとしての役割を果たしながら，学級や学校の子どもたちの実態を踏まえ，明確な目標を立てて計画し，実施する．それだけに，学級経営をしっかりできる教師としての技量が求められる[1]．

や学年集団の実態を把握し，その集団が安心ができ，自身の本音をある程度出しても，攻撃にさらされるような関係性にはないことを判断する．その上で，②活動の中でつらい感覚を抱いている場合，その活動から外れてもよいとするなど，安全と安心感の確保を行う．活動開始後は，③グループメンバーの信頼関係の構築，維持，発展に気を配る．その際には，④共感的に受容的に関わるカウンセリングの基本的な素養は不可欠で，⑤グループの力動を見ながら，メンバーのスムーズな相互交流を促進するのが基本である．その上で，⑥活動に混乱が生じないように，的確に計算された指示を出し，集団を引っ張る教師としての力量も求められる．ときに，⑦危機的な場合は介入することが求められる．そのためには，活動に抵抗を起こす子どもがいた場合に備えて，個別に関わる者を配置し，活動への不参加や離脱を想定し，事前に活動への不参加の際の手立てを組んでおく必要もある．

〔小林正幸〕

【参考文献】
國分康孝・大友秀人（2001）『授業に生かすカウンセリング：エンカウンターを用いた心の教育』誠信書房
國分康孝・國分久子（総編集）（2004）『構成的グループエンカウンター事典』図書文化社

III-34
スーパーヴィジョン

supervision

　スーパーヴィジョンとは，supervise = oversee（上から＋見る）[1]の名詞形で「監督すること」「見渡すこと」を意味し，各専門職集団が独自の専門性を確保し，維持するために自ら設けた自律的指導・監督のことである．つまり，専門職の指導・監督は，各専門領域の熟達者以外にはできないことを前提とした具体的，直接的，個別的実践訓練であり，カウンセリングにも心理専門職独自の自己規律とエンパワーメントをめざしたスーパーヴィジョンがある．

　カウンセリング・スーパーヴィジョンでは，スーパーヴィジョンを行う指導者を**スーパーヴァイザー**（supervisor），訓練を受けるカウンセラーや学生を**スーパーヴァイジー**（supervisee）と呼ぶ．両者はスーパーヴィジョン関係を結び，クライエントの福祉のためにカウンセリングの理論・技法と研究成果（カウンセリング心理学の知恵）を活用すべく協働する．

　1950年代，アメリカカウンセリング学会においてカウンセラーの教育・訓練の検討が開始された当初，カウンセリングの専門家たちはカウンセリングができればスーパーヴィジョンもできると考えていた．ところが，カウンセラー訓練が開始され，スーパーヴィジョンの研究が進むにつれて，カウンセリングをすることとカウンセラーの訓練をすることは異なっており，専門家の訓練には特別な要素と機能が必要とされることが明らかになった．カウンセリング・スーパーヴィジョンには五つの特殊な要素，①関係性，②評価，③期間，④専門性の向上，⑤専門職の門番があるとされている[2]．

　関係性とは，カウンセリングという支援ではカウンセラー

1) Watkins Jr., C. E. (1997)(ed.) *Handbook of psychotherapy supervision.* Wiley.

2) 前掲書1.

とクライエントの関係性が重視されるが，スーパーヴィジョンにおいては専門職の訓練という文脈におけるスーパーヴァイザー／スーパーヴァイジー関係が基盤となることをいう．**評価**とは，スーパーヴァイザーがスーパーヴァイジーのカウンセリング行動の長所・短所について評価し，必要なスキルや機能についてフィードバックすることをいう．スーパーヴァイジーが担当するクライエントの福祉に責任を負うことでもある．**期間**とは，専門職訓練における学習と成長のプロセスが進行するために必要な期間のことで，その間にスーパーヴァイジーは多様な介入技法を活用する体験と，異なったクライエントとかかわる機会を得るようにする．**専門性の向上**とは，カウンセリングの実践に必要な技法の洗練のみならず，専門職としての他の能力（後述）も習得していくことを含む．スーパーヴィジョンの目的は，スーパーヴァイジーが自らのスーパーヴィジョンができるよう専門性を確立することである．**専門職の門番**（gatekeeper）とは，スーパーヴァイザーはスーパーヴァイジーのカウンセリングという専門領域への関与について判断する役割を負うことである．スーパーヴァイザーは，再学習・再訓練・専門領域への参与の是非などについて伝達・指示することができる．

　これらの特殊性を踏まえて，北米では1990年代にはスーパーヴァイジーが習得すべき課題とスーパーヴァイザーが果たす機能について基本的な要素がまとめられ，学派を超えた汎用性のある訓練モデルが示された．図34-1は，ホロウェイ（Holloway, E. L.）[3]による**SASモデル**（systems approach to supervision model）を参考に，スーパーヴィジョンの課題と機能をまとめたものである．

　スーパーヴィジョンの中核となる要素は，スーパーヴァイザーとスーパーヴァイジーの**スーパーヴィジョン関係**である．関係が成立するためには，スーパーヴァイジーの**ニーズ**（専門職としての発達段階と実践課題）にスーパーヴァイザーがどのような**方法**（形式と機能）を選択して訓練していくかを契約する必要がある．関係の左右には，意味ある作業同盟の成立と，その関係を取り巻くその場ではみえない**四つ**

3）Holloway, E. L.（1995）*Clinical supervision: A systems approach*. Sage.

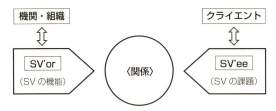

スーパーヴィジョン（SV）の中核要素〈関係〉（契約・段階・構造）をめぐる四つの文脈的要素（スーパーヴァイザー〔SV'or〕，スーパーヴァイジー〔SV'ee〕，クライエント，組織・機関）と二つのSVプロセス（課題と機能）

図 34-1　SAS モデル
（Holloway, 1995 を参考に，平木, 2017 を簡略化）

の文脈的要素が並行のプロセスとして重なって進行していることが示されている．四つの文脈的要素とは，①スーパーヴァイジーの特徴（カウンセリング経験，理論的背景，学習意欲とスタイル，文化的特徴，自己開示の特徴），②そのクライエントの問題にかかわる要素（主訴とアセスメント，特徴，カウンセリング経験），③スーパーヴァイザーの背景（専門的経験，役割，カウンセリング理論，文化的特徴，自己開示の特徴），④スーパーヴィジョンを行う組織・機関の要素（機関の顧客，組織構造と風土，専門職の倫理と基準）である．

　スーパーヴィジョンでは，上記の文脈を意識しながら，スーパーヴィジョンの**五つの課題**のどれかに焦点を当てて，指導・訓練が進められる．五つの課題とは，①個別ケースに則したアセスメントと介入のスキルの検討，②ケース理解と説明能力の向上にかかわるケースの概念化能力の取得，③クライエントのエンパワー，外的リソースの活用と連携，現場のルール・倫理の遵守，自己研鑽など専門職としての役割遂行能力の取得，④情緒的・対人的気づきの深化，⑤自己評価能力の向上（自己スーパーヴィジョン能力の獲得）である．

　スーパーヴァイザーは，上記の課題遂行のためにスーパーヴァイジーの提示する課題を受けとめ協議しながら，以下の**五つの機能**を選択し，果たしていく．①スーパーヴァイジーの実践活動に対する，基準に従ったモニターと評価，②プロ

としての知識・技能に関する情報，意見，示唆を含めた助言・指導，③エキスパートとしての言動のモデリング，④情報，意見，助言を求められたときのコンサルテーション，⑤スーパーヴァイジーの内省力の促進に寄与する共感的関心，励まし，建設的な直面化などによる支持・分かち合い，である．

　これらの課題と機能を含む教育的介入は，あくまでもクライエントの福祉を目的とし，かつスーパーヴァイジーのニーズと専門性の発達に応じて実行される必要がある．専門性の発達は生涯を通して進むので，スーパーヴィジョンとは，初心者からベテランまでそれぞれの発達段階に応じて行われる訓練ということでもある．

　なお，スーパーヴァイザーの訓練には，スーパーヴィジョンの理論，倫理などに加えて長期におよぶ**スキル訓練**（スーパーヴィジョンのスーパーヴィジョン実習）が含まれ，大学院の博士後期課程で行われる．さらに，**スーパーヴァイザー訓練者の訓練**も実施されている．

　さらに，スーパーヴィジョンの形式には一対一の**個人スーパーヴィジョン**のほかに，小グループで行われる**グループスーパーヴィジョン**，スーパーヴァイザーがカウンセラーの面接を直接観察してその場で面接にかかわる**ライブスーパーヴィジョン**，リフレクティングプロセスを活用するスーパーヴィジョンなどが開発されている．詳しくは，参考文献を参照されたい．

〔平木典子〕

【参考文献】
平木典子（2017）『心理臨床スーパーヴィジョン：学派を超えた統合モデル』増補改訂版，金剛出版
Watkins Jr., C. E. & Milne, D. L. (eds.) (2014) *The Wiley blackwell international handbook of clinical supervision*. Wiley.

III-35
カウンセリング心理学と倫理

counseling ethics

　カウンセリングは対人援助の営みである．その際，援助する側の無自覚な都合や思い込み，配慮という名の利己心，心の弱さなどの要素が，落とし穴になりやすい．カウンセラーとて人間であるから，魅力的な相手と近づきたい，私生活上の寂しさやストレスを緩和したい，物的な利益を得たいなどの感情は自然に起こる．とりわけ，助けを求めているクライエントとの援助－被援助という関係においては，それらカウンセラー側の利己的な動機が触発されやすいともいえる．ゆえに，専門職としての自覚と自戒が厳格に求められ，そのための自律的ガイドラインともいえるものが倫理規定である．

　たとえば，国内外のカウンセリングにかかわる職能団体には，倫理綱領が明確に定められている．それらは，**自己決定尊重の原理，無危害原理，利益供与の原理，公正の原理**といった生命医学倫理に関する一般原則[1][2]を基本に，諸団体の特徴を反映するように制定されているものが多い．加えて，カウンセリングの職種的な特色として，**誠実原理**および**忠誠原理**も重視されている[3][4]．

　以上を前提に，一例として，日本カウンセリング学会による「認定カウンセラー」の倫理綱領[5]をみてみよう[6]．

　第1条「クライエントに対する責任」では，「援助を必要とする人が適切なカウンセリングを受けられるように配慮し，常にクライエントの人格的成長と福祉とを促進することに努めなければならない」とされ，①クライエントとの関係において，ビジネス関係や性関係のような二重関係（dual relationship）を結んではならないこと，②カウンセリングが終結して一年未満のクライエントと結婚関係を結んではな

1) ビーチャム，T. L.・チルドレス，J. F.／立木教夫・足立智孝（監訳）(2009)『生命医学倫理』麗澤大学出版会

2) **自己決定尊重の原理**：クライエントの自律や個人の尊厳を尊重すること，カウンセリングは自己決定の援助をすること．

無危害原理：クライエントを傷つけたり，危害を及ぼしたりしてはならない．危害が生じた場

らないこと，③職務の遂行にあたっては，適切な場所，時間で行わなければならないこと，④セクシャルハラスメントが生じないように配慮しなければならないこと，⑤業務内容については，クライエントの理解と了承（インフォームドコンセント）を得なければならないことなどが定められている．

　カウンセリングに来るクライエントは不安になっていたり，精神的な庇護を求めていたりすることが普通であるため，カウンセラーへの依存心が強くなる．ときに，カウンセラーと私的・個人的な特別な関係になりたいと思うことさえある．同時に，カウンセラー側にもさまざまな誘惑が起こらなくもない．つまり，カウンセリングにおいては比較的容易に職業的役割を超えた不適切な関係に陥りやすいといえ，その予防や自戒を求める規定である．

　また，カウンセラーは拠って立つ考え方やその方法，資格や経験，予想される援助期間，守秘義務やその例外事項，料金やキャンセル規定などについて，クライエントの理解と了承を得ることも大切である．とくに，わが国では，カウンセラーの志向性や依拠する理論，その方法，期間などが明確にされず，専門家の意向や思惑が先行するまま，クライエントが追従するといったことがしばしばある．これは，自己決定尊重の原理や，公正，誠実の原理に反する側面があり，本来，初期の段階で，クライエントの理解力に応じた十分な説明や，クライエントの選好の尊重，方針や援助期間などに関する説明や同意，納得があるべきである．

　第2条「守秘義務」では，「クライエントの秘密を保持し，厳守しなければならない」として，①専門職として知り得たプライバシーの保持には細心の注意を払わなければならないこと，その公表にあたっては，クライエントあるいは他の人の生命の危険等，緊急な事態にあると判断されるとき以外，必ずクライエントないしは保護者の同意を得なければならないこと．②研究発表にあたっては対象者やクライエントの同意を得なければならない，あるいは，クライエントが特定できないような方法を講じなければならないこと，などが挙げられている．

合には，それを最小限にとどめること．危害に含まれるものには，精神的危害，物質被害，身体被害，社会生活への被害などがある．
利益供与の原理：専門家の行為は，クライエントにとって有益なものでなければならない．つまり，専門機関を利用することによって，健康を促進し，成長・成熟を促すものでなければならない．
公正の原理：料金，サービスの質や内容は，クライエントによって不公平となることがなく，公正であること．クライエントの権利の尊重，カウンセリングなどの機会や場所が誰にでも公正に利用できるようになっていることが求められる．

3）水野修次郎（2005）『よくわかるカウンセリング倫理』河出書房新社

4）
誠実原理：援助専門家はクライエントにとって誠実な関係を成立させ，クライエントを搾取したり，だましたり，心理的に操作してはいけない．
忠誠原理：援助専門家はクライエントに対して専門家として知り得た秘密を厳守する義務がある．

5）日本カウンセリン

第3条「専門家としての能力と責任」では,「認定カウンセラーは,専門家としての能力と資質を身につけなければならない」として,①カウンセリング行為が人々の生活に大きな影響を及ぼす可能性の自覚の上に立って,常に自己の限界を知り,研鑽に励むとともに,職務の遂行にあたらなければならないこと,②カウンセリング活動の際,精神科医,弁護士,他のカウンセラーなどの援助を必要とするようなクライエントについては,クライエント,ないしは保護者の同意を得て,速やかに,適切な専門職ないしは専門機関に委嘱あるいはリファーし,協力を求めなければならないこと,③カウンセラーの公的発言は専門的立場からみてその権威や内容について誇張や煽動や不誠実のない公正,正確なものでなければならないこと,④心理テストは,訓練・指導を受けていないものは実施してはならないことなどが規定されている。

この第3条では,カウンセラーに対して,専門性の確立やそれに向けての努力を要求すると同時に,自己の能力の限界の把握などの謙虚さを求めている。ともすれば,二律背反にもなりうる難しい課題であり,絶えない自己研鑽とともに,適切な自己理解や,独善的にならない姿勢が不可欠ということである。

第4条「金銭に対する取り決め」では,「クライエントまたは支払いをする第三者に,納得のいく金額を提示しなければならない」として,①カウンセリングに対して過剰な支払いを求めてはならず,その職務上の報酬は,適正でなければならないこと,②カウンセリングを開始する前に料金を明示しなければならないこと,③一括前払い方式の料金体系は,キャンセル時に問題が生じないよう,条件を明示しなければならないことなどが定められている。

カウンセリングの料金は,個人や組織によって異なり,適正な値段についてもさまざまな考え方がある。少なくとも,事前に金銭に対する取り決めを明示し,クライエントの同意や納得を得たうえで,カウンセリングの契約を行う必要がある。第1条とも関連するが,費用総額は,カウンセリングの期間や回数などにもよることから,少なくともおおよその期

グ学会認定カウンセラー倫理綱領(1997年施行)

6) 一方,米国カウンセリング学会の倫理綱領は,「A. カウンセリング関係」「B. 守秘義務」「C. 専門家としての責任」「D. 他の専門家との関係」「E. 鑑定,査定,解釈」「F. スーパーヴィジョン,訓練,教育」「G. 研究と公表」「H. 遠隔地カウンセリング,テクノロジーとソーシャルメディア」「I. 倫理的問題の解決」という項目ごとに,さらに詳細な倫理基準が定められている。これは単に,カウンセリング実践にとどまらず,研究や教育訓練活動なども含めた「カウンセリング心理学」をカバーする倫理綱領であり,また,わが国の諸綱領と比較して相当に詳細かつ厳格であり,実際に問題が生じたときの手続き方法などへの言及もある。とくに米国は訴訟社会でもあり,詳細かつ具体的な倫理規定はクライエントの人権や安全を守るものであると同時に,カウンセラーが規定に沿うことによって,自分自身を守ることにもつながるものである。

American Counseling Association (2014) ACA Code of Ethics.

間や回数の見通しが示されることが望ましい．そのことによって，カウンセラーの援助志向と利潤追求とのジレンマを緩和することにもつながるだろう．

　第5条「宣伝・教育・広告・管理」では，「カウンセリングについて適切な情報を提供する」として，①事実に反することやクライエントに過剰な期待をもたせるようなことを宣伝したり広告したりしてはならないこと，②自らの受けた訓練，教育について，求められた場合にはクライエントに情報提供しなければならないこと，③教育指導や管理の立場にある場合も，クライエントに対する本倫理綱領はその対象に対しても適用するものとすることなどが定められている．

　第6条では，「罰則」として，「認定カウンセラーが本倫理綱領に反する行動をおこなったときには，倫理委員会の調査の結果，除名を含む処分の対象となる」との規定がある．

　なお，グローバルな昨今の動きとしては，メールや電話などの遠隔地カウンセリングや，ソーシャルメディアを通じたカウンセリングや相談などに関する活動など，テクノロジーの発展に伴う新しい形態のカウンセリングへの対応のあり方などが定められつつある．また，従来の個人の内面や心理を重視したカウンセリングモデルから，被援助者のエンパワーメントおよびエコロジカルモデルへの移行に伴って**権利擁護の視点**が重視されるようになり，対して「二重関係」が，権利擁護や社会変革に携わるカウンセラーの役割を不自由にするものとして，消極的に位置づけられる[7]ようになった．

　倫理問題は，カウンセリングや対人援助に必然的に伴う二律背反や，その中でのカウンセラーとしての立ち位置，あり方や意義そのものを問う．ゆえに，事例に則して，専門性とは何か，専門家の責任と何か，相手の役に立つということはどういうことかなどを，個々が真摯に考えてゆくことが，倫理問題への取り組みへの基本である．　　　　　〔藤田博康〕

7）水野修次郎（2010）権利擁護とカウンセリング．『麗澤大学紀要』91, 277-293.

【参考文献】
コウリー，G．・コウリー，M. S．・キャラナン，P．／村本詔司（監訳）（2004）『援助専門家のための倫理問題ワークブック』創元社
金沢吉展（2017）『臨床心理学の倫理をまなぶ』東京大学出版会

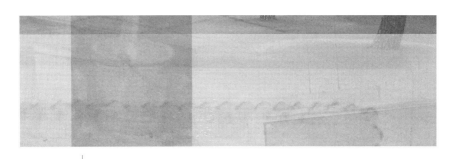

IV カウンセリングの諸領域

IV-36
保育カウンセリング

preschool counseling

　保育カウンセリングとは主として子どもの保護者や保育者に対して行うカウンセリングであり，臨床心理士やそれに準ずる専門家により行われる[1]．相談内容は子どもの「問題」や「症状」に対する具体的な対応の助言を求められることが多いが，まず相談者の思いに添いながら丁寧に状況を確認し，子どもの行動や症状への理解を深めることが重要である．そして，相談者が子どもの状態を受け容れられるように寄り添いながらも子どもの発達を促す視点での助言を行い，必要に応じて他機関の支援を検討する．

　また，適切な支援を行うべく見立てや方針を立てるためには，基本的な発育／発達／愛着形成についてや[2][3]，小児心身症[4]／児童精神科領域[5]など医療の知識，また子どもを支援する他専門領域の知識の獲得が必須となる．主たる相談内容を表36-1に示す．

　面接の基本は通常のカウンセリングと同様であるが[6]，子どもの問題解決に有効と考えた場合は相談者の意向を尋ねた

1) 文部科学省「中央教育審議会初等中等教育分化会資料」

2) 無藤隆・子安増生（編）(2011)『発達心理学 I』東京大学出版会

3) 小林隆児・遠藤利彦（編）(2012)『「甘え」とアタッチメン

表36-1　保育カウンセリングの主な相談内容

◆子どもに関すること	
行動の問題	じっとしない・話し続ける・ぼーっとする・こだわりが強い・すぐ切れる・指示に従わない・自傷他害・物を盗る・友だちと遊ばない，など
発達の問題	言葉が通じない・独り言が多い・動きがぎこちない・真似ができない，など
癖の問題	指しゃぶり・爪かみ・髪の毛を抜く・性器いじり，など
身体症状	痛みの訴え・少食・拒食・強い偏食・異食・吐く・下痢・便秘・夜尿・頻尿・遺尿・遺糞・寝つきが悪い・夜驚・朝機嫌が悪い・チック
心の状態	不安／緊張が強い・怖がり・すぐ傷つく・慣れにくい・夢と現実の混乱，など
◆保護者自身に関すること	
子育ての問題	自信がもてない・かわいいと思えない・すぐ叩いてしまう・産んだ後悔，など
家族との問題	夫婦や家族関係の葛藤・両親の介護・経済的な問題，など
本人の問題	他の保護者との葛藤・保育者への不信・自身の疾患／障害，など

うえで，園の関係者と情報を共有することや他専門機関ともコラボレーションすることを伝える．そして，相談経緯や心配なことや解決したいことを確認後，「問題」や「症状」が顕在化した時期と，家族や所属集団の変化（下の子どもの出産や夫の単身赴任，行事前など），これまで行った「問題」や「症状」への対応方法やその結果，他機関相談歴やその際の助言などを時系列に沿って整理する．

　そのうえで子どもの**発達査定**を行うことになるが，相談内容が保護者自身のことであっても子どもの発達特性を把握することは重要である．母子手帳を参考に，周産期から相談時に至るまでの子どもの発育／発達状態，乳幼児検診の情報や既往歴について確認する．その際，保護者の働きかけと子どもの反応の特徴も踏まえて査定していくが，子どもの成長発達に対する誤った理解や対応がないかという点にも留意する．また，園での直接観察や，保育者から情報を得て，総合的に査定する．

　さらに，保護者自身が援助を受けられる子育て環境をもっているか，子育て以外の問題（手がかかるきょうだい，夫婦の不和やDV，経済的な問題や祖父母の介護など）の有無など，**家族関係**についての査定を進める．

　これらの情報を決して「事情聴取」にならず，相談に至った思いに添い，それを理解する態度で，言葉や内容も選び尋ねていく．そして，**生物学的要因**と**心理（情緒発達）的要因**，**環境要因**に分けて見立てと方針を立てる．

　子どもの発育・発達的要因，身体の脆弱性や身体症状の持続や強い場合など，生物学的要因が考えられた場合は小児科や児童精神科の受診を勧める．また，習癖や問題行動を認めた場合も発達特性の関与が強いことがあるので，保健センターや医療機関へのリファーを検討する．

　そして，子どもの「問題」や「症状」の背景にある心理（情緒発達）的要因，たとえば，弟妹をめぐる葛藤や両親の不和からの淋しさや不安，また特性に対する周囲の無理解から力が発揮できずにいらだちや怒りが生じている，などを見立て整理する．

ト：理論と臨床』遠見書房

4）日本小児心身医学会「小児の心身症各論」http://www.jisinsin.jp/detail/index.htm

5）中根晃・牛島定信・村瀬嘉代子（編）（2008）『詳解　子どもと思春期の精神医学』金剛出版

6）カウンセリングの基本的事項については，下記を参照のこと．
　小林司（編）（2004）『カウンセリング大事典』新曜社
　氏原寛・他（編）（2004）『心理臨床大事典』改訂版，培風館

環境要因への対応として，まず保護者の情緒的安定を図ることをめざすことになるが，保護者に抑うつ感や不安感／気分変調などの精神症状，または心身症を疑う身体症状を認めた場合は医療機関をリファーする．その際，子どもの安定にとっても保護者の情緒的安定が必須であることを十分に説明する必要がある．また，経過で一時的に子どもに強い依存や攻撃を認め保護者が疲弊することもあるので，カウンセラーは保護者や保育者にはその意味を伝え，保護者が情緒的に子どもを抱え続けられるべく支えることが重要となる．さらに，保護者自身の親子関係や夫婦関係の影響から子どもを受け入れられないなど，長期間カウンセリングが必要と見立てた場合は，別の相談機関へのリファーも検討する．

その他，子どもや保護者の情緒的安定を図るための環境調整として，保育者への**コンサルテーション**や**事例検討会**がある．カウンセラーは**守秘義務**に配慮しながらも保育者と子どもや保護者との関係を整理すること，保育者が担っている子どもや保護者にとっての役割を明確にし，必要であれば他領域とのコラボレーションを含めた具体的な対応をともに検討する．この過程で保育者自身が主体的に考えて対応できる力の回復をめざすが，そのためにも，保育者が保育態度の評価を懸念することなく自由に語れる雰囲気を作ることが重要となる．また，社会資源を使う場合は，虐待やネグレクトが疑われる場合の児童相談所とのコラボレーションはもちろんであるが，保健センターや家庭児童相談室などの子育て支援サービスや療育施設などの利用がある．

以上のような相談業務とともに，保育カウンセリングでは**保育者のメンタルヘルス**[7]の維持への関与を欠くことはできない．保育者は子どもや保護者対応での疲弊，職場での人間関係，家族関係や家庭と仕事のバランスの問題など精神的な問題とともに，慢性的な腰痛など保育者ならではの身体的な問題を抱えていても，保育者自身のことは後回しになりがちである．先に述べたコンサルテーションや事例検討会，個別の子どもや保護者対応への相談は当然メンタルヘルスの維持に役立つが，何気ない雑談であっても丁寧に聴くことや，些

---

[7] メンタルヘルスについては労働安全衛生法の一部改正により，50人以上の従業員の事業場にストレスチェックが義務づけられた．http://www.mhlw.go.jp/kokoro/know/symptom.htm

細なことでも自然に語ることができる環境作りを心がけることが重要となる[8]．

さいごに，保育者のメンタルヘルス支援の事例[9]を参考までに以下にひとつ紹介して，本項の締めくくりとしたい．

保育士Aは，担当する5歳X子が些細なことで癇癪を起こし集団行動ができないこと，他児とのトラブルが絶えなかったこと，また給食を拒否することが多いことから，自身の保育力に自信をなくしていた．さらに，担当クラスに多動や癇癪を起こす子どもが複数いたことで，日々疲弊し，抑うつ感が強くなるとともに，食欲不振と不眠症状を認めていた．

ある日，X子の母親がX子のこだわりの強さと偏食がひどいことを心配し，総合病院小児科を受診した．そこで，小児科医は臨床心理士と共観した結果，X子を自閉スペクトラム症と診断．母親へは対応の助言とともに，母親同席のもと，小児科臨床心理士と保育士との面接を提案したところ，母親が同意し施行となった．面接を通して保育士Aは，X子の不適応行動は保育士の対応力の低さからではなく，X子の発達特性に応じた対応ができていなかったことがわかり，特性に応じた対応を考えるようになった．そして，X子に行動を指示する際には，行動の見通しがつきやすいように絵や図を使い明確に示したこと，他児とのトラブルが生じたときにはまずX子の話を聞き，嫌な思いをしたときにはすぐに保育士に伝えてくるようX子に伝えたところ，X子の他児とのトラブルは激減し，保育士Aの心痛や身体症状も軽減した．

保育士Aは園内会議でこの経過を報告．子どもの行動理解を進めることや，困り感が生じたときには自分だけで抱えるのではなく他専門家に相談し情報を共有することで，対応がスムーズになること，また，保育士自身のストレスの軽減になることを，他の保育士と共有することができた．

〔大堀彰子〕

8) 保護者が保育園への不満や保護者どうしの軋轢をもつ場合，カウンセラーは保護者の感情に添いながらも顕在化した問題に注目しすぎず，背景にある保護者自身の葛藤を丁寧に扱うことと並行し，保育園と保護者の**橋渡し機能**を担うことになる．

北山修（1993）『言葉の橋渡し機能：およびその壁』岩崎学術出版社

9) 個人が特定されないよう，筆者の経験をまとめて作成した．

【参考文献】
子安増生・二宮克美（編）（2014）『キーワードコレクション　発達心理学』新曜社
石井信子・藤井裕子・森和子・杉原康子（2014）『乳幼児の発達臨床と保育カウンセリング』改訂版．ふくろう出版

IV-37
学校カウンセリング
school counseling[1]

　学校カウンセリングは，**教育カウンセリング**（educational counseling）[2]の中核を占める．それは，学校教育の中で，カウンセリングに関する最新の諸科学の理論や方法論を活用して学校内の教育活動を援助し，より円滑に進めることを目的とする．

　この中で，教師が学校で行う学校カウンセリングを**学校教育相談**と呼ぶ．一方，臨床心理士などの心理学の専門家が学校内でカウンセリングなどの専門的な活動を行うことを**スクールカウンセリング**と呼ぶ．

　図37-1に示すように，学校カウンセリングの担い手は，教員とスクールカウンセラーなどの校内に入る専門家である．教員としては，特別支援コーディネーター，生徒指導主任，養護教諭，教育相談係などがその中心であり，学校教育相談の担い手となる．

　また，スクールカウンセリングの担い手は，学校内に入る専門家である．スクールカウンセラーや特別支援教育のための臨床発達心理士，スクールソーシャルワーカー，学校を巡回して相談活動をする巡回相談員などである．

図37-1　学校カウンセリングの概念構成図

1)「学校カウンセリング」の英語表記が，下の図37-1で内包している「スクールカウンセリング」と同じ綴りであるが，本項で「学校カウンセリング」として解説している内容と，海外でschool counselingという言葉が用いられる際の概念的な意味合いが近いことを考慮して，こう表記することとした．

2) II-24「教育カウンセリング」の項目を参照．

このほか，学校にはさまざまなボランティアが学習補助や臨時の支援者として学校内に入ることも多い．たとえば，教室に留まれない子どもや，特定の障害がある子どもに支援者がかかわる場合も少なくない．このような形で学校に入る支援員なども，学校カウンセリングの一翼を担う重要人物である．

　さらに，関連専門機関の専門家などと携えて，学校カウンセリングを推進していく必要もある．**非行の問題**では，地域の警察の生活安全課，とくに少年係とのコラボレーションは必須になろう．このために学校警察連絡協議会（学警連）などの組織がある．**福祉の問題**や**虐待関連の問題**では，児童相談所や社会福祉事務所，子ども家庭相談室とのコラボレーションが必要になる．虐待の問題では，地域の関係機関などが子どもやその家庭に関する情報や考え方を共有し，適切なコラボレーションのもとで対応していく要保護児童対策地域協議会が設けられている場合がある．医療とのコラボレーションでは，校医や養護教諭を媒介にしたかかわりが必要になる．

　以上のような担い手がいるわけで，子ども一人ひとりの学校の適応を支援し，また子どもたち全員の心理的健康を増進し発達を適切に促すためには，これらの関係者が密接にコラボレーションできることが望ましい．

　学校の組織では，**校務分掌**が組織として設けられている．これは，学校内における運営上必要な業務分担のことであり，業務分担のために編制された組織系統を指すこともある．学校カウンセリングの関連では，生徒指導，教育相談，特別支援コーディネーター，キャリア支援（進路指導）などの各部・各係が密接に関連する．また，学校教育の中で学校カウンセリングにかかわる研修や研究を行う場合では研修や研究の部や係が所掌し，特別活動などの教育課程の中で心理教育を行う場合には教務部がそれを担当する．

　これらが学校の組織で，その組織図や名称，各機能の詳細は学校により異なっている．各部・各係の担当者は，校長の任命によるもので，担当が変わっても運用できるようになっ

ているのが理想である．

　しかし，子どもの問題の早期発見・早期対応や，子どもの各種の課題に対処していくには，上記の校務分掌だけでは十分に機能しない．これを補うものが，**チーム支援**である．チーム支援とは，問題を抱える個々の児童生徒について，担任をはじめ，校内の複数の教職員やスクールカウンセラーなど学校内でその子どもにかかわる者でチームを編成し，子どもや家庭への支援も行い問題解決を行うことである．

　基本は，問題のある子どもについて，その子どもや保護者と関係の深いメンバーでチームを組み，役割分担をして，子どもを支えていくのである．チームが組まれるのは，通常の教育活動では対処が不十分と考えられる事例の場合である．

　したがって学校の中では，何らかの問題を抱えている子どもの数だけチームが作られる．そのチームの動きを俯瞰し，動きを調整する者が必要になる．事例によっては，チームの事例検討会を開催し，児童・生徒理解の共有と，指導方針の共有を行う必要もある．また，各チームの動きを学校全体に広げ，理解を求めることも必要になる．以上のような調整を行うことを**コーディネート**と呼ぶ．コーディネートを行うのは，通常，上記で示した校務分掌の部や係ということになる．

　非行などの関連は生徒指導，医療関連は養護教諭，教育相談は学校適応，発達障がいの課題に関連しては特別支援コーディネーターが主に担うのが通例である．しかし個々の子どもが抱える問題は，これらが重複している場合も少なくない．学校内でかかわる複数の人間が問題の所在や支援方法を共有していくことは，**共通理解**と呼ばれる．

　上記の係やコーディネーターのそれぞれの顔が広く，地域の専門機関や学内に入って来るさまざまな支援者を熟知しているならば，その人間が学外の専門機関との連携を進めるのが理想である．しかし実際には，教師には異動があり，その地域の実情がわからない者がその役割を担わざるを得ないことも少なくない．

　そのためにも，どのような専門機関が地域にあり，どのような場合に利用が可能なのかを，学校の中で情報として蓄積

をし，いつでも活用できるように準備しておくことは，支援に際して有用であろう．また，主要な学校カウンセリングの推進者は，専門機関のスタッフとできるだけ顔を合わせる機会を設け，いざとなったら，教師がコンサルテーションを受けられる関係を築いておくことが望ましい．地域にあるさまざまな協議会や校内研修会なども，そのような顔つなぎをするうえでの重要な機会としてとらえるとよいであろう．

　なお，近年では，**チーム学校**と称され，学校の中で，多職種が手を携えて地域の力を結集して子どもの課題や子どもをめぐる保護者などの関係者とコラボレーションして課題解決を進めていくことが求められている．有村[3]はチーム学校における学校カウンセリングの課題を学校組織論から述べており，早川[4]はスクールカウンセラーとのコラボレーションとして，スクールカウンセラーが学校内でチーム学校の担い手となる場合の活動の方向性を提案している．一方，古屋[5]は学校と地域のメンタルヘルスの視点から，学校のコミュニティづくりのあり方や今後の在り方などに触れている．これらの視点は，スクールカウンセラーが地域支援やコミュニティ臨床を行っていくうえで参考になると思われる．

〔小林正幸〕

3) 有村久春（2016）「特別テーマ2　チーム学校における学校カウンセリングの課題」小林正幸（編著）『図解でマスター！　実践学校カウンセリング2016』小学館（pp.12-15.）

4) 早川惠子（2016）「スクールカウンセラーとの協働作業」小林正幸（編著）『図解でマスター！　実践学校カウンセリング2016』小学館（pp.16-19.）

5) 古屋茂（2017）「学校コミュニティづくり」日本学校メンタルヘルス学会（編）『学校メンタルヘルスハンドブック』大修館書店（pp.259-264.）

【参考文献】
小林正幸・橋本創一・松尾直博（編）（2008）『教師のための学校カウンセリング』有斐閣
中野明德（編）／モジュール型コア教材開発研究会教育臨床編チーム（2009）『DVDで見る教育相談の実際』東洋館出版社

IV-38
学生カウンセリング
student counseling

　学生カウンセリングとは，戦後わが国にアメリカからSPS (student personnel services) という概念が導入されるに伴い，高等教育機関内に設置された**学生相談**機関とともに発展してきた心理臨床活動の一領域である．学生カウンセリングを教育の補助としての位置づけではなく，学生への教育そのものを担う重要な活動として位置づけるSPSの理念に沿う形で，学生教育に対しても関与する学生カウンセリングという理念が定着した．しかし大学紛争という混乱期への対応を余儀なくされたこと，学生カウンセリングの専門家たるカウンセラーが「狭義の心理治療にとらわれた活動に終始していた（周りからそのように見えていた）」こと，そして国立大学を中心に学生カウンセリングの部署が保健管理を主たる業務とする組織の中に位置づけられる経過をたどったこと[1]で，学生全体・大学コミュニティ全体へと関与する大学教育の一環という認識から，一部の不適応学生への心理治療を担当する認識へと変化していった．

　SPSの理念から離れる傾向にあった学生カウンセリングの方向性について，平木[2]は学生カウンセリングの果たすべき機能を「発達促進的機能・治療的機能・仲介的機能」として，従来の個人への心理治療に特化したクリニックモデルではなく，**成長モデル**を指向するべきと提案し，その後に続く学生カウンセリング再考の契機となった．学生カウンセリングが成長モデルや，大学全体を活動対象として教育的機能を担うべきとする**コミュニティモデル**を指向する流れは，大学全入という時代的背景や「学生相談の機能を学生の人間形成を促すものとして捉え直し，大学教育の一環として位置づけ

[1] 齋藤憲司 (2010)「学生相談の理念と歴史」日本学生相談学会50周年記念誌編集委員会（編）『学生相談ハンドブック』学苑社 (pp.10-29.)

[2] 平木典子 (1994)「クリニック機能を備えた学生相談モデル」都留春夫（監修）小谷英文・平木典子・村山正治（編）『学生相談：理念・実践・理論化』星和書店

る必要がある」とした文部省高等教育局[3]による報告,「すべての教職員」と「カウンセラー」の「連携・協働」によって学生支援が達成されるとした報告[4]によって強く後押しされ,現在は「成長モデル」と「コミュニティモデル」が前提とされる活動領域となっている.

学生カウンセリングの特徴として,主たる対象年代が青年期であること,援助対象とされる学生が日常的に過ごすコミュニティの内部に活動場所が設置されていること,在学期間に限られるという時間的制約に援助構造が規定されているなどが挙げられる.以下に下山ら[5]を参考に学生カウンセリングの特徴を踏まえた援助活動の実際について説明する.

①**カウンセリング・心理療法**:心理的に大きな変化を遂げる青年期の援助では,成長と自己実現に向けた課題にどう向き合い達成するかということが大きなテーマとなる.個人史・家族史と向き合い,さまざまな特性や要因を考慮しながら,自分の「現在」を最も適切な「現在」として選べるように援助するキャリア発達支援の機能を果たすカウンセリングは必須の活動といえる.一方で従来の狭義の学生カウンセリングが対象としてきた,症状を呈し不適応に陥っている学生への心理療法的援助活動も変わらず重要である.

②**教示助言(ガイダンス)**:進路や修学に関する情報を求めて来談した学生に対して,必要な情報提供や助言を行うことで問題の整理や解決をめざしていく活動である.近年では学生カウンセリングの窓口を「よろず相談」と位置づけて,学生利用の間口を広げることを意図した機関も多く,新入生の履修相談やレポート作成の手伝いなど,修学適応への具体的教示や助言を行う機能を果たす活動も増えている.

③**教職員・家族などへのコンサルテーション**:学生生活上の行き詰まりは学生個人だけの問題とは限らない.その学生の周囲に居る家族や教職員も同じように困り,助けを求める場面も少なくない.そうした状況では,学生や教職員,家族,システムとしての大学コミュニティにかかわる問題をどう理解し,かかわることが改善に向けて効果的であるかを検討し,介入するという対人援助専門職のカウンセラーが担うべ

3) 文部省高等教育局・大学における学生生活の充実に関する調査研究会(2000)大学における学生生活の充実方策について:学生の立場に立った大学づくりを目指して(報告).(通称:廣中レポート)

4) 独立行政法人日本学生支援機構(2007)大学における学生相談体制の充実方策について:「総合的な学生支援」と「専門的な学生相談」の「連携・協働」.(通称:苫米地レポート)

5) 下山晴彦・峰松修・保坂亨・松原達哉・林昭仁・齋藤憲司(1991)学生相談における心理臨床モデルの研究:学生相談の活動分類を媒介として.『心理臨床学研究』9,55-69.

き重要な役割がある．関係者それぞれがどのようにかかわればいいかについて，カウンセラーが適切にコンサルテーションを行い，自分たちにも学生を手助けできる部分があると感じられるようにエンパワーすることは，学生へのサポートが手厚くなることも意味する．関係者を援助することで間接的に学生を支える活動も，学生への直接的なサポートと同様に重要である．

④**危機介入**：事件や事故，あるいは大学が緊急に取り組むべき課題に対して，関連部署や教職員へのコンサルテーション，具体的個別の事例に対する安全確保をめざした介入などが学生カウンセリング機関には求められる．とりわけ学生カウンセリング機関に求められる事態としては，自殺や自殺企図，希死念慮といったメンタルヘルスにかかわる事件や事故，危機状態への介入がある．現在の大学では精神科医が常駐している体制は少なく，危機状態にある学生とかかわり，医療機関につなげる段階から，家族や教職員と連絡を取り合いひとまずの安全な状況まで結びつける介入が求められる．不幸にも既遂されてしまった場合には，ポストベンションとして関係する教職員や学生たちへのグリーフケアなど，状況が安定したと判断されるまでに行われる援助活動が含まれる．

⑤**療学援助**：医療によるサポートを受けながら学業を継続する必要のある学生や，大学生活への復帰にあたって支援が必要とされる学生に対し，個別面接の枠を超えて必要に応じた教職員との連携や医療機関との連携を行い関係者との橋渡しをする活動も，学生カウンセリングの機関やスタッフに求められることは多い．現在では慢性疾患に由来する困難を抱えた学生に限らず，より幅広い対象者層に行われる援助の一形態とされる．援助の対象者が過ごす生活圏内に設置された機関であるゆえに可能となる援助活動といえるであろう．

⑥**教育・予防・啓発・提言**：教育の一環として，学生カウンセリング担当者による学生生活や青年期に関する心理教育的講義の実施なども重要な活動といえる．その他学生カウンセリング機関として学生の心理社会的スキル獲得を促進させる目的で，グループワークやスキルトレーニングなどを企画・

主催する活動も行われる．また学生カウンセリング活動から得られる学生のニーズや大学の課題を踏まえ，大学全体として取り組むべき課題を執行部に提言し，高い支援機能をもつコミュニティへの成長を促すことも重要な役割である．

さいごに，学生カウンセリングの今後と課題について，以下手短に述べておく．2016年4月に「障害を理由とする差別の解消に関する法律（障害者差別解消法）」が施行された．この法律により，**不当な差別的取り扱い禁止**が大学等において法的義務とされ，**合理的配慮の不提供の禁止**[6]は国公立大学において法的義務，私立大学においては努力義務とされている．この法律の施行が契機となり，多くの大学で障害をもつ学生を支援する専門部署が設置されてきている．各大学における障害学生支援をめぐる実践は，それぞれの大学の特徴をふまえた多様なものとなると考えられる．今後は，こうした専門機関と学生カウンセリング機関がどのような連携を図ることが学生支援にとって効果的か検討していく必要があるだろう．

また近年は学生だけでなく，保護者が大学に関与する機会も増えている．学生カウンセリング機関もこれまでの学生本人に対するアプローチだけでなく，家族へのアプローチ方法について再考する必要に迫られているといえる．これまで触れてきたように大学内外の関係者とともに学生への援助を行う機会も同様に増えており，一対一の面接構造に留まらない活動が重要な領域となっている．今後の学生カウンセリングは，教育コミュニティの中のさまざまな水準の事象を見立て，介入するために必要な知識と技術の研鑽が求められる領域といえる．

〔大町知久〕

6)「合理的配慮（reasonable accommodation）の不提供の禁止」とは，障害者から社会的障壁の除去を必要とする意思の表明があった場合，実施に伴う負担が過重でないときは，社会的障壁を除去するために配慮を行わなければならないとされていること．

独立行政法人日本学生支援機構（2018）『合理的配慮ハンドブック：障害のある学生を支援する教職員のために』

【参考文献】
日本学生相談学会50周年記念誌編集委員会（編）(2010)『学生相談ハンドブック』学苑社
都留春夫（監修）小谷英文・平木典子・村山正治（編）(1994)『学生相談：理念・実践・理論化』星和書店

IV-39
生涯発達カウンセリング

life-span developmental counseling

　個の発達とは，生涯にわたる過程である．個人を取り巻く社会や経済的変化と産業構造の変化は，個人の心理的・精神的健康に影響する．**生涯発達カウンセリング**では，人と環境との相互作用の中で個が生涯発達を遂げるという視点を土台に行っていく．人間の発達段階において，人がどのように生きていくかという**キャリア形成**は重要なテーマとなる．なかでも**職業選択**は個人の人生，生き方の選択でもあり，現代はその働き方や生き方の選択肢が増え，常に選択と決定を行わなくてはならない．まさにそのキャリア形成への支援は生涯発達カウンセリングの実践による貢献が大きい．近年は，キャリアの概念を単なる職業選択という一時点のものととらえるのではなく，個人の人生・生き方そのものであるとし，生涯全体の発達プロセスの統合的なライフキャリアととらえられるようになっている．そのためカウンセリングの現場においては，生涯発達をテーマとした支援はさまざまに実施されているが，とりわけライフキャリアに焦点や比重を置いているのが，**キャリアカウンセリング**（career counseling）[1]の実践であるだろう．キャリアカウンセラーは，活動場所とその対象者によって，求められる機能や方法，手段もさまざまであるが，渡辺ら[2]が挙げているように①個別あるいはグループカウンセリング，②コンサルテーション，③プログラム開発・運営，④調査・研究，⑤他の専門家などとのコラボレーション・組織作り，⑥測定・評価・診断，といったアプローチでなされているのが一般的である．

　厚生労働省の報告[3]にもあるように，**キャリア支援**はさまざまな領域で実施されており，代表的な現場は教育機関，企

1) II-14「キャリアカウンセリング」の項目も参照．

2) 渡辺三枝子（編）大庭さよ・他（2007）『キャリアの心理学：キャリア支援への発達的アプローチ』新版，ナカニシヤ出版

3) 厚生労働省（2011）「キャリアコン

業や就職支援機関である．

　小学校，中学校，高等学校の教育機関では，「キャリア教育推進の手引き」[4]を指針にし，キャリア発達にかかわる人間関係形成能力，将来設計能力，情報活用能力，意思決定能力の4領域を促すように教育支援が推進されている．また青少年期の発達課題などに応じた基礎能力を構築するための個別指導や援助も各学校で積極的に行われるようになっている．

　そして，キャリア形成支援や**就職支援**に関するキャリア支援者が非常に活用されている現場の一つが大学である．学生自身が自己理解し具体的な職業意識をもち将来設計できるように，キャリア教育，個別相談が求められている．キャリアに関連する科目の導入や，社会とのつながりの一助となる産学共同の講座やセミナー，プログラムなどの提供，就職キャリア相談における自己分析の窓口の開設など，各大学で工夫しながらキャリア支援を実践している．

　さらに，企業内では，福利厚生の一環や人材育成への組織風土改革の活動として支援が行われている．従業員の職務における**定着支援**や**キャリア開発**はもちろん，出産や育児，介護との両立に伴う女性のキャリア形成，転勤や昇進などによる環境変化への適応など，ニーズは多岐にわたる．たとえばうつ病など心の健康問題による休職者の**職場復帰支援**も，企業内で実施する生涯発達カウンセリングである．休職者が働き方を見直し，ライフキャリアを再構築していくプロセスにかかわりながら，環境との調和をめざし職場調整などのフォローを行う．つまり，企業内におけるキャリア支援は個人のライフキャリアの発達プロセスを把握し，その個人にかかわる環境のシステムを理解した支援をしていく．企業内で福利厚生や教育の一環としてキャリアカウンセリングなどの制度を導入することは，従業員のキャリア意識を喚起させ，仕事への意欲の向上や離職率の低下につながる効果があるといわれているが，積極的に活動している企業は大企業に偏っているのが現状である．今後，働く従業員を支える企業内での活動への努力と進展が期待されている．

　また，就職支援機関における取り組みは，ハローワーク

サルティング研究会報告書」にて公表された．

[4] 2006年，文部科学省．

（公共職業安定所），ジョブカフェ[5]（若年者就職支援センター），地域若者サポートステーション[6]などの公的機関や，再就職支援，人材紹介，人材派遣などの民間機関において実施されている．初めて職業選択をする若者から，キャリア形成の過程で新たな職を求める社会人など，幅広い層に利用されている．さらに生涯現役社会[7]の実現より，今後はさらに高齢期の**セカンドキャリア**に関する支援ニーズも増加していくだろう．

このように，生涯発達カウンセリングの現場の支援領域は多岐にわたる．それぞれの現場に求められるニーズや支援の特徴を活かし，クライエントの発達段階にあった適切なライフキャリアの援助を行う必要がある．

生涯発達カウンセリングは以上に述べたようにさまざまな領域で実施されているが，カウンセリングの一般的な進め方や実施目的は共通している．宮城[8]はキャリアカウンセリングの進め方の基本として以下の七つのステップにまとめている．

①信頼関係（ラポール）の構築
②キャリア情報の収集
③アセスメント——自己分析，正しい自己理解
④目標設定
⑤課題設定
⑥目標達成へ向けた行動計画
⑦フォローアップ，カウンセリングの評価，関係終了

また，キャリアカウンセリングの目的を「クライエントが意思決定過程に必要な能力を発達させ，自律的に行動し社会の中でより有能に機能できるように支援することである」と定めている．現在のキャリア発達課題を念頭に置きながら，それぞれの領域にできる支援を実践していく．さらに，宮城[9]は，カウンセリング実践における機能について以下の八つを挙げている．

①ライフキャリアに関する正しい自己理解を促す
②ライフキャリアデザイン・キャリアプランなどキャリア開発の支援を行う
③職業選択，意思決定の支援を行う

---

5)「若者自立・挑戦プラン」（2003）の中核的施策に位置づけられている機関であり，各都道府県所轄の若年者の就職促進サービスを提供している．また，ハローワークを補完する機関として期待されている．

6) 地域における若者自立支援ネットワーク整備モデル事業により設置された支援機関．ひきこもり，精神疾患や発達障害などの相談をつなぐ拠点として機能している．

7) 高齢者雇用安定法により65歳までの雇用確保措置が希望者全員に適用すべきものとされた．

8) 宮城まり子（2002）『キャリアカウンセリング』駿河台出版社

9) 前掲書8)

表39-1 キャリア支援プログラムの例（岡田・小玉編[10]より引用）

項目（分類）	プログラム例（呼称）
キャリアの専門家が行うプログラム	キャリアデザイン研修，キャリア相談
組織内の人間関係を活用したプログラム	メンター制度，チューター制度，ブラザーシスター制度，エルダー制度，職場先輩制度，育成上司制度，ぴあサポーター制度
キャリアの多様性（組織内の流動性）を高める施策	社内公募（ジョブポスティング，ジョブチャレンジ，社内FA），企業内インターンシップ，社内ベンチャー，企業家育成プログラム，複線型キャリアパス（専門職制度）
発達課題を乗り越えることを目的とするスキル研修	新入社員研修，階層別研修，リーダーシップ研修，コーポレートユニバーシティ
発達課題を乗り越えることを目的とする人事諸制度の新展開	フレキシブルワーク導入，育児支援制度・介護支援制度の充実，評価制度改革（コンピテンシーモデル・目標管理制度），処遇制度変革

④キャリア目標達成のための戦略策定の支援を行う
⑤キャリアに関するさまざまな情報提供の支援を行う
⑥より良い適応，個人の発達の支援を行う
⑦動機づけ，自尊感情の維持と向上支援を行う
⑧キャリア不安・葛藤など情緒的問題解決の支援を行う

　これらの機能は，個人カウンセリングはもちろん，キャリアの生涯発達に関する性質をもったあらゆる取り組みも同様にいえることである．たとえば，最近多くの機関で実施されているキャリアに関するプログラムは，人材育成などの研修や人事諸制度にも波及しており，生涯発達の機会を提供するプログラムとして会社組織や学校教育機関で普及しはじめている（表39-1）．

　以上のようなプログラムへの参加が，個々の発達段階の課題を乗り越える契機にもなる．ライフキャリアを具体的かつ現実的に描いていけるよう，個別のカウンセリングのみならず，システムにおけるプログラムの参加を促していくことも，生涯発達カウンセリングの一助といえる．

〔隅谷理子〕

10）岡田昌毅・小玉正博（編）（2012）『生涯発達の中のカウンセリングⅢ：個人と組織が成長するカウンセリング』サイエンス社

【参考文献】
宮城まり子（2002）『キャリアカウンセリング』駿河台出版社
渡辺三枝子（編）大庭さよ・他（2007）『キャリアの心理学：キャリア支援への発達的アプローチ』新版，ナカニシヤ出版

IV-40
産業カウンセリング

industrial counseling

　産業カウンセリングとは，産業場面における相談活動やメンタルヘルス活動全般を指し，**産業心理臨床**といわれることもある．産業心理臨床とは，個人および職場組織や企業体に対して行われる心理臨床活動を総称したもの[1]であり，カウンセリング心理学や臨床心理学を実践の学問とし，産業精神保健や産業・組織心理学，社会心理学などの近接領域の知見も活かしカウンセリング的援助を行うことである．昨今のめまぐるしい社会や経済の動き，多様な仕事や職場環境の中で，働く人たちはさまざまなストレスを抱えている．労働者の心身の健康の維持と安心して働ける職場環境作りは，今や事業者の責務であり社会的要請でもある．そのため，職場においてはストレスに影響する環境要因も考えながら，労働者の心の健康の保持増進と問題の予防をめざしていくことが求められており，事業場におけるそれらの活動が産業カウンセリングの重要な役割となる．

　産業カウンセリングの現場では，産業保健に関する知識や技術に加えて厚生労働省の動向や，労働基準法[2]や労働安全衛生法[3]などの法的な理解も求められる．それらの知識を日本産業カウンセラー協会認定の産業カウンセラーや，中央労働災害防止協会認定の心理相談員，キャリアコンサルタントなどの資格で習得する支援者も多い．とりわけ，技術革新と競争を迫られる現代の職場においては，メンタルヘルス活動のほかに，労働者の生涯発達を視野に入れた**キャリアカウンセリング**が非常に重要になってきた[4]．さまざまなメンタルヘルス活動の中で，産業カウンセリングは重要な機能を果たし，働く人のキャリアカウンセリングも大切な支援である[5]．

1) 乾吉祐（2011）『働く人と組織のためのこころの支援：メンタルヘルス・カウンセリングの実際』遠見書房

2) 労働者が「健康で文化的な最低限度の生活」を営むことができるように使用者が守るべき最低限の基準を示した法律．たとえば，第1条第2項では「労働基準条件の遵守と改善努力について」，第2条では「労働協約や労働契約等の遵守と履行について」が定められている．

3) 職場における労働者の安全と健康を確保するとともに，快適な職場環境の形成を促進することを目的に制定された法律．たとえ

労働者の働く環境は心身に最も影響を及ぼす．とくに長時間残業による過重労働は精神的負担が大きく，メンタル不調による自殺の労災認定の増加は社会的な問題である．そのため行政からさまざまな指針が示された．たとえば，メンタルヘルスの不調の早期発見（**一次予防**），早期対応（**二次予防**）を目的とした「事業場における労働者のこころの健康づくりのための指針：メンタルヘルス指針」[6]や，職場復帰と再発予防（**三次予防**）を目的とした「心の健康問題により休業した労働者の職場復帰支援の手引き」[7]などが挙げられる．心の健康づくりは，労働者自身はもちろん，管理監督者や事業場内産業保健スタッフ，事業場外産業保健スタッフのそれぞれの立場から計画的に実施するよう示された．また，うつ病など心の健康問題による休職者に対しては，「復職支援の手引き」の五つのステップの手順に沿いながら，職場復帰支援を行うように要請された．のちにメンタルヘルス指針は「労働者のこころの健康の保持増進のための指針：新メンタルヘルス指針」[8]に改定され，三つの予防活動を統合的に実施するように強調された（表40-1）．また，「職場復帰の手引き」の改訂[9]では，復職後の環境，労働人事や管理監督者などの**ラインによる支援**を推奨されている．これらの活動は，労働者個人の支援から職場環境支援までを統合的にアプローチしていくことが不可欠であり，その中で産業カウンセリングの実践は大きな役割を果たすと考えられる．

　事業者は過重労働やハラスメントなどの労働環境による過度なストレスを排除する努力が求められている．労働者を雇用する事業者には，労働契約法にて「業務遂行に伴う疲労心理的負荷等が過度に蓄積して労働者の心身の健康を損なうことがないよう注意する義務（**安全配慮義務**）」があり，メンタルヘルス活動においてその責任を遵守することとされている．たとえば，脳・心臓疾患の発症を予防するために，長時間にわたる労働により疲労の蓄積した労働者に対して事業者は医師による面接指導（**過重労働面談**）を実施することが安全衛生法により義務づけられた（2008年4月）．さらに，改正労働安全衛生法（2015年12月）では，労働者数50人以上ば，第66条第8項では「長時間労働者に対する医師による面接指導等について」，第66条第10項では「心理的な負担の程度を把握するための検査（ストレスチェック）の実施について」が定められている．

4) II-14「キャリアカウンセリング」やIV-39「生涯発達カウンセリング」の項目も参照．

5) 2016年にはキャリアコンサルタントが国家資格化され，今後はさらに転職，再就職，定年退職後のキャリアなどを視野に入れた生涯発達支援，キャリア開発支援の要請が増加していくだろう．

6) 2000年，労働省（現・厚生労働省）．

7) 2004年，厚生労働省．メンタルヘルス指針では，メンタルヘルス活動の基本となる四つのケア（①セルフケア，②ラインによるケア，③事業場内産業保健スタッフによるケア，④事業場外によるケア）の活動内容を具体的に明記している．

8) 2006年，厚生労働省．

9) 2009年，厚生労働省．

表 40-1　新メンタルヘルス指針「4つのケア」[8]

心の健康づくり計画の策定

⇩

4つのケア

セルフケア
事業場内産業保健スタッフ等は，セルフケアおよびラインによるケアが効果的に実施されるよう，労働省および管理監督者に対する支援を行うとともに，次に示す心の健康づくり計画の実施にあたり，中心的な役割を担うことになります． ・具体的なメンタルヘルスケアの実施に関する企画立案 ・個人の健康情報の取り扱い ・事業場外資源とのネットワークの形成やその窓口 ・職場復帰における支援，など

ラインによるケア
・職場環境等の把握と改善 ・労働者からの相談対応 ・職場復帰における支援，など

事業場内産業保健スタッフ等によるケア
事業場内産業保健スタッフ等は，セルフケアおよびラインによるケアが効果的に実施されるよう，労働省および管理監督者に対する支援を行うとともに，次に示す心の健康づくり計画の実施にあたり，中心的な役割を担うことになります． ・具体的なメンタルヘルスケアの実施に関する企画立案 ・個人の健康情報の取り扱い ・事業場外資源とのネットワークの形成やその窓口 ・職場復帰における支援，など

事業場外資源によるケア
・情報提供や助言を受けるなど，サービスの活用 ・ネットワークの形成 ・職場復帰における支援，など

の事業所に対し，心理的な負担の程度を把握するための検査（**ストレスチェック**）を実施することを義務化し[10]，一定基準を満たした高ストレス者などは産業医の面談を申し出ることができるようになった．このストレスチェック制度実施は，労働者のメンタルヘルス不調を未然に防止する一次予防の一環であり，労働者にストレスへの気づきを促し，事業者にストレスの原因となる職場環境の改善を要請するものである．

このようにさまざまなメンタルヘルスに関する指針や法整備により，現在では多くの事業場で積極的にメンタルヘルス活動が実施されるようになった．企業組織にはメンタルヘルスにかかわる支援関係者は複数おり，企業の人事や管理監督者などのライン，産業医や保健師，臨床心理士などの産業保

10）ストレスチェック実施者は産業保健や精神保健に関する知識をもつ医師，保健師，また厚生労働大臣が定める研修を修了した看護師，精神保健福祉士，歯科医師，公認心理師である．（労働安全衛生法，2018年8月施行）

表40-2 産業心理臨床の役割と機能[11]

①	職場不適応や精神障害にり患した対応と職場復帰支援,予防対策を含めた社員個人への心理アセスメントやカウンセリング機能,職場の所属長や職場関係者へのコンサルテーション機能を行うこと.
②	職場での安全教育・危機管理・組織ストレスなどの把握とその個別的対処を行うこと.つまり,人間工学的にそれぞれの個人の特性に応じてどのような職場環境が働きやすいか,色彩心理学,組織心理学を応用して個人が住み,働き,そして集団体験をもつ職場について面接調査や統計的手法から,個人の適応やメンタルヘルスを検討し,社員と組織の問題点に対応する機能をもつこと.
③	社員のキャリア開発の個別的相談業務.その社員の技能的・情緒的・意志的側面を把握して,最も適材適所となりうる配属とか,どんな仕事内容や職場が,適合性が高いかを,企業組織の側ばかりではなく社員個人が効率良く働くための定期面接や相談機能をもつこと.
④	企業の経営方針,人事施策などが具体的に個々の社員のメンタルヘルスや職場組織にどんな影響を与えリスクを負うか,吟味検討するフィードバック機能をもつことである.その際,会社組織の前提となることはいうまでもない.本来,企業の中に臨床家を置き,社員の健康管理を委ねるのであれば,臨床家の視点が経営施策に活かされることは当然必要なことである.そのように企業側に主張する以上は,我々専門家が,同上に述べた点まで引き受けられる自信と組織への解析力や個別的な問題に対処できる臨床力をもつことがまず期待されよう.
⑤	①～④までの各項目から得られた所見を一般職研修,部課長の管理職研修で教育研修する機能である.それに加えて,経営者会議,人事課とのミーティングに所見を活かすとともに,産業医および看護職など専門家との相互研修で教育しあう機能である.

健スタッフらが,それぞれの専門性や役割に応じて従業員の心理援助に携わっている.その中で,産業カウンセリングにかかわる支援者はとりわけ何が求められているか.乾[11]は,産業心理臨床の役割と機能について,①職場復帰支援と予防対策を含めたカウンセリング,②職場の情報把握と個別対応,③キャリアの個別相談,④経営・人事・ラインへのフィードバック,⑤教育研修,の五つを挙げている（表40-2）.

産業カウンセリングにおいては,単に援助対象者個人とのカウンセリングが求められているわけではない.企業組織というシステムにおける支援であることを前提に,立場の異なる複数の支援関係者がそれぞれの役割を担いながらチームで協働していくことが重要である.さらにメンタルヘルスに関する指針や制度を遵守し,支援体制の構築と運営,援助の実施ができるよう,システムズアプローチやコミュニティアプローチの知見を参考にしながら,個々の支援と職場環境への介入援助を統合的に行っていく必要がある.

〔隅谷理子〕

11) 前掲書1)

【参考文献】
乾吉祐（2011）『働く人と組織のためのこころの支援：メンタルヘルス・カウンセリングの実際』遠見書房
CPI研究会・島田修・中尾忍・森下高治（編）（2006）『産業心理臨床入門』ナカニシヤ出版

IV-41 多文化間カウンセリング

multicultural counseling

　文化（culture）とは，民族や社会の風習，伝統，思考方法，価値観など，次世代へ受け継がれていくものの総称であり，人間の知識，信念，行動などの人間が築き上げた生活様式全体を指す[1]．文化はさまざまな集団や個人のパーソナリティの形成に影響を与えるといわれ，カウンセリングにおけるクライエントの理解には，文化的背景の把握が非常に重要になる．文化が違えば集団や個人の思考回路，行動様式も異なり，社会的属性や伝統，行事，信念，生活規範なども多様となる[2]．

　多文化間カウンセリングとは，このような多様性や多文化への配慮を混合した心理援助のことを指し，**異文化カウンセリング**とも呼ばれてきた．多文化間カウンセリングでは，人種による差別や障がいの問題，女性のキャリア形成の問題など，平等の権利を確保できなかったマイノリティの人々が尊重される**多文化共生社会**，つまり，人々が多様な文化を柔軟に認め受容することを常にめざしている．

　1960年代の米国では公民権運動の継続やベトナム戦争の深刻化など不穏な社会的背景があり，人種的マイノリティの人々に対する認知や理解の低さが問題視されていた．心理援助においても多文化への配慮が指摘されるようになり，アメリカ心理学会とアメリカカウンセリング学会が，人種的・民族的マイノリティグループに対し，効果的な支援を行う方針を固め，1980～90年代にかけて，多様性への配慮に関するガイドラインを両学会の倫理・教育規範に取り入れていった．たとえば，「レズビアン，ゲイ，両性愛のクライエントを対象とした心理療法のためのガイドライン」はその一つである（表41-1）．LGBT（lesbian, gay, bisexual, and

---

1) 小学館（2012）『大辞泉』第2版参照.

2) たとえば，階級，人種，民族性，ジェンダー，世代，性的志向など，異なる文化によって決定づけられている内容はカウンセリングにおいて配慮するべき内容である．
　プロチャスカ, J. O.・ノークロス, J. C.／津田彰・山崎久美子（監訳）(2010)「多文化間療法」『心理療法の諸システム：多理論統合的分析』金子書房

多文化間カウンセリング——169

表41-1　レズビアン，ゲイ，両性愛のクライエントを対象とした心理療法のためのガイドライン（アメリカ心理学会，2000から抜粋．津田ら，2010の翻訳を引用）

◆同性愛者，両性愛者に対する態度
1. 心理学者は同性愛，両性愛が精神病の徴候ではないことを理解している
2. 心理学者は自らのレズビアン，ゲイ，両性愛の問題に対する態度や理解がいかに密接にアセスメントや治療に関係しているかをわきまえておくことが望まれる．また，必要な際にはコンサルテーションを求め，適切なリファーを行うことが望まれる
3. 心理学者は，社会的スティグマ（例えば偏見，差別，暴力）がレズビアン，ゲイ，両性愛のメンタルヘルスやウェルビーイングに及ぼすリスクを理解するよう努力する．
4. 心理学者は同性愛や両性愛への不正解で，偏見的な見方が治療や治療過程におけるクライエントの行動表出に影響することを理解するよう努力する．

◆人間関係と家族
5. 心理学者はレズビアン，ゲイ，両性愛という関係性の重要さに理解を示し，尊重するよう努力する．
6. 心理学者はレズビアン，ゲイ，両性愛の親に立ちはだかる，特定の環境や課題を理解するよう努力する．
7. 心理学者はレズビアン，ゲイ，両性愛の家族には，法的生物学的に関係が認められない人が含まれる場合があることを認識する．
8. 心理学者は一人の同性愛者，両性愛者の志向がいかにその人の実家やその親類までに影響を及ぼすか理解するよう努力する．

◆多様性の問題
9. 心理学者は，人類民族的マイノリティと同様に，レズビアン，ゲイ，両性愛者がその文化的規範，価値観，信念に関わって直面する特定の生活問題や困難を認識しておくことが望まれる．
10. 心理学者は両性愛の個人が経験している特定の困難を認識するよう望まれる
11. 心理学者はレズビアン，ゲイ，両性愛の若者が抱える特別の問題を理解するよう努力する
12. 心理学者はレズビアン，ゲイ，両性愛者の世代間差，およびレズビアン，ゲイ，両性愛者の高齢者が体験する困難を考える．
13. 心理学者は身体的，感覚的，認知的，情緒的な障害のあるレズビアン，ゲイ，両性愛者が抱える特定の困難を認識するよう望まれる

◆教　育
14. 心理学者はレズビアン，ゲイ，両性愛問題について専門的な教育，研修の提供を支持する
15. 心理学者は継続的教育，研修，スーパービジョン，コンサルテーションを通して同性愛や両性愛の理解や知識を深めるよう望まれる
16. 心理学者はレズビアン，ゲイ，両性愛にとって適切なメンタルヘルス，教育，コミュニティ資源を自ら熟知するよう最良の努力をする．

transgendered）は，性的志向の多様な集団を構成し，民族・人種のマイノリティと同様，多くの差別や偏見を受け社会から抑圧されてきた．このガイドラインにある①当事者への態度，②人間関係と家族，③多様性の問題，④教育という四つの項目は，LGBTのみならず，社会・文化的に非難の対象とされてきた人々への支援に不可欠な視点であるとともに，広く異なる社会や文化に生きる人々や家族に対する心理援助に重要な観点でもある．また，日本においても，「会員は，基本的人権を尊重し，人種，宗教，性別，思想及び信条等で人を差別したり，嫌がらせを行ったり，自らの価値観を強制しない」と臨床心理士の倫理綱領[3]に明記されたり，多文化の

3）日本臨床心理士会

相談に関する専門性を認定する「多文化間精神保健専門アドバイザー」の資格[4]が発足するなど，実践への関心が高まっている．

　多文化間カウンセリングでは，文化的に考慮されるべき要因への理解をとくに深めていく必要があるが，プロチャスカ（Prochaska, J. O.）とノークロス（Norcross, J. C.）[5]はそれらに年齢と世代の影響，障がいの程度，宗教，民族性，社会的地位，性的志向，地域特有（土着）の伝統，民族の起源，ジェンダー（性の自己認識）の九つを挙げ，クライエントのアセスメントに役立てるべきとした．また，ペダーセン（Pedersen, P.）[6]は，カウンセラーの多文化意識の訓練がカウンセリングの一次予防になるとし，①気づき，②知識，③スキルの3段階の訓練モデルを推奨している．気づきは，文化に対する物事の視点やとらえ方を正確に比較し，選択的に生じた態度や思考，価値への潜在的な優先順位を関連づけたり，ポジティブやネガティブな概念を識別したりして，多様な文化的状況を把握することができる．また，自己の多様性への理解の限界も知ることができる．さらに知識により，自己の文化の視点から異文化を理解したり，意味づけたりすることを可能にし，事実と情報にアクセスするのも容易になる．そして，スキルにより，多文化の人々の行動を観察，理解し，相互に影響しあいながら助言を行うことができ，多様な課題を効果的に扱うことが可能となる．このような多文化意識の啓発や訓練は，グローバル化・少子化の進展に伴って今後，さらに重要になってくる．

　これまで日本の多文化間カウンセリングの多くは，**スクールカウンセリング**や大学の学生相談の**留学生支援**や労働者の**海外赴任の支援**（地域在住の外国人支援も含む），男女共同参画の専門機関における**DV支援**，女性の**キャリア支援**などの領域で実施されてきた．たとえば教育現場における実践として，井上[7]はコミュニティアプローチを重視した多文化教育臨床を紹介しており，留学生の個別のカウンセリングだけではなく，グループでの仲間作りワークショップ，異文化交流の促進プログラムなど留学生が援助を受けやすい環境作り

(2009) 臨床心理士の倫理綱領

4) 平成13年より多文化間精神医学会にて認定している専門資格．

5) プロチャスカとノークロス（2010）の前掲書．

6) Pedersen, P. (2000) *A handbook for developing multicultural awareness*, 3rd ed. American Counseling Association.

7) 井上孝代（編）(2007)『つなぎ育てるカウンセリング：多文化教育臨床の基礎（マクロ・カウンセリング

の実践などがまとめられている．

　また，教育現場だけでなく，家族療法も多文化を代表する臨床実践である．家族とは女性と男性，親と子どもといういわば異文化のメンバーが共生する身近な小集団であるため，**家族カウンセリング**をはじめとする家族支援の現場においても，多文化間カウンセリングは有効とされてきた．「男性は仕事，女性は家庭」という価値観は，女性に育児や介護などの家族内ケアを過度に期待し，夫婦関係や親子関係に悪影響を与え，女性の労働者としてのキャリア形成の中断を迫るなどして，家族のあり方に大きな影響を長く及ぼしてきた．1985年の男女雇用均等法の施行により，現在は，女性も差別されることなく，労働能力を発揮できる環境がより身近になり，家族内役割，子育てや教育などのありようも時代とともに変化している．このような時代的変化によりさらに多様な文化の文脈が作られ，それに伴って新たな問題が顕在化する家族もある．家族カウンセリングは，そのような多文化がもたらす問題を扱いながら，家族構成員一人ひとりの存在と多様な価値観を認め，エンパワーし，家族全体を支えていくものであり，まさに多文化間カウンセリングの実践ともいえる．

　カウンセリングにおける多文化への配慮は，どの心理援助や現場においても念頭に置かれるべきである．価値観の多様化する教育現場において，**アサーション教育**を導入する学校も出てきている．アサーションとは，「自分の気持ち，考え，欲求などを率直に，正直に，その場の状況にあった適切な方法で述べること」[8]であり，「自分も相手も大切にする自己表現」である．アサーションは，多様な価値観が存在する社会で自己と他者を尊重し共生していく意味をまさに伝える実践であるが，多文化社会における心理支援活動の一環として，今後ますます注目されることだろう．　　　　〔隅谷理子〕

実践シリーズ4)』川島書店

8) 平木典子（2009）『アサーション・トレーニング：さわやかな「自己表現」のために』改訂版，日本・精神技術研究所／金子書房

【参考文献】
Pedersen, P.（2000）*A handbook for developing multicultural awareness*, 3rd ed. American Counseling Association.
プロチャスカ，J. O.・ノークロス，J. C.／津田彰・山崎久美子（監訳）（2010）「多文化間療法」『心理療法の諸システム：多理論統合的分析』金子書房

IV-42
非行・犯罪・矯正カウンセリング

delinquent / criminal / corrective counseling

　一般的に「非行や犯罪をする人たちは、いけないことをしたのだから、二度と同じ過ちを繰り返さぬよう、厳しく罰する（制裁を加える）必要がある」と考えてしまう．強い使命感をもった常識的で真面目な世の中の大人たちは、非行少年や犯罪者たちをまともにさせたいと思い、悔い改めさせ、性根を叩き直そうとする．また周囲は非行少年や犯罪者たちを「不良、いけない人たち、どうしようもない人たち」と白眼視する．この大人や周囲のごく自然で当たり前のかかわりにより、非行少年や犯罪者たちは「どうせ自分たちは非行少年（犯罪者）なのだから……」と自らネガティブなレッテルを貼りつけてしまう．これが**ラベリング理論**（labeling theory）[1]である．

　少年法上の非行少年とは、①**犯罪少年**（罪を犯した14歳以上20歳未満の少年）、②**触法少年**（実質的には罪を犯しているが、その行為のとき14歳未満であったため、刑法上、罪を犯したことにはならないとされている少年）、③**ぐ犯少年**（20歳未満で、保護者の正当な監督に従わないなどの不良行為があり、その性格や環境からみて、将来罪を犯すおそれのある少年）のことをいう（少年法第1条、第3条）．

　このような法的根拠のもとに主に専門職公務員が少年やその保護者にかかわる．警察では少年係警察官、少年補導員、青少年センター相談員、家庭裁判所では家庭裁判所調査官、少年鑑別所や少年院では法務技官、法務教官、児童相談所では児童福祉司、児童心理司、学校では生徒指導教諭、スクールカウンセラー、スクールソーシャルワーカーなどである．

　非行少年たちは自らの意思で進んで来談するのではなく、

1) ラベリング理論は、1960年代にハワード・ベッカー（Becker, H. S.）らによって提唱された．少年が内面の衝動によって逸脱行動を行うことを**第一次逸脱**という．その結果、彼（彼女）らは社会からは非行少年というラベルを貼りつけられる．さらに彼（彼女）らがそのラベルに否定的同一性を確立してしまうとき、**第二次逸脱**が生じてしまう．

法的根拠のもとに事情を聴取されることがほとんどである．時には保護者や関係者たちに無理やり連れてこられる場合もある．また保護者は子どもが非行を繰り返すことに困り，悩んでいるが，なかには仕方なく来所してくる者もいる．

井上[2]は「法的規定は概して心理臨床的活動を保障してくれるものであるが，時として心理治療の希求する自由性と法の強制力とが相克する場合も生じうる．非行者処遇のシステムは対象者の更生を第一義とするといっても，あくまで社会防衛の原則がつらぬかれていなければならない．このあたりが非行臨床をむつかしくし，効果の点で今ひとつという評価をうけている理由である」と記す．

いろいろな事情を抱えて生まれてきて，親に子どもらしく甘えさせてもらえず，大切に扱われなかった子どもたちは，小学校高学年ぐらいに居心地の悪い家を離れ不良集団に入り，不良文化に染まり，万引きの使い走りをさせられることがある．いわゆる初発非行年齢の早い非行である．**虐待回避型非行**と呼ばれる．

小さい頃は親から虐待を受ける被害者的立場であった子どもたちが，このように非行の加害者（その結果，親は社会から責めを受ける被害者的立場）に逆転する現象が起きる．適切なかかわりがもたれない場合には**本格的非行**に移行し，非行深度が進んでいく．要保護児童対策地域協議会[3]のメンバーが協働し，少年や家族にかかわっていくことも大切である．非行全体の3割くらいが該当する．ちなみに平成29年版犯罪白書によると平成28年の20歳未満の者による刑法犯検挙人員は3万1995人である．

一方，中学生になり思春期心性の中で**初発型非行**と呼ばれる万引き，自転車盗，オートバイ盗などの軽い非行を起こしてしまうこともある．仲間との遊び心で起こしてしまい，大変なことをしてしまったという反省の気持ちももち，1回きりで終わることが多い．**一過性非行**と呼ばれる．失敗はしたものの回復し生活できる力をもっている点を評価するかかわりが望ましい．非行全体の7割くらいが該当する．

非行少年は，非行という不適応行動に悩んだり，克服すべ

2) 井上公大（1980）『非行臨床：実践のための基礎理論』創元社（p.113.）

3) 要保護児童（要支援児童や妊婦を含む）などの早期発見や適切な保護や支援を図るために，関係機関が当該児童などに関する情報や考え方を共有し，適切なコラボレーションのもとで対応していくことが重要である．そのため市町村（場合によっては都道府県）により，子どもを守る地域ネットワーク体制が組まれている．①関係機関相互のコラボレーションや役割分担の調整を行う機関を明確に

き問題というニーズをもつことは稀である．しかし支援者が関わり，現状に関して傾聴し，少年が現状を続けることのデメリットを考え，非行する代わりの適応行動を見出せるようになることで更生をめざすことができる．このような関わりを**処遇カウンセリング**という．

村松[4]は「非行少年の抱く『被害者意識』に注目する．少年たちは法規範に違反し社会的に加害者であるにもかかわらず，家庭裁判所に事件送致されたことに被害感を抱いている者が少なくないことを指摘する」「非行臨床の面接の場面では，些細なことに異を唱え，口をとんがらせ，むくれた姿を時々見かけると思う．彼らは被害を受けたことは針小棒大に言うが，加害行為については過小評価するのが決まりきった対応である」と記す．

石川[5]は「非行少年の治療ないし非行少年に接する姿勢で重要なことは，治療者が非行少年に何らかの関心をもち，治療を一緒に歩んでいこうという気持ちで少年をよく見，よく聞き，少年の非行に走らざるをえなかったつらい，苦しい叫びの意味を理解しようとつとめ，少年が必要としていることに援助を続けることだと思う」と記す．

初発非行年齢の早い非行少年やその家族には，**インテーク面接**でのかかわり方が実にデリケートである．面接そのものが非行少年たちの被害体験を増幅させないように細心の注意が払われなければならない．とくに最初のアイコンタクト，第一声に神経を使い，支援者が非行少年たちに向ける「まなざし」や声の調子，醸し出す雰囲気が面接の成否を決定するといっても過言ではない．石川[6]は「治療者の非行少年観と治療観は，面接の瞬間するどく少年にかぎわけられ，治療関係の成否を決定づけてしまうように思われる」と記す．

また支援者は保護者や家族たちにも責めることなくかかわり，少年や保護者，家族たちから情報を提供してもらえるよう丁寧に傾聴していく地道なかかわりが必要である．少年，保護者，家族たちは丁寧に接してもらったという体験をもちつつ，支援者との協働をはじめるのである．

ハーシー（Hirschi, T.）の提唱した**社会的絆理論**（social

するなどの責任体制を明確化するとともに，②個人情報保護の要請と関係機関における情報共有のあり方を明確化することが必要である．メンバーには市町村子育て支援課，保健所（保健センター），学校・教育委員会，警察，医療機関，弁護士会，児童相談所，民生・児童委員，保育所，民間団体などがある．

4) 村松励（1998）「非行臨床の課題」生島浩・村松励（編）『非行臨床の実践』金剛出版 (p.23.)

5) 石川義博（2007）『少年非行の矯正と治療：ある精神科医の臨床ノート』金剛出版 (p.32.)

6) 石川義博（1985）『非行の病理と治療』金剛出版 (p.243.)

bond theory）は，非行少年や犯罪者が社会復帰するために欠かせない．ハーシーは「人はなぜ犯罪をしないのか」という逆説的な問題提起をした．「人は誰でも犯罪する危険性がある」という前提があるからである．犯罪者と非犯罪者を連続的にとらえるという特徴がある．社会的絆とは個人と遵法的社会を結ぶ絆であり，この絆が弱められたり，断ち切られたりすると，個人は犯罪に陥るとする．次の4種類の絆がある．

①**愛着**（attachment）の絆がなければ孤立感が生ずる．家族や学校から見捨てられ，何の愛着ももっていない．②**努力・投資・傾倒**（commitment）の絆がなければ，投げやり・自暴自棄となる．自己投資をまったくせず，周囲からの評判も気にかけない状態になる．③**多忙・巻き込み**（involvement）の絆がなければ，暇で退屈になる．仕事や趣味といった建設的な活動には一切参加せず，ぶらぶら過ごす．④**規範意識・信念**（belief）の絆がなければ，無秩序になる．規則なんて守るに値しないという感覚となる．このように考えている人が犯罪を起こしやすいということになる．

非行少年でも犯罪者でも同じである．この断ち切られそうな絆をつないでいく関係諸機関の支援者たちの協働が求められる．少年院で矯正教育を受けた非行少年は社会復帰するときに保護観察所が社会とのつなぎ役となる．犯罪者や最近急増する高齢犯罪者たちも保護観察所や地域生活定着支援センター[7]がその役割を担っている．最近では刑罰ではなく福祉的支援を充実させる**加害者支援**も注目されている．加害者支援に力を入れることにより非行少年や犯罪者の再犯が減少し，被害者支援にもつながる社会防衛的機能が充実する．

〔市村彰英〕

7）高齢または障害により自立が困難な矯正施設退所者に対し，退所後直ちに福祉サービスなどにつなげ，地域生活に定着を図るため，保護観察所と協働して進める地域生活定着促進事業を推進する各都道府県の機関．主な業務に，①矯正施設退所前に帰住地調整を行うコーディネート業務，②矯正施設退所後，社会福祉施設に入所した後の定着促進のフォローアップ業務，③矯正施設退所後の福祉サービスなどについての相談支援業務．これらを一体的に行うことにより，社会復帰と再犯防止に寄与する．

【参考文献】
井上公大（1980）『非行臨床：実践のための基礎理論』創元社
生島浩・村松励（編）（1998）『非行臨床の実践』金剛出版
石川義博（2007）『少年非行の矯正と治療：ある精神科医の臨床ノート』金剛出版
石川義博（1985）『非行の病理と治療』金剛出版

IV-43
医療・看護カウンセリング
medical/nursing counseling

　医療・看護カウンセリングとは，医療現場において行われているさまざまなカウンセリング活動のことである．一般のカウンセリングは，クライエントとカウンセラーとの二者関係のうえに成り立っているが，医療カウンセリングは医療として位置づけられているため，患者の体験世界を患者とかかわる医師をはじめとする複数の医療専門職と共有し，患者により良い医療が提供できるように活用する．医療・看護カウンセラーはチーム医療に参加し，チームで患者へのケアを行う．その理由は，今日の医療では専門分化が進み，さまざまな専門職がそれぞれの立場から患者にアプローチをするため，それらがバラバラに行われるのではなく，統合した医療・ケアが提供されるようにするためである．

　医療の進歩は，人々に多くの恩恵をもたらしたが，その一方で高血圧症・狭心症などの循環機能障害，糖尿病・痛風などの栄養代謝機能障害，脳梗塞・脳出血などの脳・神経機能障害をはじめとする慢性的な健康障害を抱えながら生活をする人々が増えてきている．このような疾病構造の変化を受けて，患者の健康障害を人体の構造と機能の変化，すなわち**疾患**（disease）という医療者の立場からのとらえ方ではなく，**病い**（illness）としてとらえる考え方に変化してきている．「病い」とは，症状や苦しみに伴う人間の体験であり，個人と家族が疾患をどのように感じているのか，それとともにどのように生きようとしているのか，そしてどのように受けとめられているのかなどとかかわると定義されている[1]．このように，健康障害のとらえ方が医療者主体から患者主体へと変化するとともに，カウンセリングの需要も高まってきている．

[1] P. ウグ（編）／黒江ゆり子・他（訳）(1995)『慢性疾患の病

以上のような環境変化に対応して医療・看護カウンセリングは，人々が「病い」とともにどのように生きていくかという**生き方**の問題を支援する活動として位置づいていくと考える．

さらに最先端の医療技術の進歩によっても，新たなカウンセリングの需要が生まれている．1980年代からゲノム医学が発達し，遺伝子診断が実用化されると，遺伝性疾患の概念が大きく変化した．従来の先天性の疾患やメンデル遺伝（メンデルの法則に従って親から子に形質が伝わる遺伝）をする疾患だけでなく，がんや生活習慣病までが**遺伝カウンセリング**（genetic counseling）の対象になった．

かつて医療・看護カウンセリングは，患者とその家族の医療的ケアの中心人物として医師が行ってきたが，今日では病気や遺伝によって引き起こされた多くの問題に患者・家族が向き合うのを手助けするためのカウンセリングや教育の需要が増してきている．では，新たに生まれてきたカウンセリングや教育の需要に応えるのは誰であろうか．現在わが国で養成が行われている医療・看護カウンセリングを担う人材養成の代表的な例を紹介したい．表43-1に示すように，遺伝医療を必要としている患者や家族に適切な遺伝情報や社会の支援体制などを含むさまざまな情報提供を行い，心理的・社会的サポートを通して当事者の自律的な意思決定を支援する**認定遺伝カウンセラー**，不妊で悩んでいる人々に対して，カップルが最適の不妊治療を選択することができるよう支援する**不妊カウンセラー**，不妊に悩むカップルへの不妊相談を行う**生殖心理カウンセラー**，がん患者とその家族が主体的に治療法

みの軌跡：コービンとストラウスによる看護モデル』医学書院

表43-1　医療カウンセリングにかかわる人材養成の状況

名称	認定機関	受験資格	有資格者数（時点）
認定遺伝カウンセラー	日本遺伝カウンセリング学会，日本人類遺伝学会共同	遺伝カウンセラー養成専門課程を設置した大学院を修了すること	251名（2019年2月）
不妊カウンセラー	日本不妊カウンセリング学会	不妊カウンセラーとしての「到達目標」をクリアすること	1131名（2018年12月）
生殖心理カウンセラー	生殖心理カウンセリング学会	学会主催の基礎・専門の講習を修了すること	77名（2018年11月）
がん患者専門カウンセラー	生命保険会社	試験制度はない	不明

を選択し，納得のいく自分らしい生き方ができるよう支援するがん患者専門カウンセラーなどがある．学会認定の資格が主であるが，生命保険会社が顧客サービスとして設けているものもある．また，平成26年度の診療報酬改訂では，緩和ケアに関する研修を修了した医師または適切な研修を修了した専任の看護師が，がんの診断および治療方針の説明を行う際に，当概患者に対して多面的に配慮した環境で丁寧な説明を行った場合の「がんカウンセリング」に対する評価（診療報酬加算：1人1回500点）が新設された．この場合，看護師が受ける適切な研修とは，①日本看護協会認定看護師教育課程「緩和ケア」「がん性疼痛看護」「がん化学療法看護」「がん放射線療法看護」「乳がん看護」「摂食・嚥下障害看護」または「皮膚・排泄ケア」の研修，②日本看護協会が認定している看護系大学院の「がん看護」または「精神看護」の専門看護師教育課程を指す．

　紹介してきた医療・看護カウンセリングの担い手は，医師・看護師が主となっているようにみえる．ただし，多くの医療専門職が活動する現場には医療・看護カウンセリングの需要がある．それに応えるための人材養成が行われれば，健康障害に苦しむ人々の支援者として位置づくようになると考えられる．今後の医療カウンセリングは，社会のニーズに対応して診療報酬体系に組み込まれ，経済的な基盤を確立しながら多くの分野で発展していくものと考えられる．

　2018年にわが国に誕生した**公認心理師**は，医療カウンセリングの担い手として活躍が望まれる心理専門職である．公認心理師は国家資格を有するため，その活動は医師の指示のもと診療の補助行為を行う医療専門職のひとつとして位置づいていくであろう．さらに彼らが医療分野において自律した専門職として認められていくためには，「病い」に悩む個人とその家族の心理的な支援者として，その活動の成果を科学的な根拠をもって示していく必要があると考える．

　さいごに，世界的にみると遺伝性疾患患者に対応する遺伝カウンセリングの発展がめざましいため，これを例に挙げて医療・看護カウンセリングの将来について考えてみたい．

遺伝カウンセリングが先駆的に行われている北米のNSGC (National Society of Genetic Counselors) では，遺伝カウンセリングの役割は従来の古典的な役割からさらに発展する必要があるとされている．今後のゲノム医療，オーダーメイド医療において，ゲノムの情報を健康に役立てる際には，病院などで遺伝カウンセリングを受ける患者に限らず，広く一般の人々や社会に向けても，遺伝性疾患，ゲノム診療や研究についての知見に関する正確な情報の教育・啓発も重要な役割であると考えられている．すなわち，遺伝カウンセリングは，face-to-faceの保健医療施設での遺伝カウンセリングのみでなく，病院の外に出て地域での遺伝医療の啓発・教育，また政策の分野での活躍が期待されている．遺伝カウンセリングの具体的な活動は，①予期的遺伝カウンセリングの実践（薬剤遺伝学的検査の結果解釈や生活習慣病などの発症リスクなどを，どのように当事者の健康管理・疾病予防・適切な医療に役立てていくのかについて，当事者とともに考える），②種々の倫理的問題に対応するため関係するスタッフによるカンファレンスを設ける，③多様な医療職者，臨床検査などの関連施設とのコーディネートを行う，④患者サポートグループをリファーする，などである．このように医療カウンセリングは，その対象を一般の人々や社会へと広げ，多様な医療専門職や関連施設などの間のコーディネーターとして，その役割を大きく発展させていく可能性を秘めていると考えられる．

〔松下由美子〕

【参考文献】
福嶋義光（編）（2011）『遺伝カウンセリングハンドブック（遺伝子医学MOOK 別冊）』メディカルドゥ
広瀬寛子（2003）『看護カウンセリング』第2版，医学書院

IV-44
保健・福祉カウンセリング

heath / welfare counseling

　ライフスタイルにはいくつかの節目がある．また人生には十人十色，さまざまな事情がある．保健・福祉分野の支援者たちは節目節目にある課題にどのようにかかわり，理解し，協働し，利用者やその家族たちがそれらを乗り越えていけるように援助すればよいのかを考えていく大切な存在である．

　生物学者ポルトマン（Portmann, A.）[1]は，人間の新生児は他の哺乳類の赤ちゃんより1年間早産[2]で，生後1年間を**子宮外の幼少期**として母親の胎内にいるような気配りをしながら育てられなければならない，と指摘している．また児童精神分析学者ウィニコット（Winnicott, D. W.）は母子ユニットの中で新生児は万能感をもち，母親は本能的で献身的な世話のため断眠状態でくたくたになるという．この原初の**母性的没頭**（primary maternal preoccupation）[3]は分娩後数週間～数ヵ月くらいには徐々に消失し，ほどよい母親（**グッドイナフマザー**〔good enough mothor〕）となり，新生児の万能感も薄れ，自他の区別が理解できるようになっていく．またスイスの発達心理学者ピアジェ（Piaget, J.）によると，知的発達段階が3～4歳くらいまでは**自己中心性**（egocentrism）をもち，やりたいことをするという．この頃親は子どもにしつけをはじめる．親が丁寧に言葉で状況を説明することを繰り返すうちに，子どもは徐々に人の立場に立てるように成長し，**脱中心化**（decentration）を迎える．

　つまり子育てというのは，万能感をもつ新生児への母子一体の献身的な世話からはじまり，少しずつ自他が分化し，さらにしつけにより人の立場に立てるような社会性を身につけさせる絶え間ない努力の連続なのだ．

1）A. ポルトマン／高木正孝（訳）(1961)『人間はどこまで動物か：新しい人間像のために』岩波新書（pp.61, p.101.）

2）**生理的早産**（physiological prematurity）という．

3）分娩した女性に一時的に現れる病的状態．

献身的な子育てをしようとする母親たちの中には疲労困憊し，うまく育てられない自分自身を責めて**育児不安**となる者もいる．その極端な事例として**母子心中**がある．また，限度を超えるとその攻撃性のベクトルが自分ではなく子どもに向かうこともあり「どうしてこの子のために苦しまなければならないのか」と思い，**ネグレクト**（neglect：**育児放棄**）が起こったり，言うことを聞かない子どもには**身体的・心理的虐待**をしてしまったりする．とくに母親が孤立しているとそのような悪循環が生じやすい．

　その対策の一例として，「こんにちは赤ちゃん事業」[4]がある．生後4ヵ月の健康診断までに保健師や児童・民生委員が全戸訪問し，定期検診への参加を呼びかけると同時に母子の健康状態を確認する．各地方公共団体での実施状況はさまざまであるが，おおむね，訪問に拒否的な場合には，リストアップしアフターケアをしていく．保健所，保健センターの定期検診[5]は子育て中の母子の状態を把握するための必要不可欠な機能である．

　子育てで行き詰まる母親が孤立しないために必要なシステムは，行政の取り組みだけでは十分ではない．たとえば，「ホームスタート」という子育て支援のボランティアがある[6]．一人で子育てするのが不安だ，つらい，大変だ，イライラするなど，子育てにつまづきを感じている母親は少なくない．彼女たちが依頼をすれば，子育て経験のある女性が訪問し，子育ての手伝いをするという**訪問型子育て支援**のボランティアである．申込方法はインターネットを通じて，あるいはパンフレット記載の電話窓口受付でもよい．メンバーにはホームビジター（以下ビジターと記す）とオーガナイザーという2段階の役割がある．養成講座を受けることでビジターとして登録され，一定年限のビジター経験を経るとオーガナイザーにスキルアップする者もいる．

　利用者に最初に会うのはオーガナイザーである．利用者から「どのようなことに困っていて，どのようにしてほしいのか」というニーズを聴かせてもらう．専門職ではない地域に根ざした一人の住民という立場から同じ目線で温かく利用者

[4]「児童福祉法」第6条の2．各都道府県で生後4ヵ月までの乳児のいるすべての家庭を訪問し，さまざまな不安や悩みを聞き，子育て支援に関する情報提供などを行うとともに，親子の心身の状況や養育環境などの把握や助言を行い，支援が必要な家庭に対しては適切なサービス提供につなげることを目的とする事業である．このようにして，乳児のいる家庭と地域社会をつなぐ最初の機会とすることにより，乳児家庭の孤立化を防ぎ，乳児の健全な育成環境の確保を図るものである．具体的内容としては，①生後4ヵ月までの乳児のいるすべての家庭を訪問し，下記の支援を行う．a.育児等に関するさまざまな不安や悩みを聞き，相談に応じるほか，子育て支援に関する情報提供などを行う．b.親子の心身の状況や養育環境などの把握および助言を行

にかかわり，ごく自然に打ち解けていく．利用者とビジターのマッチングを考えるのもオーガナイザーの役割である．そうして，選ばれたビジターは1～2週間に1回，2時間程度の家庭訪問をし，利用者や就学前の子どもたちと会う．ビジターたちは利用者のニーズを傾聴し，利用者の立場を尊重してかかわる．1クール4度の訪問で終了するが，必要に応じて2クール目に入ることもある．

かかわりの中で利用者は「自分のニーズがしっかりと受けとめられている」「自分はビジターに大切にされている」という感覚をもつようになることが多い．「自分の大変さ，つらさ，心細さをわかってくれている人がここにいる（存在する）」という**ビーイング**（being）による支えである．またビジターは必要に応じて利用者と協働したりすることもある．たとえば，料理をしたり，買い物をしたり，子どもと遊んだりなど，**ドゥーイング**（doing）による支えである．ケースによっては精神科への外来受診，児童相談所の児童福祉司や児童心理司による専門的支援，一時保護，子育て支援サークルなどにつなげることが必要になることもある．このようなごく自然な利用者との時間の共有が利用者にとっては心地良いものと感じられるようになる．ビーイングとドゥーイングの二つの支援により利用者のニーズが満たされていく．

このような専門家による家庭訪問などをはじめとした**アウトリーチ**（outreach）は，家庭の孤立化を解消するために必要なシステムやプロセスとして，医療分野では訪問看護，保健分野では新生児訪問，福祉分野ではヘルパー事業などの領域で以前から重んじられていたものであるが，そこにさらに非専門家であるボランティアが協働するシステムは，地域の支援ネットワークを促進するためにも必要である．

このようなアウトリーチ支援に関しては，精神障害者の支援や独居老人の孤立死を防止するためなどにも必要である．市町村行政における子育て支援課，障害福祉課，高齢福祉課などのいずれにおいても不可欠なものである．

この考え方は**オープンダイアローグ**（**開かれた対話**）[7]というフィンランドで実践された対話的リカバリーによる実践

い，支援が必要な家庭に対し適切なサービス提供につなげる．②訪問スタッフには，愛育班員，母子保健推進員，児童委員，子育て経験者などを幅広く登用する．③訪問結果により支援が必要と判断された家庭について，適宜，関係者によるケース会議を行い，養育支援訪問事業をはじめとした適切なサービスの提供につなげる．

5）保健師が子どもの身体測定をし，発育状況（言葉や運動面の遅れがないかなど）に関して問診をし，子育てに関する悩みを聴き，必要な場合には関係機関をリファーしたり，継続面接をしていくこともある．

6）http://www.homestartjapan.org/

7）フィンランドの西ラップランドにあるケロプダス病院の治療チームによって実施されている統合失調症に対する治療的介入の手法である．抗精神病薬をほとんど使わず，入

ともつながる．従来の投薬中心の治療法ではよくならなかった多くの初回エピソードの精神障害者が寛解していったという[8]．

また筆者はこれまで15年間，東京のある公共機関で子どもを虐待した父親たちのグループのファシリテーターを続けている．このグループに入ってくる父親たちは，月に2回週末に集まる．ほとんどが身体的虐待の加害者で親子分離され，子どもは児童養護施設にいる．グループでは，自由に対話し，とくにプログラムは設けていない．しかし父親たちは自分たちが虐待してしまったことを同じ体験をした父親たちと共有する中で，否認していた虐待の事実に直面しつつ，変わっていく．平均すると2年間くらいで再び子どもと一緒に暮らせるようになる．大阪にも「男親塾」という同種のグループがあるが，虐待加害者の父親の自助グループで長続きしているものとしては他にはあまりみられず，貴重なグループである．他方，育児不安や虐待をしてしまった母親のグループ（たとえば，MCG：mother and child group など）は数多く存在する．

このように保健・福祉領域においては，同じ課題や悩みをもつ利用者どうしが自助グループの中でピア（仲間）として対等に「開かれた対話」をもつことが，回復につながっていくという，いわば**ピアカウンセリング**（peer counseling）や**グループプロセス**（group process）が有効である．

〔市村彰英〕

8）斎藤環（2015）『オープンダイアローグとは何か』医学書院 院治療もなしにきわめて良好なアウトカムを実現した試みとして，国際的にも注目されている．治療プログラムの中心を担うのは家族療法家である．治療者は複数の専門家からなるチームを作り，危機にあるクライエント（とその家族）の要請に速やかに対応する．治療ミーティングはしばしばクライエントの自宅で行われる．ミーティング，すなわち「開かれた対話」は，危機が解消するまで毎日続けられる．基本的な治療の流れは，病理的モノローグを健康的なダイアローグに開くことであり，そこから新たな言葉を生み出し象徴的コミュニケーションを確立することによって，個人と社会とのつながりを回復することをめざす．

【参考文献】
舘直彦（2013）『ウィニコットを学ぶ：対話することと創造すること』岩崎学術出版社（pp.16-17, p.188．）
NPO法人ホームスタート・ジャパン（編）西郷泰之（監修）（2011）『家庭訪問型子育て支援「ホームスタート」実践ガイド』明石書店

IV-45
カップルカウンセリング

couple counseling

カップル間に生じた問題や葛藤を解決するために行われるのが，**カップルカウンセリング**である[1]．カップルカウンセリングは，家族カウンセリングの考え方や方法[2]を基盤としていることから，欧米諸国では，**夫婦・家族カウンセリング**あるいは**カップル・家族カウンセリング**と呼ばれることがあり，両者は分かちがたく発展してきた．一方，わが国では，家族カウンセリングについては少しずつ知られるようにはなってきたものの，カップルカウンセリングについてはそれほどでもなく，実践している臨床家もきわめて少ない．しかし，伝統的なわが国の家族が親子関係を中心に営まれてきたのに対して，近年では夫婦関係が重視されるように変化してきており，それに伴って夫婦間の問題に対する関心も高まってきており，カップルカウンセリングのニーズも非常に高まっている[3]．

カップルカウンセリングの対象は主として既婚の夫婦であり，浮気，セックスレス，子育てをめぐる夫婦間の衝突，実家との葛藤，不妊とその治療をめぐる葛藤，パートナーのうつ，離婚するかどうかの決断など，カップル間に起こるさまざまな葛藤や問題が持ち込まれる．また，不登校などの子どもの問題で家族カウンセリングや母親カウンセリングからスタートしたケースが，子どもの問題の背景にある夫婦の葛藤や問題を解決するために，途中からカップルカウンセリングに移行する場合もある．

カップルカウンセリングでは，カップルが抱えている葛藤や問題を次の五つの次元から理解する．第一に，カップル双方の自尊心や自己愛，パーソナリティ，アタッチメントスタ

1) カップルカウンセリングは，かつては夫婦カウンセリングと呼ばれていたが，その考え方や方法は，既婚の夫婦のみならず未婚のカップルや同性愛のカップルにも適用可能であることから，カップルカウンセリングと呼ばれるようになってきた．

2) II-16「家族カウンセリング」の項目を参照．

3) カップルカウンセリングを申し込むのは主に妻からであるが，夫からの申し込みも増加傾向にある．

イル，認知的な歪み，夫婦や家族に対する価値観など，二人をそれぞれ**異なる心理的な世界をもった個人**として理解し，それらがどのようにしてカップル間の葛藤や問題と関連しているかを理解する．また，カップルカウンセリングに対する動機づけや期待の程度，不安や抵抗も一人ひとり異なっている場合が珍しくないため，その違いを的確に把握しておく必要性がある．

　第二に，カップルを**相互影響関係にある二者関係**として理解する次元である．とくに，二人の間で起こっている葛藤や問題を，**循環的因果律**[4]で理解することが重要である．例として，夫婦の典型的な悪循環である「追跡者／回避者のダンス」[5]を取り上げよう（図45-1）．二人の間で何らかの葛藤が生じたとき，一方（この場合は妻）が夫に不満をぶつけ，情緒的な結びつきを求めて近づくが，他方（この場合は夫）は自分を防衛するために妻から離れようとし，求める－離れる－求める－離れるという状況になる．追跡者である妻は，回避者である夫が逃げるのが問題だと考え，一方，夫は追跡者である妻が求めてくるのが問題だと考え，お互いに相手が変わるべきだと主張する．しかし，カップルカウンセリングでは，問題は二人の関係の中で循環的に持続しているととらえ，二人とも変化することが重要だと考える．

　第三に，夫婦双方の源家族や拡大家族との関係を視野に入れる**多世代家族システム**の次元である．源家族における幼い頃からの家族体験やそれぞれの両親の夫婦関係，拡大家族のパターンなどは，夫婦それぞれの夫婦観，家族観，ジェンダー観，コミュニケーションのあり方などに大きな影響を与えるものであり，それが夫婦間葛藤に大きな影響を与えている．つまり，表面的には夫婦の問題なのであるが，家族の過

4) II-16「家族カウンセリング」の項目を参照．

5) Middelberg, C. V. (2001) Projective identification in common couple dances. *Journal of Marital and Family Therapy, 27*, 341-352.

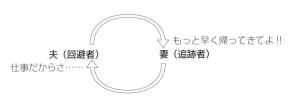

図45-1　追跡者／回避者のダンス

去の歴史をさかのぼってみることで，現在の夫婦の問題を異なる視点から理解し解決することが可能になる．また，結婚後の実家との結びつきの強さ（**垂直的忠誠心**）と夫婦間の心の絆の強さ（**水平的忠誠心**）のアンバランス[6]が，夫婦間葛藤を引き起こすこともしばしばみられる．

第四は，仕事や職場，地域社会や友人関係など，夫婦を取り巻くより大きな**社会システム**の次元である．たとえば，夫が仕事の中で抱えているストレスの強さと多忙さが，夫婦がともに過ごす時間の少なさにつながり，妻の不満と夫に対する不信感につながることもある．このように，夫婦間の問題は，ときに社会と大きくつながっている．

第五は，**客観的な事実**の次元である．夫婦それぞれの年齢，職業，教育歴，婚姻歴などさまざまな要素が含まれる．たとえば，30歳の夫と28歳の妻の新婚夫婦，45歳の夫と28歳の妻の新婚夫婦がいた場合，前者は，個人ライフサイクル上は二人とも成人期なのに対して，後者は，妻は成人期であるが夫は中年期であり，夫婦間に生じる葛藤や問題は前者とは異なる可能性がある．

以上の五つの次元から，統合的にカップルの葛藤や問題を理解し，カウンセリングの方向性を検討する．

カップルカウンセリングにおけるカウンセラーの基本的態度や技法としては，家族カウンセリングと同様に，**ジョイニング**（joining），**多方向への肩入れ**（multidirected partiality），**リフレーミング**（reframing）が挙げられるが，それに加えて**戦略的中立性**（strategic neutrality）[7]も重要である．葛藤状態にある夫婦は，ときにパートナーの問題を強く訴えて自身を正当化しようとしたり，自分が変化する必要性は認識せず，パートナーだけを自分の思うとおりに変えようとして，カウンセラーを味方につけようとすることがある．しかし，このような思惑に巻き込まれてしまうと，カップルカウンセリングはうまくいかない．そのため，カウンセラーは夫婦それぞれの問題のとらえ方や気持ちや対処の仕方を共感的に聴き，カウンセリングの場を一人のパートナーが独占しないように配慮し，カウンセラーは二人の味方であっ

[6] とりわけ新婚期の夫婦間葛藤には，しばしばこうした忠誠心の葛藤がみられる．

[7] Weeks, G. R., Odell, M. & Methven, S. (2005) *If only I had known…: Avoiding common mistakes in couples therapy.* W. W. Norton & Company.

て，二人の関係改善に関心があることを伝えていく．

さいごに，カップルカウンセリングにおける留意点について触れておく．第一に，浮気や暴力の問題である．家族カウンセリングと同様に，カップルカウンセリングでも基本的に犯人捜しはしない．しかし，浮気や暴力の問題が夫婦関係に及ぼす影響は計り知れないものがあり，ある種の加害者と被害者という構造は無視できない．そして，これらの問題の根底にある二人の関係性の問題について取り組むまでには，かなりの時間を要する[8]．

第二に，カウンセラー自身の自己理解の重要性である．夫婦が持ち込む問題には，多かれ少なかれジェンダー（gender）の問題が絡んでおり，カウンセラー自身のジェンダーの問題も刺激されることがある．たとえば，「子育ては母親の仕事」と言い張る夫と，「子育ては夫婦の協働作業」と考える妻が衝突しているとき，カウンセラー自身が自分のジェンダーの問題に気づいていないと，自分とは異なる考え方をする人に対して容易に否定的な感情を抱いてしまう可能性がある．ジェンダーの問題は，わが国のカウンセリング訓練や心理学教育の中でほとんど取り上げられてこなかっただけに，カウンセラー自身が自己理解にどれだけ開かれた態度をもてているかが重要となる．

〔野末武義〕

8) カップルカウンセリングによってかえって暴力が悪化する場合もあるため，カップルカウンセリングの適用に関しては，暴力の程度，持続性，性質（一方的か双方か）などを把握し，慎重に考慮する必要性がある．

【参考文献】
野末武義（2014）「夫婦間葛藤をめぐる悪循環：自己分化とジェンダーの観点から」柏木惠子・平木典子（編）『日本の夫婦：パートナーとやっていく幸せと葛藤』金子書房（pp.101-122.）
野末武義（2015）『夫婦・カップルのためのアサーション：自分もパートナーも大切にする自己表現』金子書房

IV-46
コミュニティカウンセリング

community counseling

コミュニティカウンセリングとは，コミュニティ心理学[1]を背景としたカウンセリング援助のことを指し，**臨床心理学的地域援助**あるいは**コミュニティアプローチ**とも呼ばれる．

一般に心理的支援やカウンセリングというと，個人の内面の苦しみや悩みの相談と受け取られやすい．しかし，心の健康問題は単に個人のみに限るものではなく，その個人を取り巻く環境も大きく関わる．つまり個人にかかわる家族や学校，職場など社会システム全体を視野に入れて把握し，個人と環境との相互作用を支援の対象としていく必要がある．さらには，個人への直接的な支援だけでなく，学校や職場や地域社会の人々にも働きかけてコンサルテーションを行ったり，個人のプライバシーを守りながら組織や行政などに心の環境調整を提案したりする活動も含まれる．コミュニティカウンセリングは，人々が活動し生活する場所や地域社会における支援であり，伝統的な個人カウンセリングに比べ，そのアプローチの発想や価値観に相違や独自性がみられる．山本[2]はそれらの内容について，「臨床心理学的地域援助の理念，独自性，方法」として定義を示した（表46-1）．

山本による臨床心理学的地域援助の支援対象者は，日々の地域生活，家庭生活を営んでいる人々であり，その支援とは，人々が抱えるストレスにより問題が発生しないように予防対策をすること，および心の支えになる活動をすることである．また，これらの援助実践が地域社会の人々にとって身近で役立つものであるためには，援助者も被援助者もコミュニティの一員として共に生き共に生活しているという感覚（**コミュニティ感覚**）をもつことが重要であるとしている．つま

1) 「様々な異なる身体的心理的社会的文化的条件をもつ人々が，誰もが切り捨てられることなく共に生きることを模索する中で，人と環境の適合性を最大にするための基礎知識と方略に関して，実際に起こる様々な心理的社会的問題の解決に具体的に参加しながら研究を進める心理学」のことをいう．
山本和郎（1986）『コミュニティ心理学：地域臨床の理論と実践』東京大学出版会

2) 山本和郎（2001）『臨床心理学的地域援助の展開：コミュニティ心理学の実践と今日的課題』培風館

表46-1　臨床心理学的地域援助の定義，理念，独自性，方法

1. 臨床心理学的地域援助の定義

「臨床心理学的地域援助とは，地域社会で生活を営んでいる人々の，心の問題の発生予防，心の支援，社会的能力の向上，その人々が生活している心理的・社会的環境の整備，心に関する情報の提供を行う臨床心理学的行為を指す」

2. 臨床心理学的地域援助の理念

①コミュニティ感覚
②社会的文脈人間
③悩める人の援助は地域社会の人々との連携で
④予防を重視
⑤強さとコンピテンスを大切に
⑥エンパワメントの重要性
⑦非専門家との協力
⑧黒子性の重視
⑨サービス提供の多様性と利用しやすさ
⑩ケアの精神の重要性

3. 臨床心理学的地域援助の独自性

	伝統的個人心理療法	臨床心理学的地域援助
①介入を行う場所	相談室・病院・施設内	生活の場・地域社会
②介入の対象	患者	生活者
③サービスのタイプ	治療的サービス	予防的サービス
④サービスの提供のされ方	直接的サービス	間接的サービス
⑤サービスの方略	特定のサービス	多様なサービス
⑥マンパワーの資源	専門家のみ	非専門家の協力
⑦サービスの意思決定	専門家が管理決定	ユーザーと共に

4. 臨床心理学的地域援助の方法

①ケアをすること
②予防の方法
③変革の援助方法
④コンサルテーション
⑤サポートシステムのファシリテーション
⑥システムマネジメント
⑦情報提供・教育・啓発の方法

り，支援者自身も家族，学校，職場など社会的文脈内での存在であり，地域社会の一員である．すべての人々はコミュニティに属しており，そのコミュニティのつながりの中で，連携や協働といった援助が行われるのが理想である．

たとえば，コミュニティカウンセリングに基づいたスクールカウンセリング活動では，カウンセリングルームでの個人面接にとどまることなく，保健室や職員室など学校生活，家庭生活における場面で支援できるように，担任や養護教員，校医，保護者などとも連携しながら支援をする．また，予防活動の一環として児童・生徒や保護者を対象にストレスに関する心理教育の実施や，カウンセリング活動に関する周知，不登校や発達障害の生徒への支援としてソーシャルサポート

グループの運営など，さまざまな活動の工夫がなされる．コミュニティカウンセリングの大きな特徴としては，サービスが多様で被援助者が利用しやすく選択も可能であり，援助を必要とする者が気軽に支援にアクセスできるように環境を整えるのも支援者の大きな役割である．その主役は被支援者本人であり，その強さや能力をエンパワーするために，支援者が黒子のように手を差し伸べていく態度も重要である．このような主人公の力が発揮されるようなケアの精神は，システムにおける支援においては不可欠な方法であり，コミュニティカウンセリングの基本的態度の一つである．

　コミュニティアプローチの重要な概念として，**コンサルテーション**（consultation）と**コラボレーション**（collaboration）がある．山本[3]はコンサルテーションを「二人の専門家（一方をコンサルタントと呼び，一方をコンサルティと呼ぶ）の間の相互作用の一つの過程である．コンサルタントがコンサルティに対してコンサルティの抱えているクライエントの精神衛生に関係した特定の問題をコンサルティの仕事の中でより効果的に解決できるよう援助する関係をいう」と定義している．たとえば，スクールカウンセリングの現場において，生徒の不登校の問題があった場合，スクールカウンセラーがその生徒に関係する担任や保護者などに助言などを行うことがコンサルテーションである．また，コラボレーションは「異なる専門分野が共通の目標の達成に向けて対等な立場で対話しながら，責任とリソースを共有してともに活動を計画・実行し，互いにとって利益をもたらすような新たなものを生成していく協力行為である」[4]と定義されている．たとえば，不登校の生徒に対し，担任や保護者，カウンセラーそれぞれの立場でできる援助を役割に応じて行い，ともに支援していく協力体制を作ることをいう．つまりこれらのコミュニティアプローチは，生徒への援助について学校や家庭のコミュニティシステムでとらえ，支援する側への支援も重視している．また，不登校について生徒に発達上の課題があったり，いじめや対人関係などの危機的状態に陥っていたりする場合，効果的な予防や危機介入を可能にするために，さまざ

3) 前掲書1)

4) 藤川麗（2007）『臨床心理のコラボレーション：統合的サービス構成の方法』東京大学出版会

まなコミュニティの中で援助チームや援助システム，ネットワークなどをいかに作っておくかという発想をするのもコミュニティカウンセリングの特徴である．

このようにコミュニティカウンセリングの介入の対象は，常に，**個人志向**（person-oriented）から**システム志向**（system-oriented）へと重点が移り，個人や家族，学校はもちろん，企業組織，市町村などの地域社会を視野に入れている．ボランティアや主婦など精神保健の専門以外のマンパワーや活動を非常に大切にしている．つまり，クライエントを援助する責任はコミュニティ全体にあり，そのコミュニティの属しているさまざまな人々で支えているという前提で支援のアプローチが方向づけられる．

システム志向の現場は，これまで例に挙げてきたスクールカウンセリング以外にも，企業組織の産業カウンセリングや地域における包括的支援などに至るまで幅広い．たとえば，HIVカウンセリング，いのちの電話，子育て支援活動，DV被害者支援，虐待の予防活動，高齢者支援，被災地支援，発達障害者支援，留学生支援，精神科のデイケアなど，さまざまな支援が地域で実施されており，どのような現場であっても，コミュニティカウンセリングの基本的態度は共通する．人は人との支え合いで生きている．共に生きていることを自覚し共に生きてゆく社会を作るには，さまざまな人々が暮らすコミュニティを全体的にとらえ，切り捨てのない社会において，個々が主体的に参加できるシステムをいかに作っていけるかが大きな課題である．私たちの所属する社会がより住みやすいものになるために個とシステムの両者に働きかけ，個人と環境の適合性を追求していくコミュニティカウンセリングの基本的態度は，その課題の実現に大いに役立つだろう．

〔隅谷理子〕

【参考文献】
井上孝代（編）（2006）『コミュニティ支援のカウンセリング：社会的心理援助の基礎（マクロ・カウンセリング実践シリーズ3）』川島書店
山本和郎（2001）『臨床心理学的地域援助の展開：コミュニティ心理学の実践と今日的課題』培風館

V カウンセリングのリサーチ

V-47
量的研究

quantitative research

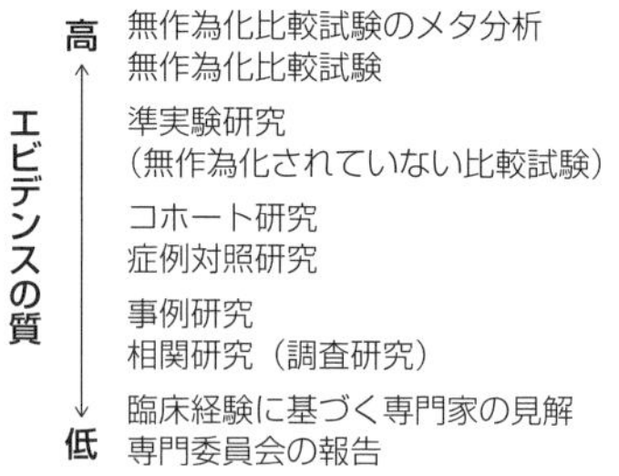

```
         高  無作為化比較試験のメタ分析
             無作為化比較試験
エ            準実験研究
ビ            （無作為化されていない比較試験）
デ
ン            コホート研究
ス            症例対照研究
の
質            事例研究
             相関研究（調査研究）

             臨床経験に基づく専門家の見解
         低  専門委員会の報告
```

図47-1 研究デザインとエビデンスの質の関係

カウンセリングにはさまざまな方法があるが，実際にクライエントを目の前にした際に，どのようなカウンセラーが，どのような方法で，どのように面接を進めていくのがよいのであろうか．クライエントもカウンセラーも，少しでも確実に効く方法で，少しでも効果の高い方法を選びたいであろう．そのためには地道な研究を重ねて，上記の問いを一つひとつ明らかにしていくことが不可欠となる．これはカウンセリングの分野だけでなく，医療や看護や福祉などの対人援助にかかわる分野全般に通じることで，実証的研究に裏づけられた**エビデンスベースドアプローチ**（evidence based approach）を優先的に選択することが求められている．

カウンセリングに関する研究は，大きく三つの観点から整理することができる．まず，どのような設定や場面でデータを取得するかによって**実験，調査，実践**に分かれる．次に，どのような方法でデータを取得するかで**観察，検査**（質問紙を含む），**面接**に分かれる．さいごに，取得したデータをどのように処理・分析するかによって**量的研究**と**質的研究**とに分類される[1]．

では，量的研究と質的研究はどう異なるか．研究の目的から考えると，質的研究は**仮説生成型**になることが多い．カウンセリングにおけるやり取りのプロセスを詳細に言語レベルで検討し，そこから普遍的なモデルや効果的な方法などを提示するのが一例である．一方，そこで提示されたモデルや方法の正確さは，**仮説検証型**になることが多い量的研究によって検討される必要がある．そこでそのモデルや方法が有効と判断されれば，実践に広く導入され，次の新しい仮説が生ま

1) 三つの観点は相互に重なり合いがあり，実際の研究ではよくみられる組み合わせもある．たとえば，調査で質問紙を実施して量的に分析した研究（調査研究）や，実践でカウンセリングでの対話を質的に分析した研究（事例研究）などがある．

れる．つまり，量的研究と質的研究はカウンセリングを向上させていく研究の両輪であり，相互に補完しあって望ましい循環を形成していく[2]．

　量的研究は，その名の通り得られたデータを何らかの方法で数量化する．数量化されたものは**変数**（variable）と呼ばれ，その性質によって**名義尺度，順序尺度，間隔尺度，比尺度**に分類される．より後者のほうが複雑な統計解析が可能である．測定された変数は，**記述統計**（descriptive statistics）として平均値や標準偏差といった変数の特徴を示す値に変換されたり，**推測統計**（inferential statistics）として群間の差異や変数間の因果関係の検討に用いられる．変数が二つであれば**相関分析**（correlation analysis）などによって関係性が検討される．変数が三つ以上あれば**多変量解析**（multivariate analysis）が可能で，因子分析やクラスター分析による変数のまとまりや構造の検討や，重回帰分析や共分散構造分析による変数間の因果関係の推定ができる[3]．なお，各研究のエビデンスの質は，その研究デザインに依存する（図47-1）．

　因果関係の検討に最も適切とされるのが**無作為化比較試験**（randomized controlled trial：**RCT**）である．一例として，抑うつ者に対して，あるカウンセリングと薬物療法のどちらが効果的かをRCTで検討するとしよう．そのためには厳密な対象者の選定や介入手続きの設定が必要となる．まずは抑うつ状態と思われる一定数の対象者に対して，改めて抑うつの診断基準に該当するか，他の合併症がないかなど，研究目的に適合することを確認する．さらに，**インフォームドコンセント**（informed consent）[4]を徹底し，合意が得られた者だけを協力者とする．次に，その協力者を無作為（ランダム）に複数の群に分ける．たとえば，A群はウェイティングリスト群[5]，B群は薬物療法を受ける群，C群はカウンセリングを受ける群，などである．この3群に対して同じ期間に該当する介入を実施し，その介入前と介入後に抑うつ得点をとり，3群間で比較する．もしも3群間で抑うつ得点の変動に差異が認められれば，無作為化によって介入前の条件は3群

3）III-28「心理統計」も参照．

4）実施者が研究計画や介入内容について十分な説明を行い，クライエントがその内容を適切に理解したうえで，自らの自由意思に基づいて研究協力に合意すること．

5）研究期間中に介入

間で等しいと仮定できるため，その差異は介入の違いによるものと解釈される．

なお，RCTにおける分析は，**有意性の検定**によって差異が誤差によるものではないことを検証するだけでなく，その差異の大きさの程度を示す**効果量**（effect size）も算出する．協力者数が多ければ臨床的には意味のないわずかな差異でも有意となりえるため，その差異が臨床的にみても重要なものかを検討するために効果量が必要となる．また，複数のRCTで効果量が算出されていれば，それを集約してより質の高いエビデンスとなる**メタ分析**[6]（meta-analysis）が可能となる．

一方，カウンセリングの研究では多くの協力者を集めることが難しい場合もある．また，複数の協力者を集めて平均値化すると埋もれてしまうような個人内の変化を検討したい場合もある．その際には一人だけを対象とした**一事例実験**[7]（single case study）が採用される．事例研究ではあるが，厳密な手続きによりその弱点を克服した準実験研究に分類される．具体例としては，抑うつ状態の一人の協力者に対して，まず何も介入をしていない期間（ベースライン期：A）に抑うつ得点を質問紙などで複数回とる．その後，カウンセリングをはじめてからの期間（処遇期：B）でも同じ抑うつ得点を複数回とる．そして，AとBの抑うつ得点に差があれば，それは処遇期のカウンセリングの効果とみなすことができる．このやり方は**ABデザイン**と呼ばれる（図47-2）．なお，ABの2期間で変化がみられても，それが時間経過による自然治癒である可能性は否定できない．そこで開発されたABAデザインやABABデザインでは，処遇期の後に再び介入をしない期間を設けるとどうなるか（第

を受けない群．**統制群**とも呼ばれる．倫理的な配慮から，本人の希望が継続していれば，介入期間終了後に介入を受けることができる．このことから**ウェイティングリスト**という名称がついている．

[6] V-50「メタ分析」参照．

[7] アルバート，P. A.・トルートマン，A. C.／佐久間徹・谷晋二・大野裕史（訳）(2004)『はじめての応用行動分析』二瓶社の第6章「一事例の実験デザイン」による解説がわかりやすい．

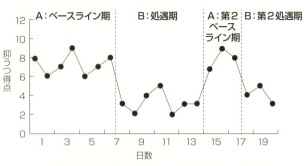

図47-2　AB（AB）デザインでカウンセリングの効果が認められる場合の抑うつ得点の変動例

2ベースライン期：A），それから再度カウンセリングをするとどうなるか（第2処遇期：B）を検証する．もしAに比べてBの期間で抑うつが改善されていれば，それは自然治癒ではなくカウンセリングの効果とみなせるのである．

　心理的な問題についての研究には，その問題を抱える臨床群の人を対象とした研究だけではなく，問題のない非臨床群の人を対象とした**アナログ研究**（analogue study）[8]もある．前提としてアナログ研究では，たとえば抑うつ状態の人とそれ以外の人に質的な差があるわけではなく，両者は連続線上にあって抑うつの程度に量的な差がある，と考える．アナログ研究は，一時点のみのデータを質問紙で取得する調査研究の形をとることが多い．質問紙によるアナログ研究の利点は，臨床群に比べて多数の協力者を容易に得やすいため，時間や費用をかけずに多くのデータを取得できて，多変量解析などの高度な統計解析が可能な点である．アナログ研究は実験研究にしても利点が多く，倫理的な観点から臨床群に対して行いづらい実験的操作も，非臨床群であれば比較的行いやすい．また，非臨床群と臨床群を比較することで，心理的な問題を引き起こす要因だけでなく，その状態から立ち直るための要因や予防のために重要な要因も検討することができる．もちろん，非臨床群で得られた結果を臨床群にそのまま適用することに対しては批判もあるが，その限界を踏まえて行う限り，アナログ研究は非常に効率的で有効な方法といえる．

　以上のように，カウンセリングに関する量的研究は，カウンセリングをより適切に実施するための有益な客観的判断材料を提供するものである．カウンセラーの主観的判断やクライエントの個別性ももちろん重要であるが，このような量的研究による裏づけを欠かさないことが，より有益なカウンセリングを提供するために必要なのである．　〔細越寛樹〕

8)　一般の大学生を対象とする場合が多い．
　杉浦義典（2009）『アナログ研究の方法』新曜社

【参考文献】
下山晴彦（編）（2000）『臨床心理学研究の技法』福村出版
小野寺孝義（編）（2015）『心理・教育統計法特論』新訂，放送大学教育振興会

V-48
質的研究

qualitative research

　心理学研究における方法は，**質的（定性的）研究**と**量的研究**に大きく分類される．複数のサンプルから量的なデータを収集・数値化し，統計的に分析する量的研究と比べて，質的研究とは，観察や会話などを通じて得られた情報を言語によって記述し，分析していく方法である．まだほとんど知られていないような現象について，その背後にある何かを明らかにし，そして理解するために用いることが可能な方法であり，さらに質的方法は量的方法では伝えることの難しい現象のもつ複雑で難解な中身を詳細に記述することも可能である．

　昨今，心理臨床の実践では質的研究法の関心が高まっている．それは，質的研究が実践というテーマに視野を広げ，実践のほうも事例研究以外の質的研究法に視野を広げていることや，実践と質的研究の技能の共通性があることが挙げられる．実践においては，対象との相互作用における現象やプロセスにおける関係性の変化など，数量的には測れない情報が非常に重要である．質的研究は，その数量化できない情報を通して，研究対象の主観的な体験や行為の意味づけを言語的・概念的に分析し，新たに発見された概念や理論を帰納的に生成していく．つまり，人々の体験をその人自身の枠組みからその人自身が体験しているままに理解し，研究対象となる事象をそれが生じている社会的，文化的，歴史的文脈でとらえた結果を記述していくため，主観的体験の理解には質的研究の考え方や手法が適している．

　量的研究は，最初に仮説を設定し，測定する変数でデータを収集後分析する．そしてその仮説を採択するか棄却するか

を検証する．一方で，質的研究では，研究プロセスを通して仮説が生成されることを目的とする．つまり，前もって仮説を設定することはせず，研究者の明らかにしたい現象に関するリサーチクエスチョンを探索的に定め，それに沿った具体的方法を選択する．そしてデータ収集と同時に分析をしていくプロセスを経る中で，リサーチクエスチョンや収集したいデータがさらに明確になり，暫定的な仮説が生成され，理論やモデルが発見される．このように質的研究は，仮説検証型研究ではなく，**帰納的な分析**による**仮説生成型（理論生成）の研究**として特徴づけられる．

　質的研究法には，多様な理論的背景をもつ研究方法があり，研究対象の特性に応じて研究方法が選択される．たとえば，エスノグラフィ，事例研究，現象学的方法，社会構成主義の影響を受けている方法や，グラウンデッドセオリーアプローチなどである．質的研究の分析方法は単一ではなく，表48-1のように，研究対象や分析の目的を明確にし，それに合った具体的な方法を選ぶ．

　質的データの収集は，**観察法**，**面接法**，**検査法**によって実施される．観察法である**参与観察**（participant observation）は，研究対象の活動に観察者が参加をするなどかかわりながらデータを収集する方法で，詳細で正確な質的情報が得られる利点がある．また面接法は，被面接者と直接対面して話し合う方法であり，インタビューのことを指す．面接の質問の内容や順番の自由度の程度で**構造化面接**，**半構造化面接**，**非構造化面接**に分類できる．インタビューは会話が中心になるため言語による相互作用によって情報が得られ，録音や録画による記録を通じて，面接中の非言語的な活動，声，表情やしぐさなどの重要なデータが収集できる利点がある．検査法である**質問紙法**では，自由記述において質的データが収集でき，同一の形式で多くのデータを収集する利点がある．このように収集方法には特徴があり，それらの利点を活かし限界を補いながらデータを収集し，分析・解釈のプロセスを経て明らかにしたい現象の理解を深めていく．

　質的研究の分析の方法はさまざまであるが，データから浮

表48-1 質的研究の具体的な方法[1]

具体的方法	特徴等	
エスノグラフィ	対象	文化（ある集団がもつ行動，考え，信念，知識の様式や体系）．
	目的	当事者の視点からの理解，そのための分析，記述．文化や社会に特有の意味や価値の体系を明らかにすることに特徴．それを通じてそこに生きている人々の行動や，社会的なやり取り，文化的な事象を理解しようとする立場．
	その他	文化人類学からきたアプローチ．ある社会的な場に焦点を置く．
現象学的方法	対象	ある事象に関する個人の主観的な体験．
	目的	ある事象の当事者の視点からの理解，記述．例えば，怒りや嫉妬といった特定の体験がどのような意味や本質をもっているかということで，主に個人の語りから個人の中の意味＝ルールの網の目をとらえる．
	その他	アメリカのデュケン大学が中心に行っている方法．
社会構成主義の影響を受けている方法	対象	個人の語りやライフストーリー．
	目的	個人の語りやライフストーリーなどがどれだけ社会的・文化的内容や形式に規定されているのかという関係を問題とする．
	その他	ナラティブアプローチ，エスノメソドロジーの会話分析，ライフストーリーなどのシークエンス分析．
グラウンデッドセオリーアプローチ	対象	個人過程，個人間の関係，社会的過程．
	目的	データに根ざした理論の生成・仮説の検証．
	その他	象徴的相互作用論というミクロ社会学の理論的立場を背景．人々のやり取り，相互作用を関心の対象とする．コード化・カテゴリー化による分析．
事例研究	対象	全体としての一人の個人あるいは一つの集団．
	目的	その事例が置かれている文脈の中での理解，理論生成．
参加型調査	対象	あるコミュニティ内の集団，それを取り巻く環境．
	目的	環境，制度，活動の問題点の特定，その改善．
臨床研究	対象	心理臨床実践．
	目的	心理臨床実践の文脈における問題や効果の理解．
フォーカスグループ	対象	個人がもつ，ある問題についての展望，枠組み．
	目的	グループ内の相互作用から，当事者の視点を抽出すること．

かび上がるテーマやパターンを探し類型化された概念や理論を発見していき，データをコード化し比較しながら発見された解釈を発展，洗練していくのが，質的分析の大まかなガイドラインである．分析方法の一つである**グラウンデッドセオリーアプローチ**（grounded theory approach：**GTA**）は，グレイザー（Glaser, B.）とストラウス（Strauss, A.）によって考え出された**データ対話型理論**である[2]．GTAはデータに密着した（grounded on data）分析から独自の説明概念，理論を生成する手続きが詳細に確立されており，日本では，研究する人間が小規模なデータで理論を発見しやすいように，木下が独自の解釈を加えて**修正版グラウンデッドセオリーアプローチ**（modified grounded theory approach：**M-GTA**）を提唱している[3]．表48-2はそのM-GTAの分析手続きである．

1) 小林孝雄（2003）「質的研究Ⅶ 臨床心理学研究2 質的研究」下山晴彦（編）『よくわかる臨床心理学』ミネルヴァ書房より作成．

2) グレイザー，B. G.・ストラウス，A. L.／後藤隆・大出春江・水野節夫（訳）（1996）『データ対話型理論の発見：調査からいかに理論をうみだすか』新曜社

表48-2 M-GTAの分析手続き

①概念化	逐語記録などデータ化したテキストの中から，関連個所に着目してその意味を解釈し，概念名をつけていく．
②オープンコーディング	その生成された概念の解釈の可能性をできるだけ多角的に検討しそれをデータで確認する．
③理論的サンプリング	続けて新たな概念生成を行い，並行して生成された概念の有効性を確かめながら，その概念によって説明できる具体例をデータの中から見出していく．
④カテゴリー化	また，できるだけ分析者の分析や解釈と反対例を考える対極比較を行い，生成した概念の有効性を確認しながら恣意的に解釈が偏ることを防ぐ．並行して類似比較も行い，生成した概念どうしの類似性を検討する．
⑤理論的メモ	こうした分析を行いながら，いろいろと浮かんできたアイデアを別記，メモとして書きとめていく．
⑥理論的飽和化	そして生成した概念と他の概念との関係を個々の概念ごとに検討して関係図にしていくとコアになるカテゴリーが定まり，今度はそれを中心において分析結果の全体の論理的体系化が進んでいく．
⑦理論化	カテゴリー相互の関係から分析結果をまとめ，その概要を簡潔に文章化し（ストーリーライン），さらに結果図として全体像やモデルを素描する．

このような手続きを経ると，質的研究での概念とカテゴリーによって研究対象の現象を説明するモデルを生成することができる．

　カウンセリング実践の研究対象には，数量化の困難な要因や，変数として取り扱えない現象も多いことから，一つの事例内容や特徴を明らかにし，意味を解釈していく質的研究を選ぶことが増えている．質的研究は量的研究のように一度に多くのサンプルを扱えないが，個人の主観的な現象や体験を，より深く取り扱える利点がある．ただ，明らかにした結果の一般化に対する問題も指摘されやすいため，GTAの分析のように，客観性・普遍性・信頼性などの研究評価に耐えうる丁寧な手続きを経たり，両研究の長所と短所を補完したりしながら研究デザインを構成することが必要である．

〔隅谷理子〕

3）木下康仁（1999）『グラウンデッド・セオリー・アプローチ：質的実証研究の再生』弘文堂
　木下康仁（2003）『グラウンデッド・セオリー・アプローチの実践：質的研究への誘い』弘文堂

【参考文献】
福島哲夫（編）（2016）『臨床現場で役立つ質的研究法：臨床心理学の卒論・修論から投稿論文まで』新曜社
小林孝雄（2003）「質的研究Ⅶ 臨床心理学研究2 質的研究」下山晴彦（編）『よくわかる臨床心理学』ミネルヴァ書房

V-49
事例研究

case study

　事例研究における事例はケース (case) の訳語であるが，心理，教育，福祉などの領域で用いられる用語であり，医療では症例と訳される．「事例」の意味は，問題や悩みを抱えていて，自ら他者に援助を求めたか，あるいは周囲の人が援助が必要と判断して，援助に動き出した，その対象となる人のことを指す．より広義にはその人を取り巻く周囲の人間関係や環境を含むこともある．「症例」は疾病を有している人のことを指すが，「事例」は必ずしも疾病を有しているとは限らない．

　ある個人が事例になる（**事例化**する）には，上記のように本人が援助を求めるか，周囲が必要性を判断して援助のために動き出すことが必要であり，同じ問題や悩みを有していても事例になることもならないこともある．専門家は事例化することで援助を開始することになる．

　事例研究と類似した言葉に**事例報告** (case report) がある．この両者は区別されないで使用されることもあるが，山本[1]によれば，事例研究は「何らかの新しいアイデアを抽出するアプローチ」であり，事例報告は「実践的，研修的な意図を持って検討と報告を行うアプローチ」である．すなわち，事例研究は何らかのオリジナリティをもち，新しい知見を提供するものとして，本来，事例報告とは区別されるべきものである．実際に多くのカウンセリングや心理療法の技法は事例研究を通じて構築されたものが多く，フロイトの精神分析療法やロジャーズの来談者中心療法などはその代表例である．

　事例報告は事例の内容を丁寧に記述することが第一義であ

1) 山本力・鶴田和美（編）(2001)『心理臨床家のための「事例研究」の進め方』北大路書房

り，オリジナルな論文というよりは事例に対する個人の見解や特定の理論を紹介するような形のものが多くみられる．報告書や事例検討会，スーパーヴィジョン[2]の資料などに用いられるものは事例報告といえるものである．

　事例研究のほとんどは**単一事例**（single case）の検討であり，従来からの心理学の研究法としては客観性，普遍性に乏しいとされてきた．すなわち個人の事実，個人の特徴から普遍的な事実への到達は可能かという質的研究特有の問題が，長年の間議論されてきた．この点について，河合[3]は，事例は毎回のアセスメントとそれの検証という過程の繰り返しを行っており，多くの仮説検証過程を経た結果であるという考え方を示し，臨床心理学やカウンセリング領域における新たな科学的研究法として位置づけられることを主張している．また，近年さかんになってきた**エビデンスベーストアプローチ**（evidence based approach）[4]の考え方から，従来の事例研究のような質的研究の位置づけに関する見直しも行われており，事例研究は効果研究というよりも**質的改善研究**であるとの指摘がある[5]．

　事例研究を行うためには，事例にかかわるさまざまな情報・資料が必要である．とくにアセスメントのために**インテーク面接**[6]で基本情報を収集するが，その後の面接の経過によって追加あるいは修正が行われる．情報の内容や種類はカウンセラーの所属機関，拠って立つ理論的立場，クライエントの年齢，主訴などによって大きく異なる．

　どのような情報・資料が収集されるのか，インテーク面接時を例に，その一般的なものを表49-1に示す．これらの情報・資料は必要に応じて省略されたり，詳細に聴取されたりしながら，整理され，まとめられて，**事例検討会**（ケースカンファレンス〔case conference〕）において検討される．また，事例研究にも活用される．事例検討会は組織（相談機関）として，あるいは有志や任意の集団で行われるが，その形式は多種多様であり，1事例に時間をかけてじっくりと検討することは困難なこともあって，短時間に全員参加で進められるような工夫がなされることも多い．

2）主に初心者のカウンセラー（スーパーヴァイジー）がベテランで実力のあるカウンセラーや時には医師（スーパーヴァイザー）から自らの事例への理解や対応について指導を受けること．
III-34「スーパーヴィジョン」も参照．

3）河合隼雄（1986）「事例研究の意義と問題点：臨床心理学の立場から」『心理療法論考』新曜社．pp.288-296．
V-47「量的研究」も参照．

4）科学的な方法によって証明された根拠（証拠）に基づいたカウンセリング（心理療法）のことで，一般的にはRCT（無作為化比較試験）などの厳密な実験計画法に基づいて効果が検証されているものを指し，認知行動療法が一例である．**ナラティブベーストアプローチ**（narrative based approach）に対する言葉．
II-18「ナラティブアプローチ」も参照．

5）斎藤清二（2013）『事例研究というパラダイム：臨床心理学と医学をむすぶ』岩崎学術出版社

表49-1　インテーク面接時に収集される主な情報

クライエントの プロフィール	年齢，職業（学校・学年），性別など
主訴	クライエントが述べた主たる相談事項
問題の概要および経過	問題の発生から現在に至るまでの経過，内容と現状など
生育歴	誕生から現在に至るまでの経過，発達に影響を与えると考えられる出来事や発達課題の達成状況など
能力・資質・性格	知能，学力，健康状態，性格，趣味，特技，長所など
家族	家族構成，成員間の関係，クライエントへのかかわり方など
相談歴	これまでに相談に行った場所，その時期および期間，受けたアプローチの種類，結果など
来談経路	当相談室に来談した経路（自発，紹介など）
その他	紹介状，本人の作品など

　事例研究は最終的には論文としてまとめられて，学会，研究会などで発表されるが，そのためにどのようにまとめていくのか，その手順について簡単に示しておこう．

　まず事例研究としてまとめる事例は原則として終結したものである．そして，その事例を検討し，まとめるための目的は何かを明確にする．すなわち，この論文を通して何を明らかにしたいのか，何を考察したいのかを，先行研究を参考にしながら明確にしていくことが必要である．そのためには事例の記録から目的に沿った事実を拾い上げ，それを目的に沿って組み立てていく．何を取り上げるか，取り上げないのかにカウンセラー自身の見方が現れてくるが，客観性を失わず，一つの筋を通した形でまとめていくことが重要である．

　同時に，カウンセラーの職業倫理[7]として**守秘義務**が課せられており，事例研究を公にする際にはクライエントの同意を得ることが必要である．それも口頭よりも文書にしておいたほうがよい．具体的内容を記載する場合にも，プライバシー保護のためにクライエントを同定できる情報（人名，地名，職場や学校名，家族の職業，居住地など）は一切記述しない．記述する際には「A子，B県，C社」などとアルファベット順に記載し，実際のイニシャルにしない．あるいは「関東地方，会社員，20代後半」程度の記述とする．事例理解にかかわらない部分は適宜省略，修正，簡略化などする．カウンセリングの実施日はX年4月（第2週），翌年はX+1年などとする．

6) 相談機関における初回の面接（**受理面接**）のことである．来談者の主訴および基本的な情報を収集し，当該相談機関で対応可能か，また誰がどのようなアプローチを行うかなどを検討する．
III-25「インテーク面接」も参照．

7) 各学会や職能団体が倫理綱領や倫理基準を定めている．守秘義務以外にも，インフォームドコンセントを得ること，多重関係を避けること，相手を一人の人間として尊重することなど，多くの内容が挙げられている．
III-35「カウンセリング心理学と倫理」も参照．

以下，その内容と形式において留意すべき点をいくつか挙げるならば，第一に「問題と目的」において，この論文において取り上げる問題やアプローチの紹介およびそれらに対する先行研究をきちんとおさえておくことである．そして，それらを踏まえて，本研究ではどのような切り口（視点）あるいは理論的枠組みで事例を検討するのかを明確にしておく．これが目的につながる．

　第二に心理アセスメントの結果を総合的，客観的に記載し，対応の方針の決定につなげることである．最初の段階では仮説であることも多いが，それを検証していくのがカウンセリングの過程である．このときカウンセリングの枠組み（時間，場所，料金，面接頻度など）も明示する．

　第三にカウンセリングの経過においては，事実と主観的な事項の区別を明確にし，時間の経過に従って記述するように心がけることである．考察においてこのことが重要な点となる．考察はクライエントの変化とカウンセラーのかかわりの関連を明確にし，先行研究を参照しながら，事例の変化の機序を深く検討していく．このときに先に述べたカンファレンスやスーパーヴィジョンが役に立つことも多い．

　先に述べたような新しい知見を得るという本来的な事例研究はなかなか困難であるが，新たなアセスメントの観点や方法の提示，あるいは技法の改善や発展に資する工夫や開発など，限界を踏まえながらも，各事例への対応が改善されていくヒントが得られるような事例研究が蓄積されていくことが望まれる．

〔沢崎達夫〕

【参考文献】
山本力・鶴田和美（編）（2001）『心理臨床家のための「事例研究」の進め方』北大路書房
斎藤清二（2013）『事例研究というパラダイム：臨床心理学と医学をむすぶ』岩崎学術出版社

V-50
メタ分析

meta-analysis

　メタ分析とは，同じテーマについて行われた複数の研究の結果について，統計的手法により統合することであり，**系統的レビュー**（systematic review）と呼ぶこともある．同じくレビュー研究に分類されるものとして，**記述的レビュー**（narrative review）がある．記述的レビュー研究はこれまでにも伝統的に行われてきた方法で，複数の先行研究を研究者が精読し，結果を統計解析などの方法を用いずにまとめることをいう．どちらも先行研究としてすでに存在する研究（**一次研究**）を集め，結果を統合することでより一般化された結論を導くことを目的とする．しかし一次研究から**効果量**（effect size）を統計的に抽出して統合する手法であるメタ分析が発展してきたことで，記述的レビューによってまとめられた結果については，疑問視されることが多くなっている．

　レビュー研究が求められる背景には，単一の研究の結果を絶対的な結論として提示することの限界から，より一般化可能な結論を導くための方法論が求められてきたということがある．カウンセリングや心理療法の領域においても，**効果研究**（outcome research）にメタ分析が用いられている．方法としては一次研究に記載された効果量を統合し，その効果の有無や程度について検討するというものである．それゆえ効果量の記載，あるいは効果量の算出が可能な情報が記載されている研究が一次研究の対象となる．これまでに北米を中心としてすでに数百件が展開され，以下に述べるとおり，さまざまな心理的問題に対して，カウンセリングや心理療法に効果があることを示してきた．

　1950年代のアイゼンク（Eysenck, H. J.）によって提示さ

れた，心理療法には効果がないという刺激的な結論を導く研究[1]以降，心理療法の効果を問う議論や研究が活発となった．数多くの効果研究が実践されていたが，結果は一貫せず，結論の出ない議論が続けられていた．しかし，1977年，スミス（Smith, M. L.）とグラス（Glass, G. V.）によるメタ分析研究[2]が発表されたことで，それまでの効果の有無を競い続ける議論の流れは劇的に変わり，その後の効果研究の方法として，メタ分析の活用が大いに促進された．スミスとグラスは，375件の効果に関する一次研究を分析対象とし，全体の効果量平均を算出・統合することでカウンセリング・心理療法の有効性を示そうと試みた．活用した一次研究の質について調整がなされていないことに伴う問題（ゴミを入れてもゴミしか生まれない＝garbage in garbage out）や，多様な研究対象を一様に統合しようとした問題（りんごとオレンジ問題），さまざまなバイアス（一例として公表バイアス[3]など）の問題，その他にも方法論上の問題点が指摘されるものの，標準化された平均値差を算出して効果量の統合を試みた点は，現在のメタ分析に通じる方法論をすでに採用しており，当時として先駆的な研究だった．また，理論アプローチの違いによる効果に際立った違いはなく，どのアプローチも同程度の効果をもつことも示されてきた[4]．現在ではさらに，カウンセリングや心理療法が心理的問題などに有効であることを前提として，状態像や症状，治療経過の段階や問題などの条件によって，どの程度アプローチ間に違いが生じるかについて，より詳細に検討する方向への展開がみられる[5]．

山田・井上[6]はクーパーモデル[7]に基づき，以下の7段階の手続きとしてメタ分析を説明している．

[ステップ1] メタ分析の問題を定義する：メタ分析により検討したい構成概念について，多様な操作的定義が用いられている複数の一次研究を活用することになるので，どの範囲の構成概念を定義するのかを予め定める必要がある．その範囲を決める根拠となるものは，どの水準の一般化をめざすのかによる．また研究の目的に沿って，探索する文献についての適格性基準を定めておくことも必要となる．方法や参加者

1) Eyesenck, H. J. (1952) The effects of psychotherapy. *Journal of Consulting Psychology, 16,* 319-324.

2) Smith, M. L. & Glass, G. V. (1977) Meta-analysis of psychotherapy outcome studies. *American Psychologist, 32,* 752-760.

3) メタ分析により扱う一次研究が公表された研究に偏る可能性があることに由来するバイアス．結果が有意差を示さなかった研究が有意差の出た研究よりも公表されない割合が高いとすれば，メタ分析の結果が偏る危険性がある．

4) Wampold, B. E. (2001) *The great psychotherapy debate: Models, methods, and findings.* Lawrence Erlbaum Associates.

5) Lambert, M. J. (2013) The efficacy and effectiveness of psychotherapy. In M. J. Lambert (ed.) *Bergin and Garfield*

の属性，公表方法など，さまざまな条件下で行われている一次研究のうち，どこに線を引くかについても，めざす一般化の水準によって異なるため，その後の研究の質が決まる重要な段階といえる．

［ステップ2］**メタ分析の対象となる文献を探す**：問題の定義が済めば，分析対象とする一次研究の範囲が決まる．現在では電子版も含め，研究のデータベースがかなり整備されていることもあり，主に学術研究に関するデータベースや図書館の目録システムなどを活用して文献を探す．

［ステップ3］**コーディングを行う**：収集された一次研究間で同じ構成概念でも操作的定義や扱われている変数は異なる．そうした場合，包括的な効果の検討であれば異なる概念や定義を一括りでコーディングする方法がある．一方で概念を特定し，さらに特定の操作的定義だけをコーディングする方法もある．中庸な方法として概念のみ特定し，操作的定義を区別せずにコーディングする方法などもあり，行う研究の目的に沿って，異なる変数を適切に扱う方法を選択する．

［ステップ4］**研究の質を評価する**：適格性基準の中に研究の質に関する項目を予め含め，基準未満の研究を収集時に弾く**アプリオリ方略**と，収集した後に研究の質に応じたコーディングを行う**ポストホック方略**が一般的に用いられる．

［ステップ5］**統計解析を行う**：メタ分析で扱われる効果量の指標は複数あるが，異なる指標を比較・統合するための必要な手続きとして統計解析が行われる．主要な効果量として，「A. **標準化された平均値差**」，「B. **オッズ比**」，「C. **相関係数**」が挙げられ，AとBは群比較研究（統制群と介入群とに分けられた比較研究など）に用いられる指標であり，Cは変数間の関連の強さを表す指標である．収集された研究間で利用される効果量の指標が異なる場合は，効果量を揃えるために指標を変換する必要がある．また各研究の対象数の違いによって生じる効果量の重みづけを補正するためには，標準誤差を利用するなどの方法をとる．

［ステップ6］**統計解析結果を解釈する**：公表バイアスなど結果に生じうる歪みについて補正したデータを解釈する段階

s *handbook of psychotherapy and behavior change*, 6th ed. Wiley. (pp.169-218.)

6) 山田剛史・井上俊哉（2012）『メタ分析入門：心理・教育研究の系統的レビューのために』東京大学出版会

7) Cooper, H. (2009) *Research synthesis and meta-analysis: A step-by-step approach*, 4th ed. Sage.

では，結果を効果量として報告することになる．一般的に効果量の大きさについての表現はコーエンによる「大きい」「中程度」「小さい」が目安として挙げられている[8]．

［ステップ7］メタ分析の結果を公表する：これまでの手続きを明確かつ簡潔に記述する．なぜその方法を選んだのかという根拠を示すと同時に，活用した一次研究についての情報も記し，どの範囲の一般化が実現できたと考えられるかを示すことで研究の限界と展望について検討する．

課題が指摘され，克服する方法が検討されることを繰り返す中で，メタ分析は方法論として洗練されてきた．その経過の中で，方法や手続きは非常に明確にされており，他の研究者が研究を再評価・再検討することが可能であることは大きな強みといえる．一方でとくにカウンセリング・心理療法の領域では，重要な示唆に富む質的研究も多く，それら質的研究を取り扱うことに難しさを伴うという弱みもある．

さて，臨床家にとって，詳細な事例についての記述が掲載される事例研究には自らの実践に寄与する多くの示唆が含まれる．実証研究から少し距離を置かれてきた事例研究を活かすため，事例研究を統合し，エビデンスとしても機能し，臨床実践にも貢献する質的研究法として**事例のメタ分析**がある．事例のメタ分析の目的は，「ある変数の効果が確固たることを示すことよりも臨床の経験則を導き，今後より詳しく検証するための仮説やモデルを導くこと」[9]とされる．つまり効果の「有無や程度」などを検討するメタ分析とは異なり，臨床実践の中での出来事が「どのように」生じるかの検討に貢献する方法といえる．分析の手続きでは**グラウンデッドセオリーアプローチ**[10]や**合議制質的研究**[11]（consensual qualitative research）など質的研究法を活用することで，実践に直接的に還元可能な知見の提示をめざす方法といえる．

〔大町知久〕

8) 実際の数値としては「大きい（標準化された平均値では0.80，相関係数では0.50）」「中程度（標準化された平均値では0.50，相関係数では0.30）」「小さい（標準化された平均値では0.20，相関係数では0.10）」とされている．

9) 岩壁茂（2005）事例のメタ分析．『家族心理学年報』23, 154-169.

10) ストラウス, A. L.・コービン, J. M.／操華子・森岡崇（訳）（2012）『質的研究の基礎：グラウンデッド・セオリー開発の技法と手順』第3版，医学書院

11) Hill, C. E., Thompson, B. J., Williams, E. N. (1997) A guide to conducting consensual qualitative research. *The Counseling Psychologist*, 25, 517-572.

福島哲夫（編）（2016）『臨床現場で役立つ質的研究法：臨床心理学の卒論・修論から投稿論文まで』新曜社

【参考文献】
山田剛史・井上俊哉（2012）『メタ分析入門：心理・教育研究の系統系レビューのために』東京大学出版会

人 名 索 引

ア 行

アイゼンク　Eysenck, H. J.　92, 207
アイビイ　Ivey, A.　60-63
アイビイ　Ivey, M.　62, 63
青木健次　112, 113
青木義子　74
赤塚大樹　118, 121
上里一郎　110
アクスライン　Axline, V. M.　44, 45
飽田典子　45
飛鳥井望　126, 129
足立智孝　142
アドラー　Adler, A.　32-35
有村久春　155
アルバート　Alberto, P.　196
アンダーソン　Anderson, H.　73, 74
アンデルセン　Andersen, T.　73, 74
飯長喜一郎　6, 15
家接哲次　81
池田暁史　23
池村千秋　59
石井信子　151
石川勇一　27
石川義博　174, 175
石隈利紀　97, 99, 124
石丸径一郎　117
磯貝希久子　69, 71
磯部景子　124
伊藤絵美　19, 120
稲毛教子　124
乾吉佑　164, 167
井上公大　173, 175
井上俊哉　207, 208
井上孝代　170, 191
岩井郁子　120
岩井俊憲　32
岩壁茂　95, 209
岩村由美子　68, 71
ウィークス　Weeks, G. R.　186
ウィークランド　Weakland, J.　68, 71
ウィニコット　Winnicott, D. W.　44, 51, 53, 180

ウイリアムズ　Williams, E. N.　209
ウイリアムソン　Williamson, E. G.　3
ウエア　Ware, P.　43
上田牧子　75
上野一彦　124
上野豪志　118
ウォルシュ　Walsh, M. B.　120
ウグ　Woog, P.　176
牛島定信　44, 149
氏原寛　109, 110, 132, 133, 149
宇野カオリ　77, 79
エヴァリー　Everly, G.　126, 128, 129
江口重幸　118, 119
エプストン　Epston, D.　73-75
エリオット　Elliott, R.　95
エリクソン　Erickson, M.　68
エリクソン　Erikson, E. H.　21, 22
エリス　Ellis, A.　19, 86
エレンベルガー　Ellenberger, H. F.　52
遠城寺宗徳　124
遠藤利彦　148
大月友　82
大出春江　200
大友秀人　137
大野裕史　196
大野裕　83, 95
大庭さよ　160, 163
岡田昌毅　163
岡田康伸　50
岡堂哲雄　117
岡野憲一郎　23
小口忠彦　6
小此木啓吾　23
小澤康司　127, 129
オットー　Otto, R.　31
オーデル　Odell, M.　186
乙須敏紀　59
小野寺孝義　197
小俣和義　129
小俣和一郎　118

カ 行

皆藤章　54

カウフマン　Kaufman, S. H.　54
梶野真　32
角野善宏　53-55
金沢吉展　145
狩野力八郎　23
カバット・ジン　Kabat-Zinn, J.　80
神谷栄治　105
カルフ　Kalff, D. M.　48, 49
河合俊雄　52
河合隼雄　28, 31, 48, 51, 109, 203
神田橋條治　106
岸見一郎　35
岸本寛史　20, 55, 110, 113
北山修　151
木下康仁　200, 201
木村晴子　50
木村敏　25, 52
ギャバード　Gabbard, G. O.　23
キャプラン　Caplan, G.　97, 126
キャラナン　Callanan, P.　145
キルケゴール　Kierkegaard, S.　24
キーン　Keen, E.　25
クーパー　Cooper, H.　208
クーパー　Cooper, M.　9
熊倉伸宏　108
クライン　Klein, M.　21, 44
クラインマン　Kleinman, A.　118, 119
グラス　Glass, G. V.　207
グラットン　Gratton, L.　59
倉戸ヨシヤ　39
グーリシャン　Goolishian, H.　73
クリス　Kris, E.　21
グリーンバーグ　Greenberg, J. R.　22
グリーンバーグ　Greenberg, L. S.　95
グレイザー　Glaser, B.　200
黒江ゆり子　176
ケビン　Kevin, F. A.　27
コウリー　Corey, G.　145
コウリー　Corey, M. S.　145
コーエン　Cohen, J.　209
五木田紳　118
國分久子　137
國分康孝　8, 137
小谷英文　159
小玉正博　163
コーチン　Korchin, S. J.　106, 107
コッホ　Koch, K.　53, 110, 113
後藤隆　200

小林孝雄　200, 201
小林司　149
小林治夫　45
小林裕子　76
小林正幸　99, 155
小林隆児　148
コービン　Corbin, J. M.　209
コフート　Kohut, H.　22
小松貴弘　44
小森康永　74, 75
子安増生　148, 151
ゴールドステイン　Goldstein, E.　81
近藤卓　129

サ　行

西郷泰之　183
齋藤憲司　156, 157
斎藤清二　203, 205
斎藤環　183
佐久間徹　196
佐治守夫　6, 15
佐野勝男　125
サビカス　Savickas, M. L.　56, 58, 59
サミュエルズ　Samuels, A.　31
サリヴァン　Sullivan, H. S.　21, 22, 55, 117
沢崎達夫　87
ジェラード　Gerard, E.　5
ジェンドリン　Gendlin, E. T.　15
塩原通緒　83
シーガル　Segal, L.　68, 71
繁田千恵　43
島井哲志　79
島田修　167
清水幹夫　9
下山晴彦　8, 119, 120, 157, 197
シュナイドラー　Schneidler, G. G.　2, 3
ジョインズ　Joines, V.　43
生島浩　175
白井幸子　40, 43
末武康弘　9
杉浦義典　197
スキナー　Skinner, B. F.　18
杉原康子　151
杉原保史　93, 95
杉山登志郎　125
スコット　Scott, A.　59
鈴木國文　118, 121
鈴木浩二　73, 74

スタイン　Stein, M.　31
スタール　Stahl, B.　81
スチュアート　Stewart, I.　43
ストラウス　Strauss, A.　200, 209
スーパー　Super, D. E.　57
スピッツ　Spitz, R. A.　21
スミス　Smith, M. L.　207
雪舟　52
セリグマン　Seligman, M.　8, 76, 77, 79

タ 行

大六一志　124
高石昇　93
高木正孝　180
高橋紀子　91
高橋祥友　105
立木教夫　142
館直彦　183
田中千穂子　46
谷晋二　196
玉瀬耕治　63
チキン　Cecchin, G.　73
チクセントミハイ　Csikszentmihalyi, M.　76
チルドレス　Childress, J. F.　142
津川律子　67, 106, 113, 121
津田彰　168, 169, 171
津守真　124
鶴田和美　202, 205
都留春夫　159
デュセイ　Dusay, J.　41
土居健郎　105, 107, 108
ド・シェイザー　De Shazer, S.　69
土沼雅子　87
冨永良喜　127
トム　Tomm, K.　73, 74
豊田洋子　118, 121
ドライカース　Dreikurs, R.　35
トルートマン　Troutman, A. C.　196
トンプソン　Thompson, B. J.　209

ナ 行

中井久夫　52, 54, 55
中尾忍　167
中垣真通　129
中釜洋子　67, 94, 95
中島ナオミ　110, 113
中根晃　149
中野明徳　155
中村知靖　115
中村雄二郎　51
ナット・ハン　Nhất Hanh, T.　83
ニーチェ　Nietzsche, F. W.　24, 33
二宮克美　151
布柴靖枝　67
ノークロス　Norcross, J. C.　93, 94, 168, 170, 171
野島一彦　91
野末武義　67, 187
野田俊作　35
野村俊明　19
野村直樹　74

ハ 行

ハイデガー　Heidegger, M.　24, 25
バーギン　Bergin, A. E.　92
バーグ, I. K.　69, 71
ハーシー　Hirschi, T.　174
橋本創一　155
長谷川啓三　68
パーソンズ　Parsons, F.　2, 56
パターソン　Patterson, O. G.　2, 3
バック　Buck, J. N.　53
馬場禮子　109, 120
パブロフ　Pavlov, I. P.　19
早川惠子　155
林勝造　125
林昭仁　157
林道義　31
春木豊　80
パールズ　Perls, F. S.　36-39
ハルトマン　Hartmann, H.　21
バーン　Berne, E.　40-43
バーンズ　Burns, R. C.　54
バンデューラ　Bandura, A.　50, 90
ピアジェ　Piaget, J.　180
東山紘久　47
ピーターソン　Peterson, C.　77
ビーチャム　Beauchamp, T. L.　142
ピープルズ　Peebles, M. J.　105
平木典子　8, 9, 58, 67, 87, 94, 95, 102, 132, 140, 141, 156, 159, 171
ヒル　Hill, C. E.　209
広瀬寛子　179
弘中正美　44
ビンスワンガー　Binswanger, L.　24, 25, 27
フィッシュ　Fisch, R.　68, 71

深沢道子　43
福島脩美　5, 131, 133
福島哲夫　201, 209
福嶋義光　179
福原眞知子　62, 63
福山清蔵　91
ブーゲンタール　Bugental, J.　25, 27
藤井裕子　151
藤川麗　190
藤田和弘　124
藤田博康　132, 133
フッサール　Husserl, E.　25
フランクル　Frankl, V. E.　25, 27
古屋茂　155
フロイト　Freud, A.　23, 44
フロイト　Freud, S.　3, 20-24, 29, 31-35, 40, 52, 53, 202
ブロイラー　Bleuler, E.　24
プロチャスカ　Prochaska, J. O.　168, 170, 171
フロム　Fromm, E.　22
ヘイズ　Hayes, S.　81, 82
ベイトソン　Bateson, G.　68, 73
ペダーセン　Pedersen, P.　170, 171
ベッカー　Becker, H. S.　172
ベック　Beck, A. T.　19
帆足喜与子　121
ボウルビー　Bowlby, J.　21, 22
保坂亨　157
ボス　Boss, M.　24, 27
ボスコロ　Boscolo, L.　73
ホランド　Holland, J. L.　57
堀越勝　19
ポルトマン　Portmann, A.　180
ホロウェイ　Holloway, E. L.　139, 140
ホワイト　White, M.　73-75

マ　行

前川久男　124
槙田仁　125
マクレオッド　McLeod, J.　9
マズロー　Maslow, A. H.　6
松尾太加志　115
松尾直博　155
松田修　124
松原達哉　157
マーラー　Mahler, M. S.　21
マレー　Murray, H. A.　106, 119
操華子　209

水野修次郎　58, 143, 145
水野節夫　200
三田村仰　82
ミッチェル　Mitchell, J.　126, 128, 129
ミッチェル　Mitchell, S. A.　22
ミドルバーグ　Middelberg, C. V.　185
峰松修　157
宮城まり子　162, 163
宮崎忠男　110, 113
宮野栄　35
三好暁光　109
ミルン　Milne, D. L.　141
無藤清子　67
武藤崇　82
無藤隆　148
村瀬嘉代子　55, 67, 106, 113, 149
村瀬孝雄　106
村松励　174, 175
村本詔司　145
村山正治　159
メイ　May, R.　25, 27
メスヴェン　Methven, S.　186
メッサー　Messer, S. B.　94
モーガン　Morgan, A.　75
モナト　Monat, A.　121
森岡崇　209
森和子　151
森下高治　167
モリソン　Morrison, J.　105
森谷寛之　118, 121
森田美弥子　120
森則夫　125
諸富祥彦　15

ヤ　行

八木保樹　125
山崎久美子　168, 171
山下一夫　113
山田剛史　207, 208
山中克夫　124
山中康裕　31, 47, 53, 113
山本和郎　188, 190, 191
山本力　202, 205
ヤーロム　Yalom, I.　25
遊佐安一郎　67
ユラ　Yura, H.　120
ユング　Jung, C. G.　28-31, 48, 52, 53
横井公一　22

吉川悟　74

ラ 行

ライス　Rice, L. N.　95
ライル　Reil, J.　118
ラザラス　Lazarus, A. A.　93
ラザラス　Lazzarus, R. S.　121
ランバート　Lambert, M. J.　94, 104, 207
リネハン　Linehan, M.　82, 83, 95
レヴィン　Levin, K.　89
ローエンフェルト　Lowenfeld, M.　48

ロジャーズ　Rogers, C. R.　3, 6, 12, 13, 15, 36, 134, 202
ローゼンツヴァイク　Rosenzweig, S.　94

ワ 行

ワクテル　Wachtel, P. L.　93, 95
渡辺三枝子　160, 163
ワツラウィック　Watzlawick, P.　68
ワトキンス　Watkins Jr., C. E.　138, 141
ワンポールド　Wampold, B. E.　207

事項索引

太字はキーワードであることを示す

アルファベット

ABA デザイン　196
ABC 理論　19, 86
AB デザイン　196
ACT（アクセスタンスコミットメントセラピー）　81
BPD（境界性人格障害）　82
DBT（弁証法的行動療法）　81, 82, 95
DESC 法　86, 87
DV　123, 149, 170, 191
fMRI　20
GTA（グラウンデッドセオリーアプローチ）　200
HTP テスト　53, 124
IP　66
LGBT　168, 169
M-GTA（修正版グラウンデッドセオリーアプローチ）　200, 201
MRI 派（コミュニケーション派短期療法）　68
MSPA　124
MSSM　53
PCA（パーソンセンタードアプローチ）　15, 90, 134
PDI（描画後の質問）　112
PERMA　78
PET　20
PFA（サイコロジカルファーストエイド）　127, 128
PF スタディ　124
PRP（ペン・レジリエンシープログラム）　78, 79
PTG（心的外傷後成長）　79, 129
PTSD　79, 80, 127, 128
RCT（無作為化比較試験）　19, 194-196, 203
ROC 曲線　116
SAS モデル　139
SEPI　95
SPS　156
SST（ソーシャルスキルトレーニング）　84, 90, 91
VIA・強みテスト　77, 78
WAIS-IV　124
WISC-IV　124

あ　行

愛着　→　アタッチメント
アウトリーチ　126, 127, 182
悪循環　17, 18, 65, 68-70, 81, 83, 181, 185
　──連鎖　69
アクスラインの8原則　44, 46
アクセスタンスコミットメントセラピー（ACT）　81
アクティブイマジネーション　30, 31
アサーション　83, 84, 171
　──教育　171
　──権　85, 91
アサーショントレーニング　84-87, 91
アサーティブ　84-87
　──な自己表現　85, 86
アジェンダ設定　19
アセスメント　54, 68, 78, 102, 104-109, 113, 115, 117, 119-123, 125, 126, 128, 140, 162, 170, 203, 205
遊び　44, 46-48, 124
アタッチメント（愛着）　21, 22, 148, 175
　──スタイル　184
アドラー心理学　32
アナログ研究　197
アプリオリ方略　208
アメリカ同時多発テロ　76
アルコール依存　88
安全基地　46
安全配慮義務　165
怒り　37-39, 79, 80, 83
生きがい　9, 35, 76, 79, 80
育児不安　66, 181, 183
異質性グループ　89
いじめ　98, 190
依存　66, 88, 104, 150
　アルコール──　88
　薬物──　88
一次予防　165, 170
一事例実験（シングルケーススタディ）　196
一過型非行　173
逸脱行動　172
遺伝　33, 177

事項索引

――カウンセリング　177-179
　認定――カウンセラー　177
遺伝子診断　177
イド　→　エス
異文化カウンセリング　168
イメージ　30, 39, 50-53, 55, 75, 112, 113
　――技法　31
イラショナルビリーフ　86
医療・看護カウンセリング　176-179
医療モデル（医学モデル）　4, 7, 118
因子分析　115, 195
インストラクション　136
インタビュー　199
インテーク面接　102-105, 174, 203, 204
インフォームドコンセント　143, 195, 204
ウェルビーイング　7, 9, 76-79, 82
　――向上プログラム　78
うつ　16-19, 42, 66, 74, 78, 79, 83, 115, 116, 150, 151, 161, 165, 184, 195-197
　――の負のスパイラル　17
浮気の問題　187
エクササイズ　136, 137
エゴグラム　41
エコシステミックな視点　94
エコロジカルモデル　145
エス（イド）　21, 22, 40
エスノグラフィ　199, 200
エディプスコンプレックス　21
エビデンス　31, 194, 196, 209
　――の質　194, 195
エビデンスベースド　9
　――アプローチ　194, 203
エモーションフォーカストセラピー　95
エンカウンターグループ　15, 90, 134-137
　構成的――　90, 134, 135, 137
　非構成的――　90, 134
遠隔地カウンセリング　145
円環的因果論　69
エンパワーメント　4, 5, 98, 129, 138, 140, 145, 158, 171, 190
オッズ比　208
オープンダイアローグ　182, 183
親子関係　171, 184
親子並行カウンセリング　23
親の自我状態　40, 41
親の養育スタイル　43
親役割　66
オルタナティブストーリー　75

か　行

海外赴任の支援　170
解決志向アプローチ　68, 70, 71, 73, 75
外在化　74, 75
解釈　38, 44, 104, 113, 114, 119
階層性　64
外的リソース　140
介入　69, 102, 109, 120, 130, 133, 140
介入期　→　処遇期
介入方針　148, 149
開発的カウンセリング　4
回復のプロセス　129
回復力　9, 73, 127, 128
解離　83
カウンセラー
　がん患者専門――　177, 178
　キャリア――　160
　産業――　164
　スクール――　96, 97, 152, 154, 155, 172
　生殖心理――　177
　認定遺伝――　177
　認定――　142, 144, 145
　不妊――　177
カウンセラー教育　138
カウンセラー－クライエント関係　27, 104
カウンセラー訓練　90, 91, 135, 138
カウンセリング　2-5
　異文化――　168
　医療・看護――　176-179
　遠隔地――　145
　親子並行――　23
　開発的――　4
　学生――　156-159
　家族――　64-67, 90, 171, 184, 186, 187
　学校――　96, 152-155
　カップル――　184-187
　がん――　178
　キャリア――　56-59, 160-162, 164
　教育――　96-99, 152
　グループ――　88-91, 134, 160
　ゲシュタルト――　36-39, 91
　個人――　66, 67, 88, 130-133, 163, 188
　コミュニティ――　188-191
　産業――　164-167, 191
　実存主義的――　24-27
　生涯発達――　160-163
　処遇――　174

スクール—— 96, 152, 170, 189-191
精神分析的—— 20-23
多文化間—— 168-171
治療的—— 4
統合的—— 92-95
認知行動—— 16-19
ピア—— 183
非行・犯罪・矯正—— 172-175
ブリーフ—— 68-71
保育—— 148-151
保健・福祉—— 180-183
マイクロ—— 60-63
来談者中心—— 12
カウンセリング訓練 187
カウンセリング契約 104, 105, 144
カウンセリング心理学 119, 138, 144, 164
加害者支援 175
学習性楽観 79
学生カウンセリング 156-159
学生相談 96, 97, 156, 170
拡大家族 185
学童期 66, 124
過重労働面談 165
家族 4, 34, 64-67, 70, 83, 90, 99, 104, 118, 122, 149, 158, 159, 169, 171, 174-177, 184, 185, 188, 189, 191
　　拡大—— 185
　　源—— 185
　　多世代——システム 185
　　動的——画 53, 54
家族カウンセリング 64-67, 90, 171, 184, 186, 187
家族関係 79, 122, 124, 149, 150
家族システム療法 72
家族ライフサイクル 65-67
家族療法 93, 94, 133, 171, 183
　　構造派—— 64
　　多世代—— 64
　　ミラノ派—— 73
課題設定 162
語り 72-74, 131
　　——による治療 5
　　自由な—— 103
カタルシス 53
学校 64, 65, 68, 78, 96-98, 104, 112, 123, 152-154, 175, 188, 189, 191
学校カウンセリング 96, 152-155
学校教育 78, 90, 91, 135, 152, 153

——相談 96, 152
学校警察連絡協議会 153
学校不適応 98
葛藤 38, 39, 47, 64-67, 85, 125, 131, 149, 151, 163, 184-186
　　同胞—— 34
　　夫婦間—— 66, 185, 186
カップルカウンセリング 184-187
家庭裁判所調査官 172
過補償 33
がん 79, 177, 178
　　——カウンセリング 178
　　——患者専門カウンセラー 177, 178
環境調整 23, 122, 126, 150, 188
環境へのアプローチ 127, 129
環境要因 123, 149, 150, 164
関係性 45, 48, 53, 64, 65, 67, 72, 78, 102, 107, 110, 112, 117, 138, 187, 195, 198
関係論 21-23, 31, 35
還元論 33
観察 82, 113, 114, 115, 117, 118, 125, 194, 198, 199
　　関与しながらの—— 55, 117
　　行動—— 116, 122, 124
　　参与—— 199
　　保護—— 175
観察学習 90
患者サポートグループ 179
患者とみなされた人（IP） 66
感受性の促進 135
感情 16, 17, 36-39, 41, 43, 44, 62, 67, 80-82, 86
　　——移入的理解 14
　　——交流 136
　　——調整スキル 83
関与しながらの観察 55, 117
緩和ケア 178
既往歴 122, 123, 149
偽解決 68
危機 65, 66, 126
危機介入 126-129, 158, 190
希死念慮 158
記述的レビュー 206
記述統計 195
基準関連妥当性 116
擬人化 74
吃音 46
機能状態 126
技法的折衷 93

基本的応答訓練　131
基本的かかわり技法　60-63
基本的傾聴技法　60, 61
　　——の連鎖　61, 62
基本的人権　85, 109, 169
基本的に誤った考え方　35
虐待　42, 54, 123, 126, 150, 153, 173, 181, 183
　　——回避型非行　173
逆転移　21, 22, 111
キャリア開発　3, 161, 162, 165, 167
キャリアカウンセラー　160
キャリアカウンセリング　56-59, 160-162, 164
キャリア教育　56-58, 91, 98, 99, 161
キャリア形成　56, 59, 160-162, 168, 171
キャリアコンサルタント　164
キャリア支援　56-58, 153, 157, 160, 161, 170
キャリア発達　4, 57, 157, 161, 163
教育カウンセリング　96-99, 152
教育相談　96, 153, 154
　　学校——　96, 152
教育分析　22, 28
教育歴　186
境界性人格障害（BPD）　82
共感　14, 23, 53, 87, 111, 132, 186
共感的関係　132
共感的態度　23, 66
共感的理解　14, 67, 104, 106, 107, 110, 130, 133
矯正教育　88, 175
協調運動　125
共通要因　92, 94
共通理解　154
協働　9, 81, 102, 174, 175, 182
共同体感覚　34
強迫性障害　16
共分散構造分析　115, 195
協力的実証主義　18
局所論　20
金銭に対する取り決め　144
グッドインフォマザー　180
クーパーモデル　207
ぐ犯少年　172
クライエント観察技法　62
クライエント中心療法　12, 95, 134
クライエントに対する責任　142
グラウンデッドセオリーアプローチ（GTA）
　　199, 200, 209
クラスター分析　115, 195
グリーフケア　158

グループ　4, 19, 88-91, 130, 131, 134, 135, 183
　異質性——　89
　エンカウンター——　15, 90, 134-137
　患者サポート——　179
　自助——　88, 183
　ソーシャルサポート——　189
　等質的——　89
グループカウンセリング　88-91, 134, 160
グループ訓練　83
グループダイナミクス理論　89
グループプロセス　183
グループワーク　134, 158, 170
群比較研究　208
芸術療法　31, 52, 55
傾聴　12, 13, 53, 71, 85, 131, 174
系統的レビュー　206
ゲシュタルトカウンセリング　36-39, 91
ゲシュタルト心理学　36, 37
ゲシュタルト療法　36-39, 95
ケースカンファレンス（事例検討会）　150, 154,
　　203, 205
ケースの概念化能力　140
決定論　32, 33, 35
ゲノム医学　177, 179
ゲーム　45, 47
幻覚　29
源家族　185
元型　29, 30, 52
言語　104, 194
　　——以前の感覚　107
　　——化　52, 107, 123
　　——面接　124
健康な自我状態　41
検査　55, 194, 199
　　——拒否　111
　　作業——　110, 115
　　視聴覚認知——　123
　　人格——　124
　　発達——　123
　　心理——　53, 54, 57, 104, 107, 109-117, 119,
　　　122, 123
　　生理学的——　122, 123
　　知能——　108, 123, 124
　　脳波——　123
現象学　15, 24, 25, 36, 38
現象学的方法　27, 199, 200
現存在分析　25
権利擁護の視点　145

権力への意志　33
効果研究　92, 95, 203, 206, 207
効果量　196, 206, 208, 209
合議制質的研究　209
攻撃的な自己表現　84
構成概念妥当性　116
構成的エンカウンターグループ　90, 134, 135, 137
公正の原理　142, 143
構造化面接　199
構造派家族療法　64
構造論　21
肯定的資質の探究　63
肯定的ストローク　41, 42
行動
　逸脱——　172
　社会的——　90, 91
　対処——　128
　代替——　83
　適応——　174
　不適応——　151, 173
　問題——　66, 68, 114, 149
行動化　20, 83
行動活性化　18
　——療法　83
行動観察　116, 122, 124
行動計画　129, 162
行動の変容　16, 19, 87
行動療法　19, 93, 95
　認知感情——　39
　認知——　16, 19, 35, 64, 83, 133, 203
　弁証法的——（DBT）　81, 82, 95
　論理情動——　19, 86
合同面接　64
公認心理師　5, 9, 166, 178
公表バイアス　208
幸福感　80
幸福度　78
　持続的——　77
公民権運動　91
校務分掌　96, 153, 154
項目分析　115
合理的配慮の不提供の禁止　159
交流分析　40-43, 85, 91
高齢期　162
高齢犯罪者　175
心のケア　127
個人カウンセリング　66, 67, 88, 130-133, 163, 188
個人心理学　32-35
個性化　29-31
子育て　77, 149, 150, 171, 180-182, 184, 187
　訪問型——支援　181
コーディネート　127, 154, 179
コーディング　200, 208
子どもの自我状態　40, 41
コーピングクエスチョン　70
コーピングスキル　78
コホート研究　194
コミュニケーション　41, 43, 185
コミュニケーション派短期療法（MRI派）　68, 69, 73
コミュニティアプローチ　170, 188, 190
コミュニティカウンセリング　188-191
コミュニティ心理学　188
コミュニティモデル　156, 157
コミュニティ臨床　155
雇用流動型社会　59
コラボレイティブアプローチ　73
コラボレーション　127, 128, 149, 150, 153, 155, 160, 173, 190
コンサルテーション　7, 83, 141, 150, 155, 157, 158, 160, 167, 188, 190
こんにちは赤ちゃん事業　181

さ　行

再決断　43
　——療法　39
再検査法　115, 116
サイコロジカルファーストエイド（PFA）　127, 128
催眠　3
　——療法　68
作業仮説　120
作業検査　110, 115
作業同盟　102, 139
作業療法　88
さざなみ効果　71
サブシステム　64, 65
参加型調査　200
産業カウンセラー　164
産業カウンセリング　164-167, 191
産業心理臨床　164, 167
産業・組織心理学　164
三次予防　165
参与観察　199

シェアリング　136
ジェンダー　168, 170, 185, 187
自我　21, 22, 30, 31, 40, 44
　　超──　21, 40
自我状態　40, 41
　　親の──　40, 41
　　健康な──　41
　　子どもの──　40, 41
　　成人の──　40, 41
子宮外の幼少期　180
自己
　　──一致　14, 15
　　──開示　136, 140
　　──決定尊重の原理　142, 143
　　──実現　3, 6, 7, 23, 29, 30, 157
　　──受容　80, 135, 137
　　──成長　6, 134
　　──中心性　180
　　──治癒力　46, 48, 127
　　──の機能不全　83
　　──表現　84, 85, 91, 136
　　──理解　90, 135, 137, 144, 187
自殺　24, 83, 98, 158, 165
指示的療法　13
思春期　45, 46, 66, 67, 173
自傷　38, 83
自傷他害　104
自助グループ　88, 183
システム　34, 72, 161, 163, 167, 181, 182, 190, 191
　　多世代家族──　185
　　サブ──　64, 65
　　社会──　58, 186, 188
　　スープラ──　64, 65
　　ラージャー──　94
システムズアプローチ　89
システム論的認識論　69
持続的幸福度　77
自尊感情　163
自尊心　99, 184
自他の境界　37, 38
視聴覚認知検査　123
実験可能性　50
実験研究　197
実験的態度　18
実現傾向　12
実証研究　9, 93, 194, 209
実存主義　25-27, 36

実存主義的カウンセリング　24-27
実存的所与　26
実存的心理療法　24, 25
実存的直面化　27
実存不安　26
実存分析　25
質的改善研究　203
質的研究　194, 195, 198-201, 203, 209
質的分析　200, 201
質問技法　61, 62
質問紙法　108, 110, 115, 194, 196, 197, 199
児童期　45
自動思考　18
児童心理司　172, 182
児童相談所　96, 150, 153, 172, 182
児童福祉司　172, 182
児童福祉法　181
児童養護施設　183
自閉症　109, 122
自閉症スペクトラム（自閉スペクトラム症）　109, 151
社会構成主義　9, 58, 72, 73, 86, 199, 200
社会システム　58, 186, 188
社会心理学　89, 164
社会性　91, 125
社会適応　91
社会的学習理論　90
社会的絆理論　174, 175
社会的行動　90, 91
社会復帰　175
修正版グラウンデッドセオリーアプローチ（M-GTA）　200
自由意志　33, 35
自由画　53
重回帰分析　115, 195
修学適応　157
宗教性　30, 31
集合的無意識　29
周産期　149
就職支援　161, 162
終身雇用型社会　58, 59
純粋性　14
集団精神療法　88
集団保健教育　88
自由な語り　103
自由連想　3, 22, 44
就労相談　125
主訴　103, 104, 108, 123, 140

守秘義務　103, 143, 150, 204
受容　13, 14, 66, 82, 125
受理面接　→　インテーク面接
巡回相談　152
循環的因果律　65, 185
循環的心理力動アプローチ　94
準実験研究　194, 196
ジョイニング　66, 186
障害学生支援　159
障害者差別解消法　159
生涯発達カウンセリング　160-163
症候学的診断　118
小集団力学　88
情動　81-83
　——焦点療法　39
小児心身症　148
承認　83
使用の心理学　35
症例対照研究　194
初回面接　→　インテーク面接
処遇カウンセリング　174
処遇期（介入期）　196, 197
職業ガイダンス　56-58
職業指導　2, 6
職業選択　160, 162
　——理論　57
職業相談　98
職業の発達理論　57
職場復帰支援　161, 165, 167
職場不適応　167
触法少年　172
食欲不振　17, 151
初発型非行　173
所有の心理学　35
自立　67, 69
自律性　51
事例化　202
事例研究　194, 196, 198-200, 202-205, 209
事例検討会　→　ケースカンファレンス
事例のメタ分析　209
事例報告　202, 203
人格　→　パーソナリティ
シングルケーススタディ　→　一事例実験
神経科学　20, 31
神経言語プログラミング　39
神経症　33-35, 37, 38, 40, 91
神経精神分析　20
神経生理学的特性　123

新婚期　65, 66, 186
人材育成　163
心身症　40, 150
新生児　180
深層心理　3, 20, 40
身体感覚　80, 81, 135
身体症状　17, 149-151
身体的障害　125
身体的問題　150
身体表現　39
診断　7, 73, 92, 106, 108, 111, 117-119, 125
心的外傷（外傷体験）　3, 79, 125
心的外傷後成長（PTG）　79, 129
新・ポジティブ心理学　77
信頼関係　66, 108, 128, 130, 162
信頼性　114-117, 201
信頼体験　135
心理アセスメント　106-109, 167, 205
心理教育　7, 17, 78, 90, 91, 98, 99, 125, 127, 134, 135, 153, 158, 189
　——的援助サービス　97, 99
心理劇　88
心理検査　53, 54, 57, 104, 107, 109-117, 119, 122, 123
心理社会的発達理論　21, 22
心理尺度　115, 116
心理性的発達理論　21
心理的柔軟性　81, 82
心理的要因　149
心理テスト　111, 144
心理統計　114-117
心理療法　3, 5-9, 19, 23, 24, 39, 40, 44, 48, 49, 52-54, 60, 82, 88, 92, 93, 95, 113, 121, 125, 133, 157, 202, 203, 207
進路指導　6, 98, 153
推測統計　195
垂直的忠誠心　186
水平的忠誠心　186
睡眠障害（不眠症）　16, 17, 151
スキルトレーニング　83, 141, 158
　ソーシャル——　84, 90, 91
スクイッグル　53
スクールカウンセラー　96, 97, 152, 154, 155, 172
スクールカウンセリング　96, 152, 170, 189-191
スクールソーシャルワーカー　97, 152, 172
スケーリングクエスチョン　70, 71

図地の反転　37, 38
ストレス　17, 83, 99, 127-129, 142, 151, 164-166, 186, 188, 189
　　──チェック　150, 165, 166
　　──マネジメント教育　127
スーパーヴァイザー　138, 139, 140, 141, 203
　　──の訓練　141
スーパーヴァイジー　138-141, 203
スーパーヴィジョン　83, 133, 138-141, 203, 205
スピリチュアチティ　31
スープラシステム　64, 65
スポーツ　47
生育歴　108, 122, 123
性格　3, 33, 34
　　──の強み　77
生活習慣病　177, 179
生活の質　76
誠実原理　142, 143
生殖心理カウンセラー　177
精神医学アセスメント　118-121
成人期　186
精神障害（精神疾患）　91, 115, 118, 127, 167, 183
精神症状　125, 150
精神的障害　7, 8
成人の自我状態　40, 41
精神分析　3, 13, 20-24, 27, 44, 53, 64, 72, 88, 92, 93, 133, 202
　　神経──　20
　　対人関係的──　21
精神分析的カウンセリング　20-23
精神保健福祉士　166
生態学的認識論　73
成長モデル　4, 6, 7, 156, 157
生徒指導　98, 99, 152-154, 172
青年期　66, 157, 158
生物学的要因　80, 149
生理学的検査　122, 123
生理的早産　180
世界技法　48
世界内存在　25, 27
セカンドキャリア　162
積極技法　61, 63
積極的関心　104, 131
セックスレス　184
折半法　116
説明モデル　118

セルフケア　127
セルフモニタリング　17, 18
禅　95
全人の記述・評価　121
全体性　30, 31, 36, 38
全体論　32
専門家としての能力と責任　144
専門職の門番　138, 139
専門性　7, 138, 139, 141
戦略的中立性　186
相関分析　195
総合的兵士健康度プログラム　79
操作的定義　207, 208
創造性　25
創造の病　52
ソーシャルサポート　108
　　──グループ　189
ソーシャルスキルトレーニング（SST）　84, 90, 91
粗大運動　124
ソフトニューロロジカルサイン　123
ソリューショントーク　70

た　行

第一次逸脱　172
大規模災害　127
体験過程　14, 15, 48
退行　22, 113
対象関係論　21, 22
対処行動　128
対人関係　7, 40, 47, 55, 83, 89, 104, 123, 125, 130, 190
　　──能力　3, 83
　　──の制御不全　83
　　──的精神分析　21
対人恐怖　112
代替行動　83
第二次逸脱　172
タイプ論　29
対話　29-31, 39, 67, 70, 73, 75, 182, 183
他者理解　90, 135, 137
多重関係　204
多世代家族システム　185
多世代家族療法　64
脱構築　75
脱中心化　180
妥当性　114-117
ダブルバインド　68

多文化間カウンセリング　168-171
多文化間精神保健専門アドバイザー　170
多文化共生社会　168
多変量解析　115, 195, 197
多方向への肩入れ　66, 186
タレントマッチング・アプローチ　2
短期療法　→　ブリーフセラピー
小さな変化　71
知覚心理学　37
チック　46
知能検査　108, 123, 124
チーム医療　176
チーム学校　155
チーム支援　154
忠誠原理　142, 143
中年期　186
調査研究　194, 197
超自我　21, 40
直線的因果律　65
直線的因果論　69
治療　7, 45, 73, 75, 108, 118, 119, 174
治療的カウンセリング　4
追跡者／回避者のダンス　185
定着支援　161
　　地域生活――センター　175
適応行動　174
　　不――　151, 173
適応支援　153, 163
適性　3, 56, 57, 106
テストバッテリー　108, 110
データ対話型理論　200
徹底操作　22
デブリーフィング　128
転移　21-23, 27, 111
天井効果　115
同一性障害　83
ドゥーイング　182
投映法　55, 108, 110, 115, 124
同化的統合　94, 95
動機づけ　6, 102, 104, 107, 163, 185
統合　36-39, 67, 92, 93, 95, 109, 129, 176, 206, 207
　　同化的――　94, 95
　　理論的――　93
統合失調症　51, 182
統合的アプローチ　39, 92-95
統合的カウンセリング　92-95
等質的グループ　89

動的家族画　53, 54
同胞葛藤　34
特性・因子論アプローチ　57
特別活動　98, 99
特別支援教育　91, 97
特別支援コーディネーター　152-154
閉ざされた質問　61, 62
閉じた質問　103, 105, 132
ドミナントストーリー　74, 75
トラウマ　78, 129
トレーニング（訓練）
　　アサーション――　84-87, 91
　　カウンセラー――　90, 91, 135, 138
　　カウンセリング――　187
　　基本的応答――　131
　　グループ――　83
　　スキル――　83, 141, 158
　　ソーシャルスキル――　84, 90, 91
　　ペアレント――　125
　　マスターレジリエンス――　78

な 行

内的作業モデル　21, 22
内的整合性　116
内的世界　50, 106, 108, 112, 120
内容的妥当性　116
ナラティブアプローチ　72-75
ナラティブセラピー　9, 73, 74
ナラティブベーストアプローチ　203
二重関係　142, 145
二次予防　165
乳幼児期　66, 123
ニューロサイコアナリシス　20
人間性心理学　6
認知感情行動療法　39
認知行動カウンセリング　16-19
認知行動モデル　16, 17
認知行動療法　16, 19, 35, 64, 83, 133, 203
認知再構成法　18, 83
認知心理学　37
認知的制御不全　83
認知的特性　123
認知の変容　16, 19
認知の歪み　185
認知療法　19, 24
　　マインドフルネス――　81
認定遺伝カウンセラー　177
認定カウンセラー　142, 144, 145

ヌミノース　31
ネグレクト　150, 181
脳科学　9, 78, 125
脳波検査　123

は　行

バウムテスト　53, 110-112, 124
曝露法　18
箱庭療法　31, 48-51, 54
橋渡し機能　151
外れ値　115
パーソナリティ（人格）　25, 36, 37, 40, 55, 57, 74, 78, 106, 109, 114, 119, 120, 134, 168, 184
　――障害　16
パーソンセンタードアプローチ（PCA）　15, 90, 134
発達課題　57, 58, 65, 66, 139
発達協調性運動障害　125
発達検査　108, 149, 123
発達障害　46, 98, 122-125, 154, 189, 191
発達障害者支援法　122
発達障害のアセスメント　122-125
発達心理学　180
発達段階　123, 141, 160, 162, 163
発達特性　122, 124, 125, 149, 151
発達論　21, 22, 31
パニック　82
　――障害　16
場の理論　89
ハラスメント　97, 143, 165
半構造化面接　199
犯罪少年　172
ピアカウンセリング　183
ビーイング　182
被害者支援　175
非言語的情報　39, 112
非行　153, 154, 172-175
　――臨床　173, 174
　　一過型――　173
　　虐待回避型――　173
　　初発型――　173
　　本格的――　173
非行・犯罪・矯正カウンセリング　172-175
非構成的エンカウンターグループ　90, 134
非構造化面接　199
非指示的療法　13
非主張的な自己表現　85
否定的ストローク　42, 43

ヒューマニスティックアプローチ　36
描画後の質問（PDI）　112
描画法　110
描画療法　31, 50, 52-55
表現欲求　52, 54
標準化　114, 115, 117, 123, 208, 209
標準正規分布　116, 117
開かれた質問　61, 62, 103, 132
開かれた終了　71
ファシリテーター　134, 135
不安　13, 19, 46, 47, 78-83, 150, 185
ファンタジー　29, 30, 39, 55
不一致　13
フィードバック　113, 114, 137, 139, 167
フィールドワーク　55
風景構成法　53, 55
夫婦間葛藤　66, 185, 186
夫婦関係　171, 184, 185, 187
フォーカシング　15
フォローアップ　129, 162
不適応　21, 156, 157
　学校――　98
　職場――　167
不適応行動　151, 173
不登校　16, 46, 65, 67, 98, 184, 189, 190
不当な差別的取り扱い禁止　159
不妊　184
不妊カウンセラー　177
負の注目　34
普遍的美徳　77
不眠症（睡眠障害）　16, 17, 151
フュージョン　81
プライバシー　109, 143, 188, 204
プラシーボ効果　104
ブリーフカウンセリング　68-71
ブリーフセラピー（短期療法）　64, 68, 71
プレイセラピー　→　遊戯療法
プロブレムトーク　69, 70
文化　168
文化人類学　55
文化的制約　119
分析心理学　28-31, 48
ペアレントトレーニング　125
平行検査法　116
併存的妥当性　116
ベースライン期　196, 197
弁証法的行動療法（DBT）　81, 82, 95
弁証法的対話　29, 31

変動型社会　59
ペン・レジリエンシープログラム（PRP）　78, 79
保育カウンセリング　148-151
　保育士　151
　保育者のメンタルヘルス　150, 151
防衛　21-23, 34, 111, 113
訪問型子育て支援　181
暴力の問題　187
保健師　166, 181, 182
保健・福祉カウンセリング　180-183
保護観察　175
母子一体性　48
母子関係　21
母子心中　181
母子通所　125
ポジティブ感情　77, 78
ポジティブサイコセラピー　78
ポジティブ心理学　9, 76-79
補償　29, 33, 52
ポストホック方略　208
ポストモダン　4, 59, 72, 73, 92
母性的没頭　180
ホームワーク　17-19
ホメオスタシス　36-38
ホランドの六角形モデル　57
本格的非行　173
本当であること　26

ま　行

間（スペース）　80-82
マイクロカウンセリング　60-63
マイクロ技法階層表　60, 61, 63
マイノリティ　168, 169
マインドフルネス　8, 80-83
　——スキル　80, 83
　——ストレス低減法　81
　——認知療法　81
マインドレス　80
マスターレジリエンストレーニング　78
マッチングモデル　57
慢性疾患　158
未完結の課題　38
見捨てられ不安　83
見立て　45, 54, 105, 108, 109, 148, 149
三つのタスク　35
見守り手　49-51, 55
ミラクルクエスチョン　70, 71

ミラノ派家族療法　73
無意識　20, 22, 23, 29-31, 33, 35, 43, 51, 52, 55
　——の人生計画　43
　集合的——　29
無意味であること　25
無危害原理　142
無作為化比較試験（RCT）　19, 194-196, 203
無条件の肯定的配慮　14
メタ分析　92, 94, 194, 196, 206-209
　事例の——　209
メリット・デメリット分析　18
面接
　——回数　71
　——時間　102
　インテーク——　102-105, 174, 203, 204
　言語——　124
　構造化——　199
　合同——　64
　受理——　102, 204
　初回——　102
　半構造化——　199
　非構造化——　199
　模擬——　91
　予備——　102
面接法　115
メンタルヘルス　4, 150, 155, 158, 164-167
　保育者の——　150, 151
妄想　29, 83
模擬面接　91
目的論　30, 32
目標設定　71, 162
モデリング　90, 141
　——理論　60
物語　72, 73, 82
物語性　51, 53
物語の真実　30
問題解決志向　33
問題解決スキル　99
問題行動　66, 68, 114, 149
問題歴　108

や　行

薬物依存　88
薬物療法　125, 195
病い　176-178
やり取りの分析　41
有意性の検定　117, 196
勇気づけること　35

遊戯療法(プレイセラピー)　23, 44-47
勇気をそぐこと　35
友人関係　186
床効果　115
ユニークな結果　75
夢　20, 29-31, 39, 51
ユング心理学　28, 31, 53
ユング派心理療法　72
養護教諭　152-154, 189
幼児期　42, 43, 124
幼児決断　43
要素主義　36
要保護児童対策地域協議会　153, 173
抑圧　20, 21, 34, 81
抑うつ　→　うつ
欲動論　21, 22, 32
予測的妥当性　116
予備面接　102
予防的活動　7, 189

ら　行

来談者中心カウンセリング　12
来談者中心療法　12-15, 44, 64, 90, 133, 134, 202
ライフキャリア　160-163
　　――レインボー　57
ライフスタイル　34, 35, 180
　　――分析　34
ライフデザインアプローチ　58
ラインによる支援　165
ラージャーシステム　94
ラショナルビリーフ　86
ラベリング理論　172
ラポール　44, 63, 104, 107, 111, 113, 162
利益供与の原理　142, 143
離婚　66, 184
リサーチクエスチョン　199
リストカット　38

リビドー　21
リファー　105, 144, 149, 150, 179, 182
リフレクティング　141
　　――プロセス　73
リフレーミング　67-69, 186
リメンバリング　75
留学生支援　170, 191
療学援助　158
量的研究　194-198, 201
理論的統合　93
臨床心理学　6, 7, 164, 203
臨床心理学的地域援助　188, 189
臨床心理士　8, 96, 97, 148, 151, 152, 166, 169
臨床発達心理士　97, 152
倫理　5, 107, 109, 140-145, 168, 179, 197, 204
倫理綱領　142, 144, 169, 204
ルビンの盃　37
例外　70, 71, 75
　　――探し　70
レクリエーション　88
劣等感　32, 33
劣等コンプレックス　32, 33
劣等性　32, 34
レディネス　57, 58
レビュー研究　206
労働安全衛生法　164, 165
労働基準法　164
労働契約法　165
老年期　66
録音・録画　15, 75, 103, 199
ロゴセラピー　25
ロールシャッハテスト　124
ロールプレイ　91, 130-133
論理情動行動療法　19, 86

わ　行

ワーキングメモリー　125

執筆者紹介(【　】内は執筆項目番号)

編者
平木典子(ひらき　のりこ)【1, 25, 34】
　IPI統合的心理療法研究所顧問.津田塾大学英文学科卒業.ミネソタ大学大学院カウンセリング心理学修士課程修了.日本女子大学,跡見学園女子大学などで教授を歴任し,臨床心理士養成指定大学院において20年余,臨床心理士の養成・訓練に携わる傍ら,IPI統合的心理療法研究所を設立し,心理療法の理論・技法の統合を追究.著書は『統合的介入法』(東京大学出版会),『カウンセリング・スキルを学ぶ』(金剛出版)など.

藤田博康(ふじた　ひろやす)【2, 18, 19, 20, 32, 35】
　駒澤大学文学部心理学科教授.IPI統合的心理療法研究所研究員.京都大学教育学部卒業.筑波大学大学院修士課程修了.教育学博士(京都大学).家庭裁判所調査官,裁判所在外研究員(米国),MRI(Mental Research Institute)研究員,帝塚山学院大学大学院人間科学研究科教授,山梨大学大学院教育学研究科教授を経て現職.著書は『非行・子ども・家族との心理臨床』(誠信書房),『ロールプレイによるカウンセリング訓練のかんどころ』(共著,創元社)など.

執筆者(五十音順)
市村彰英(いちむら　あきひで)【17, 42, 44】
　埼玉県立大学保健医療福祉学部教授.日本大学大学院文学研究科博士前期課程中退後,20年間家裁調査官として勤務.著書は『新発達心理学ハンドブック』(分担執筆,福村出版)など.

井上嘉孝(いのうえ　よしたか)【11, 12, 13, 26, 27】
　帝塚山学院大学人間科学部准教授.京都大学大学院教育学研究科博士課程修了.博士(教育学).著書は『吸血鬼イメージの深層心理学』(創元社)など.

大堀彰子(おおほり　あきこ)【30, 36】
　帝塚山学院大学人間科学部教授.大阪樟蔭女子大学学芸学部卒業.著書は『初学者のための小児心身医学テキスト』(分担執筆,南江堂)など.

大町知久(おおまち　ともひさ)【23, 38, 50】
　北里大学健康管理センター講師.上智大学大学院文学研究科心理学専攻臨床心理学コース博士前期課程修了.著書は『家族心理学ハンドブック』(分担執筆,金子書房)など.

小澤康司(おざわ　やすじ)【14, 31】
　立正大学心理学部教授.広島大学大学院生物圏科学研究科博士課程単位取得満期退学.著書は『緊急支援のアウトリーチ』(共編著,遠見書房)など.

小林正幸(こばやし　まさゆき)【22, 24, 33, 37】
　東京学芸大学特別支援教育・教育臨床サポートセンター教授.筑波大学大学院教育研究科修士課程修了.著書は『教師のための学校カウンセリング』(共編著,有斐閣)など.

沢崎達夫(さわざき　たつお)【3, 21, 49】
　目白大学学長.東京教育大学大学院教育学研究科修士課程修了.著書は『ナースのためのアサーション』(共編著,金子書房)など.

白井幸子（しらい　さちこ）【10】
　ルーテル学院大学名誉教授. エール大学神学部卒業. 著書は『臨床にいかす心理療法』（医学書院）など.

隅谷理子（すみたに　みちこ）【39, 40, 41, 46, 48】
　大正大学心理社会学部専任講師. キューブ・インテグレーション株式会社エグゼクティブコラボレーター. 上智大学総合人間科学研究科博士課程修了.

玉瀬耕治（たませ　こうじ）【15】
　奈良教育大学名誉教授. 奈良学芸大学学芸専攻科修了. 教育学博士（筑波大学）. 著書は『カウンセリングの技法を学ぶ』（有斐閣）など.

野末武義（のずえ　たけよし）【16, 45】
　明治学院大学心理学部教授. IPI統合的心理療法研究所所長. 国際基督教大学大学院教育学研究科博士前期課程修了. 著書は『夫婦・カップルのためのアサーション』（金子書房）など.

広瀬　隆（ひろせ　たかし）【5, 6, 7, 8】
　帝塚山学院大学人間科学部教授. 大阪市立大学人間科学部臨床心理学分野後期博士課程単位取得修了. 論文は「クラシカル・ユンギャンに対する素朴な疑問」（帝塚山学院大学人間文化学部研究年報 8）など.

細越寛樹（ほそごし　ひろき）【4, 9, 28, 47】
　関西大学社会学部准教授. 筑波大学大学院人間総合科学研究科ヒューマン・ケア科学専攻5年一貫制博士課程修了. 博士（心理学）（筑波大学）. 著書は『心理学的支援法』（分担執筆, 北大路書房）など.

松下由美子（まつした　ゆみこ）【29, 43】
　佐久大学大学院看護学研究科長・教授. 筑波大学大学院修士課程教育学研究科修了. 博士（医学）. 著書は『看護の統合と実践⑱』（共編著, メディカ出版）など.

キーワードコレクション
カウンセリング心理学

初版第1刷発行　2019年5月24日

編　者	平木典子・藤田博康
発行者	塩浦　暲
発行所	株式会社　新曜社
	101-0051　東京都千代田区神田神保町3-9 電話（03）3264-4973（代）・FAX（03）3239-2958 e-mail : info@shin-yo-sha.co.jp URL : https://www.shin-yo-sha.co.jp/
組版所	Katzen House
印　刷	星野精版印刷
製　本	積信堂

Ⓒ Noriko Hiraki, Hiroyasu Fujita, editors.
2019 Printed in Japan. ISBN978-4-7885-1632-8　C1011

新曜社の関連書

■キーワードコレクション■

心理学 改訂版	重野 純 編	A5判472頁 3400円
発達心理学 改訂版	子安増生・二宮克美 編	A5判248頁 2400円
パーソナリティ心理学	二宮克美・子安増生 編	A5判242頁 2500円
心理学フロンティア	子安増生・二宮克美 編	A5判240頁 2500円
教育心理学	二宮克美・子安増生 編	A5判248頁 2400円
認知心理学	子安増生・二宮克美 編	A5判240頁 2400円
社会心理学	二宮克美・子安増生 編	A5判242頁 2400円
ワードマップ **応用行動分析学** ヒューマンサービスを改善する行動科学	島宗 理	四六判352頁 2700円
臨床現場で役立つ質的研究法 臨床心理学の卒論・修論から投稿論文まで	福島哲夫 編	A5判192頁 2200円
スタディ&プラクティス **はじめての描画療法**	杉浦京子・金丸隆太 編	四六判160頁＋口絵6頁 1800円
大震災からのこころの回復 リサーチ・シックスとPTG	長谷川啓三・若島孔文 編	四六判288頁 3400円
カウンセリング大事典	小林 司 編	A5判968頁函入 9500円

（表示価格はすべて税別です）